U0468939

永康文獻叢書

永康縣儒學志

五峰書院志

(民國)永康鄉土志

【清】趙凝錫 纂修

盧敦基 校點

【清】程尚斐 纂輯

程朱昌 程育全 校點

樓古愚 纂修

盧敦基 校點

圖書在版編目(CIP)數據

永康縣儒學志 /（清）趙凝錫纂修；盧敦基校點.
五峰書院志 /（清）程尚斐纂輯；程朱昌等校點.
（民國）永康縣鄉土志 /（清）樓古愚編；盧敦基校點.
—上海：上海古籍出版社，2023.1
（永康文獻叢書）
ISBN 978-7-5732-0606-0

Ⅰ.①永… ②五… ③民… Ⅱ.①趙… ②程… ③樓… ④盧… ⑤程… Ⅲ.①儒學—研究—永康②書院—教育史—永康③永康—地方志—民國 Ⅳ.①B222.05 ②G649.299.554③K295.54

中國國家版本館 CIP 數據核字（2023）第 004979 號

永康文獻叢書

永康縣儒學志

［清］趙凝錫　纂修

盧敦基　校點

五峰書院志

［清］程尚斐　纂輯

程朱昌　校點

（民國）永康縣鄉土志

［清］樓古愚　纂修

盧敦基　校點

上海古籍出版社出版發行

（上海市閔行區號景路 159 弄 1-5 號 A 座 5F　郵政編碼 201101）

（1）網址：www.guji.com.cn

（2）E-mail：guji1@guji.com.cn

（3）易文網網址：www.ewen.co

浙江新華數碼印務有限公司印刷

開本 710×1000　1/16　印張 20.25　插頁 8　字數 254,000

2023 年 1 月第 1 版　2023 年 1 月第 1 次印刷

印數：1—2,300

ISBN 978-7-5732-0606-0

K·3337　定價：128.00 元

永康文獻叢書編纂成員名單

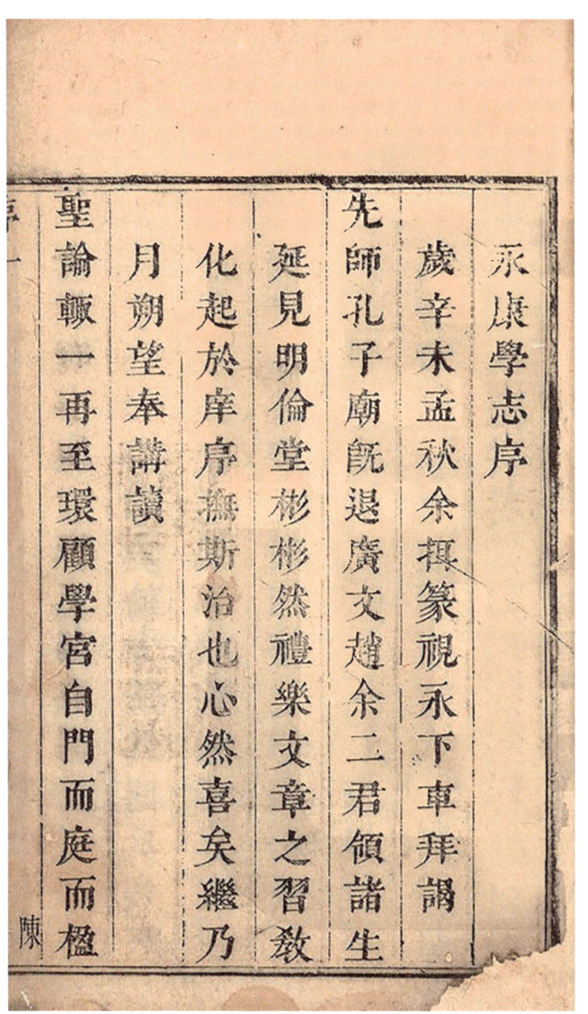

永康學志序

歲辛未孟秋余攝篆視永下車拜謁
先師孔子廟旣退廣文趙余二君領諸生
延見明倫堂彬彬然禮樂文章之習敎
化起於庠序撫斯治也心然喜矣繼乃
月朔望奉講讀
聖諭輙一再至環顧學宮自門而庭而楹

序一　陳

《永康縣儒學志》書影

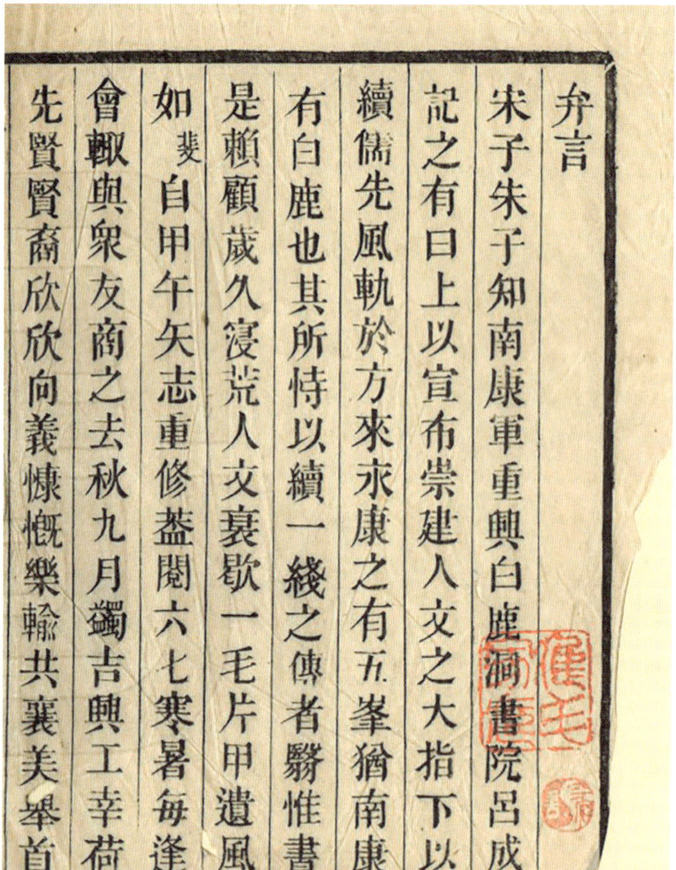

弁言

朱子朱子知南康軍重興白鹿洞書院呂成公記之有曰上以宣布崇建人文之大指下以嗣續儒先風軌於方來永康之有五峯猶南康之有白鹿也其所恃以續一綫之傳者翳惟書院是賴顧歲久寖荒人文衰歇一毛片甲遺風蔑如 斐自甲午矢志重修葢閣六七寒暑每逢歲會輙與衆友商之去秋九月蠲吉興工幸荷諸先賢賢裔欣欣向義慷慨樂輸共襄美舉首營

《五峰書院志》書影

永康鄉土志卷之一

建置沿革

永康舊為金華屬邑。在禹貢揚州之域。春秋戰國時為越地。吳赤烏間分烏傷之上浦鄉置永康縣。隸會稽郡。寶鼎初分會稽之西部置東陽郡。縣屬焉。至蕭梁升縣為縉州。領東陽郡。陳永定初即郡置縉州。縣仍舊名隋又改置婺州。縣仍屬焉。唐武德中即縣置麗州。旋廢縣仍屬婺州金華郡天授中析縣之西境置武義縣萬歲登封元年又析縣東南置縉雲縣五代吳越屬武勝軍節度使趙宋屬婺州保寧軍隸浙東路明洪武初改婺

（民國）《永康鄉土志》書影

五峰書院

總　　序

永康歷史悠久，人文薈萃。

據南朝宋鄭緝之《東陽記》載，永康於三國赤烏八年（245）置縣。建縣近1800年來，雖經朝代更替，然縣名、治所及區域，庶無大變，風俗名物，班班可考，辭章文獻，卷帙頗豐。

魏晉南北朝至隋唐，是中國經濟重心由北向南轉移的準備階段，永康的風土人情漸次載入各類典籍。北宋以降，永康即以名賢輩出、群星璀璨而著稱婺州。名臣高士，時聞朝野；文采風流，廣播海内。本邑由宋至清，載正史列傳20餘人，科舉進士200餘名。北宋胡則首開進士科名，爲官一任，造福一方；徐無黨受業於歐陽修，深得良史筆意，嘗注《新五代史》，沾溉後學。南宋狀元陳亮創立永康學派，宣導事功，名播四海；樓炤、章服、林大中、應孟明位高權重，憂國憂民，道德文章，著稱南北。元代胡長孺安貧守志，文采斐然，名列"中南八士"。明代榜眼程文德與應典、盧可久，先後講學五峰書院，傳播陽明之學，盛極一時；朱方長期任職府縣，清廉自守，史稱一代廉吏；王崇投筆從戎，巡撫南疆，功勳卓著；徐文通宦游期間與當時文壇鉅子交往密切，吟咏多有佳作。清初才女吴絳雪保境安民，壯烈殉身，名標青史；潘樹棠博聞强記，飽讀詩書，人稱"八婺書櫥"；晚清應寶時主政上海，對申城拓展、繁榮卓有貢獻；胡鳳丹、胡宗楙父子畢生搜羅鄉邦文獻，刊刻《金華叢書》，嘉惠士林。民國吕公望，早年投身辛亥革命，曾任浙江督軍兼省長，公暇與程士毅、盧士希、應均等人結社唱酬，引領一代文風。抗戰期間,方巖成爲浙江省政府臨時駐地,四方賢俊,匯聚於此,文人墨客,以筆代口,爲抗日救亡而吶喊,在永康文化史上留下濃重一筆。

據粗略統計,本邑往哲先賢自北宋到民國時期,所撰經史子集各類著作及裒輯成集者,360 餘家,近千種。惜年代久遠,迭經兵燹蟲蠹、水火厄害,相當部分已灰飛烟滅,蕩然無存。現國内外公私圖書館藏有本邑歷代著作僅百餘部,其中收入《四庫全書》及存目、《續修四庫全書》者 20 餘部。這是歷代先賢留給我們的寶貴精神財富,也是我們傳承文化基因、汲取歷史智慧的重要載體,更是一座有待開發的文化寶藏。

爲整理出版《永康文獻叢書》,多年以來,我市有識之士不懈呼籲,社會各界紛紛提議,希望開展此項工作。新時代政治清明,百業興盛,重教崇文。爲弘揚優秀傳統文化,拓展我市文化内涵,提升城市文化品位,推進永康文化建設,永康市委市政府因勢利導,決定由市委宣傳部牽頭,文廣旅體局組織實施,啓動《永康文獻叢書》出版工程。歷經一年籌備,具體工作於 2021 年 3 月正式展開。

整理出版《永康文獻叢書》,以新時代中國特色社會主義思想爲指導,以中共中央《關於整理我國古籍的指示》爲指針,認真貫徹國務院《關於進一步加强古籍保護工作的意見》,繼承與發揚永康學派的優良傳統,着眼永康文化品位、學術氛圍的營造與提升,系統梳理傳統文化資源,讓沉寂在古籍裏的文字鮮活起來,努力展示本邑傳統文化的獨特魅力,積極推進永康文化建設。現擬用八至十年時間,動員組織市内外專業人士和社會各界力量,將永康文學、歷史、哲學、法學、經濟學、社會學、教育學諸方面的重要古籍資料,分批整理完稿;遵循"精選、精編、精印"的原則,總量在 50 部左右,每年五至六部,分期公開出版,並向全國發行。

《永康文獻叢書》原則上只收録永康現有行政區域内,自建縣以來至中華人民共和國成立之前的文獻遺存。注重近代檔案及其他文史資料的收集整理。在永康生活時間較長，或産生過較大影響的外邑人士的著作，酌情收入。叢書的採編，以搶救挖掘地方文獻中的刻本以及流傳稀少的稿本、抄本爲重點；優先安排影響較大、學術價值較高、原創性較强的著作；對在永康歷史上産生過重大影響的家族譜牒，也適當篩選吸收。

本次叢書整理，在注重現存古籍點校的同時，突出新編功能。一些重要歷史人物的著述已經完全散逸，但尚有大量詩文見諸他人著作或志牒之中，又屢屢被時人和後人提及，則予以輯佚新編。一些歷史人物知名度不高，但留存的詩文較多，以前從未結集，酌情編輯出版。宋元以來，我邑不少先賢，雖無著述單行，但大多有零散詩文傳世，爲免遺珠之憾，也擬彙總結集。

歷史因文化而精彩，文化因歷史而厚重。把永康發展的歷史記録下來，把永康的文獻典籍整理出來，把優秀傳統文化傳承下去，關乎永康歷史文脉的延續，關乎永康精神的傳承，關乎五金文化名城軟實力的提升。因此，整理出版工作必須堅持政府主導、社會支援、專家負責的工作方針，遂分别建立指導委員會、顧問委員會、編輯委員會，各司其職，相互配合，以確保叢書整理出版計劃的全面落實與高品質實施。

《永康文獻叢書》整理出版的品質，在很大程度上取決於編纂人員的學識、眼光、格局，也取決於編纂人員的工作態度和敬業精神。爲此，編纂團隊將懷敬畏之心、精品意識、服務觀念、奉獻精神，抱着“爲古人行役”的理念，以“功成不必在我”的境界和“功成必定有我”的歷史擔當，甘於寂寞，堅守初心，知難而進，任勞任怨，將《永康文獻叢書》整理好、編輯好、出版好。

《永康文獻叢書》是永康建縣 1800 年來，首次對本邑古籍文獻進行系統整理，是一套“千年未曾見，百年難再有”的大型歷史文獻，是對永康蕴藏豐富的文化資源的深入挖掘、科學梳理和集中展示,是構築全國有影響的文化高地的有效途徑,對於推進永康文化的研究、開發和傳播,有着不可估量的可持續發展潛力。它是一項永康傳統文化的探源工程、搶救工程,是一項功在當代、惠及千秋的傳承工程、鑄魂工程,是一項永康優秀傳統文化的建設工程、形象工程。我們要在傳承經典中守好文化根脉,在扎根本土中豐富精神内涵,在相容並濟中打響文化品牌,爲實現永康經濟社會發展新跨越,爲打造"世界五金之都, 品質活力永康",提供强大的精神動力和文化支撑。

《永康文獻叢書》編委會

2021 年 10 月

目　録

五峰書院志

(民國)永康縣鄉土志

永康縣儒學志

〔清〕趙凝錫　編

盧敦基　校點

前　　言

《永康縣儒學志》是記載清代康熙年間永康縣教育機構全面情況的一部志書。古代中國官方教育以儒學爲全部内容，故名。

志前有序三篇，其中兩篇文後注明了寫作時間，分别爲康熙三十年（1691）及後一年。據此，判定該志爲康熙三十一年梓行，更爲合理。

該志編者趙凝錫。康熙三十七年《永康縣志》卷九"宦表"下"國朝教諭"云："字天屬，諸暨人。貢生。康熙二十一年（1682）任。倡修學宫，刻《學志》。升山東濟陽縣知縣。"乾隆三十年（1765）《濟陽縣志》卷六《秩官志》："趙凝錫，浙江紹興諸暨縣人。由歲貢。康熙二十五年任。"該志中，趙的下一位是楊之琦，康熙二十九年任。可見趙在此位四年。光緒《諸暨縣志》卷三十二《人物志》列傳六"國朝""趙寅"條目下，續以趙凝錫事蹟："趙凝錫，字天屬，寅族人也。以廩貢生官永康縣學教諭，卓異，升容城縣知縣。（《賢達傳》作潛陽縣）有傭某與主隙，殺妻而誣以奸。凝錫得其情，抵傭法。有幼兒樵，被殺，歷數宰不决。凝錫屢勘。忽一人趨而過，色作驚。拘鞫之，得强姦狀，申諸府。府疑之，申臬司。臬司歎曰：'爲令能洗冤，奈何以好事者咎之！'察乃定。（錢廷範、佟逢年傳）"

該志原八卷，後四卷現已佚失，此書編纂的一些情况僅能於序中一窺。首篇序，作者爲金華知府王無忝，未署寫作日期，明言趙君首倡修葺學宫，並來索序，於是欣然命筆。次序爲陳瀛所作，署"康熙三十年孟冬"，官職爲"金華府通判署永康縣事"。序中敘他該年到任永康,拜謁孔廟,見趙、余兩君於明倫堂。第三篇序爲沈藻所作,文後署“康熙三十一年歲次壬申小春賜進士第知永康縣事雲間沈藻”。該序稱讚“學博趙君”之功,並希望他能於未來的縣志修纂工作中出力。

序中时间和官職都寫得清清楚楚,但是反帶來一個問題讓人難以索解:趙凝錫於康熙二十一年來永康任教諭,二十五年去山東濟陽縣任知縣,至二十九年。這些都有當時當地的記録,十分確鑿。爲何康熙三十年趙凝錫仍出現在永康?正式任職應該基本没有可能。或者是他解職歸家以後再來永康從事教育事業?因爲志跋既佚,幾經尋覓也没有其他的史料,恐怕也只能作此解釋了。

爲何要在地方志以外再編學志?趙凝錫認爲,地方志内容以養民爲主,而學志以教士爲主:“學志之刻,所以別於郡縣志者:郡縣多詳養民之目,而明倫弼教之地,丹雘輝煌,萃一邑之俊秀,而居之禮義之府也;規訓詳明,揭百王之道法,而示之廉耻之的也。是以繪圖勒制較若列眉,俾閲者知所法守。若夫詳載邑乘、無關學政者,概不贅入。”(《凡例》)

全書八卷。下面簡要介紹一下其主要内容。

卷一爲“聖賢像贊”。康熙中,孔廟祭先師、四配、十哲、東西兩廡先賢先儒,共九十七位。此卷先以《祖庭廣記》描繪神化了的孔子形象開篇,續以歷朝皇帝對孔子及四配的贊、詔,孔子弟子的圖像爲該卷之主體。《凡例》首句云:“師道尊而不親,故止行釋奠禮。宋、元塑像以祀之,似無別於象教。明嘉靖間,易爲木主。國朝因之,誠爲不易之制。”木主,即木制的神位,俗稱牌位。在中國民間,道教、佛教其神、佛多有塑像,供人拜祈。儒学自明嘉靖间易以木主。中國大衆一般都不太滿足於這種抽象的崇拜方式。趙凝錫也不例外。他曾於省會錢塘謁三座學校,見壁上石刻,“肅然起敬,恍然如接其音容,如聆其笑語者。因謹摩列像以冠卷首”。

卷二爲“廟制”。先繪永康學宫總圖,介紹其建築結構,標出座落之地，附射圃。下續二道敕諭、箴、卧碑、建殿記，結尾一篇爲《禁冒認聖裔碑記》。此文大意，是永康某地有人冒充孔子後裔，以之逃賦税勞役，經判決，禁止假冒，立碑爲證。不過此案在光緒朝被徹底推翻。有興趣者，可參讀光緒《永康縣志》相關部分。

卷三爲“木主位次”。介紹孔廟所祀師、哲、賢、儒之制度的確立過程及其排列次序等。值得注意的是，歷朝多有改變增益，從此可見歷代最高統治者對思想原則的種種考慮。而專立啟聖祠，祀孔子、孟子、曾氏之父等人，其思路純出於孝。子貴必須延伸到父，相當待遇也要跟上，這或許就是一種中國特色了。

卷四爲“祀典”。一年兩次的祭孔，是國家通行的正式儀典。儀式莊重，場面龐大，祭品豐富，載歌載舞。參與人員衆多，步驟繁複。光憑記憶，難免錯訛。當然，《會典》對此有詳盡記載。但格於條件，不可能處處皆能找到《會典》，所以在此予以記録，方便後人。

本書另有卷五“名宦鄉賢”，卷六“選舉”，卷七“列傳碑記”和“格言”，卷八“五峰書院”。以上四卷内容已佚，僅存目録，尚可供後人把握懸想。

盧敦基

2022 年 4 月 2 日

永康學志序

學校之建，所以崇先聖，而維人心，以敦教化也。三代以來，尊尚已久。由漢及唐，則獨崇我孔子，而辟雍學舍，由斯以肇，然尚未徧於天下。宋自仁宗始詔天下立學，嗣後雖□□小邑，咸咏思樂泮水之詩焉。迨我（下原缺）是詩書禮樂之府，幾不獲比於梵宫琳院。教化之難浹，實由於此。嘗讀曾子固《宜黄縣學記》，知李詳令宜黄時，始議立學。而縣之士與其徒，皆發憤相勵而趨之。其材不賦而羨，匠不給而集。其成也，積屋之區若干，而門序正位、講藝之堂、棲士之舍皆足。積器之數若干，而祀飲寢食之用皆具。其像吾夫子而下，從祭之士皆備。其書經史百代、翰林子墨之文章無外求。每思昔賢如何作用而能經始落成如是之速且備也。今永邑趙君之新是學也，捐倡力任綜理，士夫樂助，悉已維新，芹藻生香，增光俎豆，誠足媲美前人，詢可嘉尚。復欲備記事實，併採先賢道德文章之有係學政者，以鼓將來，以垂永遠，愈見綢繆至計。雖然，此固學博分内事，廼趙君謙讓不遑也，來問序于予。予不敏，竊喜斯舉之有關於人心教化也，其奚容辭！遂書之，以爲有心世道者楷法云。

賜進士第、中憲大夫、兵部職方司郎中、知金華府事加一級王無忝撰。

永康學志序

歲辛未孟秋，余攝篆視永，下車拜謁先師孔子廟。既退，廣文趙、余二君領諸生延見明倫堂，彬彬然，禮樂文章之習，教化起於庠序，撫斯治也，心然喜矣。繼乃月朔望，奉講讀聖諭，輒一再至。環顧學宫，自門而庭，而楹，而堂閣階廡，而泮池，而登雲橋，而學舍廨宇，一一繕庀，奂輪方新。爲問兵燹頹殘以來，芹藻之地不致鞠爲茂草者，伊誰力也？趙廣文倡而脩之，都人士成之，厥功偉哉！古者天子諸侯自國以迨鄉邑，皆有學。學之設，所以育人才以開風化，弦歌洗爵，養老勸農，鄉射合樂，攷藝選言，於是乎在，學之制綦重也。今天子臨雍拜道，聲教訖於四海。永雖小邑乎，文物之盛，其所最著，則有若胡則、陳亮、徐無黨、程文德諸公，文章德業，炳燿史册。兹薰育所被，必有碩彦蔚興、黼黻太平者，後先輝映。向使澤宫之内摧謝飄揺，其何以光昭文治耶？爾日者鼛鼓不驚，子來集事，梓材丹雘，鳥跂翬飛，以整以贍，孔固孔殖。自此羽籥詩書，雍容俎豆，愈無未成之材、不學之士，禮義可敦，靡嬉有節，於以徵士習，覘民風，其所係豈淺鮮也！都人士請序次倡脩監督各姓氏，與夫捐助工材之多寡、經始落成於某時日，彙集成書，存爲學志。乞序於督學使者暨郡太守二公，而併屬言於余。余因颺其盛以附簡端。後之登斯堂覽斯志者，其瞿然起、肅然敬，念學校之重關於風俗人心，則益念倡葺之功爲不可没也！《詩》曰："君子是則是傚。"余與有厚望焉！

旹康熙三十年孟冬上浣之吉，金華府通判、署永康縣事閩中陳瀛題。

永康學志序

間嘗讀《宋史》傳述遺文，每歎陳同甫文章，拔地倚天，令人欣慕。辛未冬，予承乏永邑，得其全集讀之，益歎卓識偉論，目空一世，氣壓百家，當與老泉、東坡竝垂不朽。他若徐無黨之遒文史筆，林和叔之鴻才碩畫，應仲實與程舜敷之學力識見，後先繼美，指不勝屈，俱可鐘鼓天下後世。此雖山川靈氣所鍾，抑亦庠序之樂育書升也。予下車，首謁文廟，見白雲、天馬、天禄諸峰環列于前，秀色侵人，宜人才之數數見矣！登其堂，見棟宇輝煌，廊廡整肅，以及位次陳設、禮器事儀，莫不井井有條，因訝然曰："美哉！何莊以肅也！何麗而典也！此仰體聖天子之修明右制也。"諸弟子告予曰："此非學博趙君之功不至此！"夫永固山邑，學舍向卑陋，歷歲日就榛莽，凡進退揖讓之儀、圖籍車服之制、祠宇藝文之遺，皆荒殘莫能振飭。趙君以倜儻之才，扶風雲之志，督率有方，赴義雲集。廟制既備，復殫精竭誠，上攷像贊圖籍之規、祭享樂舞之具，下至碩德遺行之可傳而可法者，勒成《永康學志》十卷。展讀之餘，益深嘉趙君之博學通識、勇於修明，而善于教養人才也。夫志者，即古史之遺也。秉筆者不難于表德揚休，而難于存疑徵信。况秉鐸之任，義門禮路，求其舉孝興廉者，往往因循苟且，孰能考古証今、勝任愉快耶？今趙君制度則遵乎古，考訂則從乎時，凡聖賢遺像位次事儀，與夫嘉言懿行，莫不討論詳悉，勒爲成書，以垂永久，俾後人得所考據，以知法守，其功不亦偉哉！甚矣！趙君之修明文教、養育人才，與引進後學之心，爲不可忽也。他日者歷崇階、贊教化,以黼黻乎永學者黼黻乎廊廟,將見多士奮興,理學復出,增光俎豆,振采庭廡,共佐聖天子脩明盛化,其功不更偉哉！抑予更有望者:《永康縣志》燬于庚午之春,查考遺編,未經修補者,越三十餘載。官斯土者,不能辭其責焉。予不敏,不敢視文獻之湮没無傳,其間接續闕畧、存疑徵信,輯成邑乘全書,脩明之功,又不能無厚望于趙君之博學通識矣！是爲序。

康熙三十一年歲次壬申小春,賜進士第、知永康縣事雲間沈藻題於内省堂。

學志凡例

一、師道尊而不親，故止行釋奠禮。宋、元塑像以祀之，似無別於象教。明嘉靖間，易爲木主。國朝因之，誠爲不易之制。然聖賢道德之貌，睟面盎背，根心而生色者，亦僅得諸意想之間。錫嘗泛舟錢塘，謁武林三學壁上石刻全像，肅然起敬，恍焉如接其音容、如聆其笑語者。因謹摩列像以冠卷首，庶幾展卷而知敬，而戲渝之私，抑亦可以少釋矣。

一、學志之刻，所以别於郡縣志者：郡縣多詳養民之目，而明倫弼教之地，丹雘輝煌，萃一邑之俊秀，而居之禮義之府也，規訓詳明，揭百王之道法，而示之廉耻之的也。是以繪圖勒制較若列眉，俾閲者知所法守。若夫詳載邑乘、無關學政者，槩不贅入。

一、木主位次釐定於嘉靖間，相沿已久，不免蠹朽紊錯之虞。兹學既按《全書》，復遵本朝欽定，脩葺其姓氏事實，竝勒諸版，使一展卷，可悟繼往開來之序。

一、《憲頒禮樂攷》止于二丁演習，恐未遽純。今揭其大綱，如釋奠、儀注、歌舞、樂章、俎豆、陳設等類，載勒分發，俾得家諭户曉，庶不負脩明作述之思。

一、名宦、鄉賢之祀，上以發先哲之幽光，下以示後進之趨向，其事實不容畧也。今復採遺稿中有補於人心世道者，登記於後。

一、科第中有賢聲嘖嘖未祀諸鄉者，其功業文章，自在人間，亟採而登之，所謂金可銷、石可泐，君子之言不可没也。

一、歷朝司教，師表一時，不乏嘉言懿行。數傳而後，人往風微，其間可指數者落落，無從備述。今惟採鄉先生之格言足以式訓多士者，以光簡册，亦庶幾木鐸之意云爾。

一、婺州理學淵源，向有小鄒魯之稱。竊嘗睇覽前後邑志，徧歷方巖、五峰奇勝，見洞石玲瓏，祠宇輝麗，諸名賢位次森森，起敬起慕，始歎昔人所稱許，良非溢美也。兹更搜探前輩遺編，覺五峰尤爲心傳之一脉，雖其地不與宫牆邇，而理學之統，綿綿延延，實關係焉。緣纂歷朝緒論精言，另爲一卷，俾後之君子，仰前徽而興感近。按新安遠追濂洛，則麗澤一祠，實與武彛蕺竹遥相望云。

一、士行遺德，潛修弗耀，不樂表著者，政與孝子、女節同芳，未易識也。今採其堪垂不朽者，分爲四科，竝列遺編。其女節無從選擇，悉照邑乘登記，亦古者表宅里樹風聲之遺也。

一、永學從前興廢不一。近自兵燹之餘，闔邑諸大姓分圖建葺、共輸樂成、竭蹷赴義者，自應續入，以彰思樂泮水之盛。凡在稿可查者，悉詳其姓氏於後。若無稽實者，不能濫與。幸無咎焉。

永康縣儒學志卷之一

聖賢像贊

（以上原缺）《祖庭廣記》云：先聖生有異質，凡四十九表：反首、注面、月角、日準、河目、海口、龍顙、斗唇、昌顔、均頤、輔喉、駢齒、龍形、龜脊、虎掌、駢脅、脩肱、參膺、圩頂、山臍、林背、翼臂、注頭、阜頰、堤肩、地足、谷竅、雷聲、澤腹，脩上趨下，末僂後耳，面如蒙供，手垂過膝，耳垂珠庭，眉有一十二彩，目有六十四理，立如鳳峙，坐如龍蹲，手握天文，足履度字，望之如仆，就之如升，視若營四海，躬履謙讓，胸有文曰制作定世符，身長九尺六寸，腰大十圍。

御制碑辭

遐哉三五，惟辟之式。於皇尼山，師道允極。天畀木鐸，覺彼群生。百行以正，六籍以明。賢過唐虞，聖則河洛。綏和動來，文博禮約。性天峻極，倫教孔彰。學昌洙泗，統歸素王。炎漢崇儒，少牢用饗。厥後賢君，高山是仰。予懷至聖，涖止東方。音徽云邈，道德彌光。鬱鬱塋林，峩峩祠殿。企慕安窮，羹牆如見。泰岱匪高，東海匪深，敬揚懿軌，終古式欽。

古　贊

孔子孔子，大哉孔子！孔子之前，從無孔子。孔子之後，更無孔子。孔子孔子,大哉孔子!

唐睿宗贊

猗與夫子,實有聖德。其道可尊,其儀不忒。删詩定禮,百王取則。吾則匏瓜,東西南北。

宋太祖贊

王澤下衰,文武將墜。尼父挺生,河海標異。祖述堯舜,有德無位。哲人其萎,鳳鳥不至。

宋真宗贊

立言不朽,垂教無疆。昭然令德,偉哉素王。人倫之表,帝道之綱。厥功茂實,其用允臧。升中既畢,盛典載揚。鴻名有赫,懿範彌彰。

宋徽宗贊

厥初生民,自天有造。百世之師,立人之道。有彝有倫,垂世立教。爰集大成,千古允蹈。乃嚴斯所,乃瞻斯宫。瞻彼德容,云孰不崇。

宋高宗贊

大哉宣王,斯文在兹。帝王之式,古今之師。志則《春秋》,道由忠恕。賢於堯舜,日月其喻。惟時載雍,戢此武功。肅昭盛儀,海寓聿崇。

宋理宗贊

聖哉尼父,秉德在躬。歷聘列國,道大莫容。六藝既作,文教允崇。古今日月，萬代所宗。

元仁宗詔

先孔子而聖者，非孔子無以明。後孔子而聖者，非孔子無以法。所謂祖述堯舜，憲章文武，儀範百王，師表萬世者也。父子之親，君臣之義，允惟聖教之尊；天地之大，日月之明，奚罄名言之妙。

御製四子贊

顔　子

聖道早聞，天姿獨粹。約禮博文，不遷不貳。一善服膺，萬德來萃。能化而齊，其樂一致。禮樂四代，治法兼備。用舍行藏，王佐之器。

曾　子

洙泗之傳，曾已得之。一貫曰唯，聖教在兹。明德新民，止善爲期。格致誠正，均平以推。至德要道，百行所基。纘承統緒，務期訓辭。

子思子

於穆天命，道之大原。静養動察，庸德庸言。以育萬物，以贊乾坤。九經三重，道法是存。篤恭慎獨，成德兩間。卷之藏密，擴之無垠。

孟　子

哲人既萎，楊墨昌熾。子陽闢之，曰仁曰義。性善獨闡，知言養氣。道稱堯舜，學黜功利。煌煌七篇，並重六藝。孔學攸傳，禹功克配。

顔子，魯人。諱回，字子淵。少孔子三十歲。年二十九而髮白，三十二早卒。孔子曰："自吾有回，門人益親。"回以德行著。孔子稱其仁，授道而夭。至宋，追封復聖。

贊：德行好學，回也其庶。三月不違，説言匪助。樂以忘憂，簞瓢陋巷。用舍行藏，惜乎早喪。

德行首科，顯冠學徒。不遷不貳，樂道以居。食埃甚忠，在陋自如。宜稱賢哉，豈止不愚！

曾子,南武城人。字子輿。少孔子四十六歲。志存孝道,孔子因之,以作《孝經》。卒授道於子思。至宋,追封宗聖。

贊:臨深履薄,三省吾身。一貫惟唯,《孝經》屬參。忠恕吾道,弘毅任仁。質也魯鈍,傳之其人。

夫孝要道,用訓群生。以綱百行,以通神明。因子侍師,答問成經。事親之實,代爲儀型。

子思子,諱伋,孔子之孫,伯魚之子。受業於曾子。著《中庸》三十二篇,以授孟子。年百餘歲卒。至宋,追封述聖。

贊:編著賢傳,羽翼聖經。無忝爾祖,萬世一門。家學授受,乃子乃孫。敬禮孟氏,私淑得人。

孟子，名軻，字子車，一云字子輿。本魯公族孟孫氏之後。幼受業於子思之門。道既通，精於五經。游事齊梁，不遇，退而與萬章之徒序四書述仲尼之意，作《孟子》七篇。至宋，追封亞聖。

贊：言稱堯舜，性本仁義。遊事齊梁，教授子弟。返正闢邪，浩然養氣。砥柱中流，巖巖偉器。

閔損,字子騫,魯人。

天經地義,孝哉閔騫。父母弟昆,莫間其言。汙君不仕,志氣軒軒。復我汶上,出處休焉。

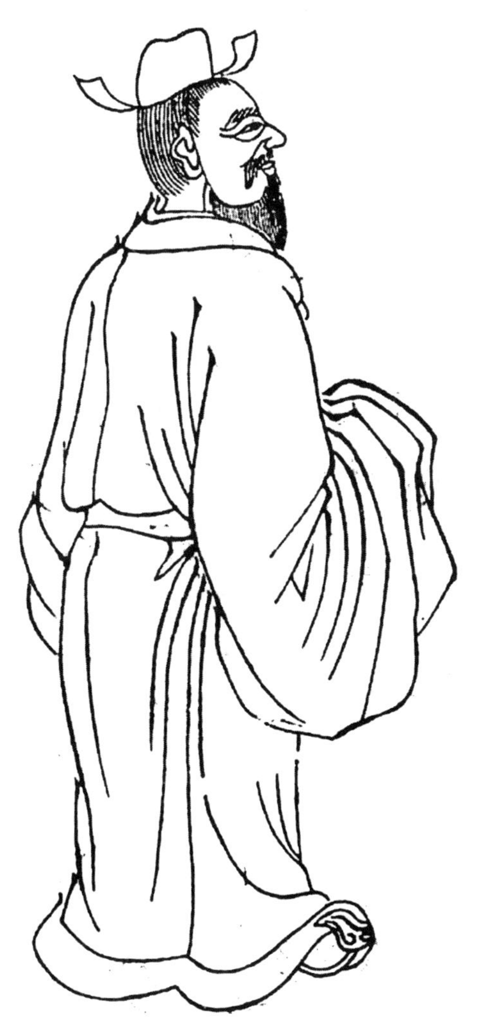

冉雍，字仲弓，魯人。

懿德賢行，有一則尊。子也屨之，成性存存。騂角有用，犁牛莫論。刑政之語，惠施元元。

端木賜,字子貢,衛人。

謙德知二,器實瑚璉。動必幾先,孰並其辨。一使存魯,五國有變。終相其主,譽處悠遠。

仲由，字子路，卞人。

升堂惟光，千乘惟先。陵暴知非，委質可賢。折獄言簡，結纓節全。惡言不耳，仲尼賴焉。

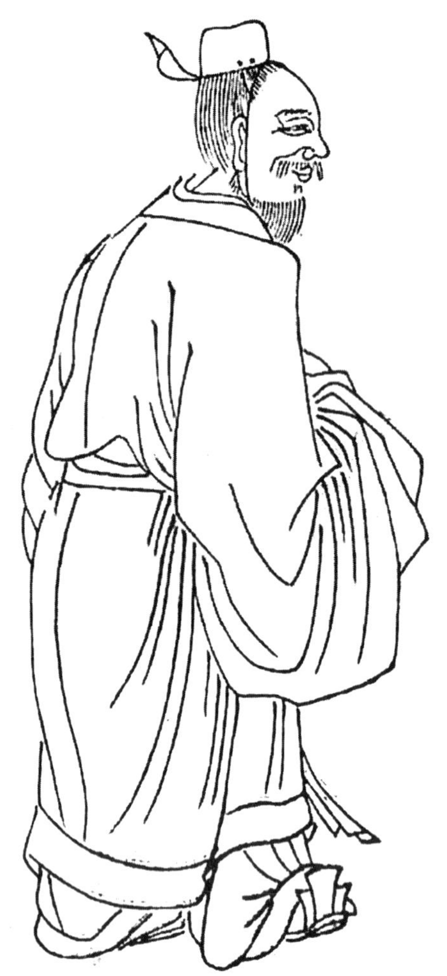

卜商,字子夏,衛人。

文學之目,名重一時。爲君子儒,作魏侯師。因繪後禮,始可言《詩》。假蓋少嫌,聖亦不疵。

冉耕，字伯牛，魯人。

德以充性，行以澡身。二事在躬，日躋而新。並驅賢科，得顏與隣。不幸斯疾，命也莫伸。

宰予,字子我,魯人。

辨以飾詐,言以致文。苟弗執禮,宜莫釋紛。朽木糞墻,置不足云。言語之科,華然有文。

冉求，字子有，魯人。

循良之要，在於有政。可使爲宰，千室百乘。師門育材，治心扶性。退則進之，琢磨之柄。

言偃,字子游,吴人。

道義正己,文學擅科。爲政武城,聊以絃歌。割雞之試,牛刀謂何? 前言戲耳,博約則多。

顓孫師，字子張，陳人。

念昔顓孫，商德與隣。學以干禄，問以書紳。参前倚衡，忠信是遵。色取行違，作戒後人。

澹臺滅明,字子羽,武城人。

惟子有道,天與異容。狀雖云惡,德則其豐。南止江沱,學者雲從。取士自兹,貌或非公。

原憲，字子思，魯人。

軾波窮困，達士所賓。邦無道穀，進退孰倫。敝衣非病，無財乃貧。賜雖不懌，清節照人。

南宫适,字子容,魯人。

先覺既位,簪屨並馳。尚德君子,爾乃兼之。羿奡可慚,禹稷可師。三復此道,載服白圭。

商瞿，字子木，魯人。

《易》之爲書，彌合天地。五十乃學，師則有是。子能受教，述以傳世。知幾其神，宜被歷紀。

漆雕開，字子開，魯人。

仕進之道，要在明習。具臣而居，咎將誰執。斯未能信，謙以有立。闕里志之，多士莫及。

司馬耕，字子牛，宋人。

手足甚親，志奚出處。魋將爲亂，子廼脱去。在污能潔，危而有慮。内省若斯，何憂何懼。

有若,字子有,魯人。

人秉秀德,氣貌或同。而子儼然,温温其容。兩端發問,中答機鋒。以禮節和,斯言可宗。

巫馬施，字子旗，魯人。

天清日明，密雨易有。師命持蓋，子亦善扣。惟夫子博，三才允究。學者之樂，厥得遂茂。

顔辛,字子柳,魯人。

孰封於蕭,實惟子柳。夙飫格言,克遵善誘。明德斯馨,賢業所就。以侑於儒,傳芳逾茂。

曹卹，字子循，蔡人。

肅肅曹伯，王室之裔。積習樂道，切磋明義。惟善是主，爾德是類。史筆有焕，令名永紀。

公孫龍,字子石,楚人。

黄伯著祀,公孫是云。彌縫中道,協輔斯文。藏修方異,漸漬其勤。史詞不忘,播爲清芬。

秦商，字子丕，楚人。

孔父秦父，相尚以力。俱生聖嗣，相與以德。是父是子，致詁疇克。會弁儒林，令名無極。

顔高,字子騎,魯人。

琅邪之伯,其惟子騎。微言既彰,德音孔昭。已觀雩藻,同聽子韶。歷千百禩,跂想高標。

壤駟赤,字子徒,秦人。

式是徵伯,昭子聖徒。執經請益,載道若無。詩書規矩,問學楷模。得時而駕,領袖諸儒。

石作蜀,字子明,秦人。

在昔石邑,能知所尊。懋依有德,克述無言。鼓篋槐市,揚名里門。此道久視,彼美長存。

后處，字子里，齊人。

温温子里，入聞至聖。擅道之華，秉德之柄。深造閫域，不乖言行。全齊之封，竹素爲盛。

奚容蒧,字子晳,魯人。

雍容子晳,已望堂室。幼則有造,成則祖述。文采日化,儒効力弼。永觀厥成,德音秩秩。

秦祖,字子南,秦人。

秦有子南,能纘述作。守道之淵,成德之博。範若錫金,契猶發藥。歷世明紀,遠錫寵爵。

縣成,字子祺,魯人。

至性立教,子祺安雅。擅譽魯邦,啓祚鉅野。煒矣風猷,時哉用舍。出倫離類,後學是假。

公祖句兹，字子之，魯人。

惟彼子之，錫伯期思。與賢並進，得聖爲師。彬彬雅道，翼翼令儀。出自至言，廟食不隳。

燕伋,字思,秦人。

師席高振,大成是集。至道克傳,賢達斯執。善教云宜,儒風可立。漁陽之士,得跂而及。

樂欬，字子聲，□人。

樂氏子聲，錫爵昌平。信道之篤，見善乃明。引領高節，載惟思誠。先賢聿築，出爲時英。

狄黑,字皙,衛人。

仰止狄皙,抱負淵通。游泳德化,揚厲素風。偉識既異,持教乃隆。厥志茂焉,毖祀無窮。

公西葴，字子上，魯人。

猗爾子上，魯邦之望。以德則貴，惟道是唱。師聰師明，友直友諒。伯於祝阿，儒風斯暢。

孔忠,字子蔑,魯人。

維子之生,道德之門。佩服至論,鯉則弟昆。三得三亡,所問殊温。君子歸宓,義不掩恩。

顔之僕，字叔，魯人。

賢行顔叔，親承尼父。志鋭所期，道尊是輔。泥在鈞陶，未就規矩。終縻好爵，揚名東武。

施之常,字子恒,魯人。

開國乘氏,有德斯彰。參稽百行,贊理三綱。自拔行間,榮名甚光。在史藹藹,歷久彌芳。

申棖，字子續，魯人。

剛毅近仁，志操莫踰。性匪祝鮀，面立子都。有一於此，剛名可圖。云欲則柔，蓋生之徒。

宓不齊,字子賤,魯人。

君子若人,單父之政。引財寤君,放魚稟令。傳郭勿穫,遂能制命。百代理邑,用規觀聽。

高柴，字子羔，衛人。

婉彼子羔，受業先聖。宗廟之間，一出乎正。克篤於孝，非愚乃令。師知其生，有輝賢行。

公冶長,字子長,齊人。

子長宏浚,高出倫輩。雖在縲絏,知非其罪。純德備行,夫子所採。以子妻之,尤知其槩。

樊須，字子遲，齊人。

養生以道，聖人兼濟。始謂未仁，問鮑良喜。寓志農圃，似睽仁義。學稼之辭，豈姑舍是。

公晳哀,字季次,齊人。

周衰儒隆,政在群公。廉耻道微,家臣聿崇。不爲屈節,撝謙自容。子於是時,凜然清風。

商澤，字子季，魯人。

邈矣子季，睢陽是伯。屏息受業，延教登席。未踐四科，因涉六經。祀典載之，好是正直。

冉孺,字子魯,魯人。

紀伯子魯,聖學是務。厲己斯的,好問乃裕。周旋中規,容止可度。允矣昔賢,後世所慕。

梁鱣，字叔魚，齊人。

室家壯年，無子則逐。見於信史，全齊之俗。原本厥初，師言可復。以學則知，揆之宜篤。

柏虔,字子折,魯人。

有懷子折,全魯之裔。德行既名,聊伯乃建。兢兢受道,奕奕峩珮。懿選嘉謨,世享馨薦。

冉季，字子產，魯人。

東平子產，姓著盛時。奉師力學，講道之微。答問甚敏，婉妙以思。升降敞蕪，尚懋英姿。

漆雕徒父,字子期,魯人。

遐想子期,挾策聖帷。涉道是嗜,惟士可縻。在德既賢,在名乃垂。洋洋之風,逮今四馳。

漆雕哆，字子斂，魯人。

子斂受封，爰居武城。亹亹其聞，翩翩其英。摳衣時習，願學日明。誕敷孔教，爵里疏榮。

公西赤,字子華,魯人。

學者行道,敝緼亦稱。使齊光華,偶爲肥輕。周急之言,君子所令,答問允嚴,理皆先經。

任不齊,字選,楚人。

任城楚伯,其表曰選。淑問雅馳,才華清遠。競辰力行,愛日黽勉。孔教崇崇,令緒款款。

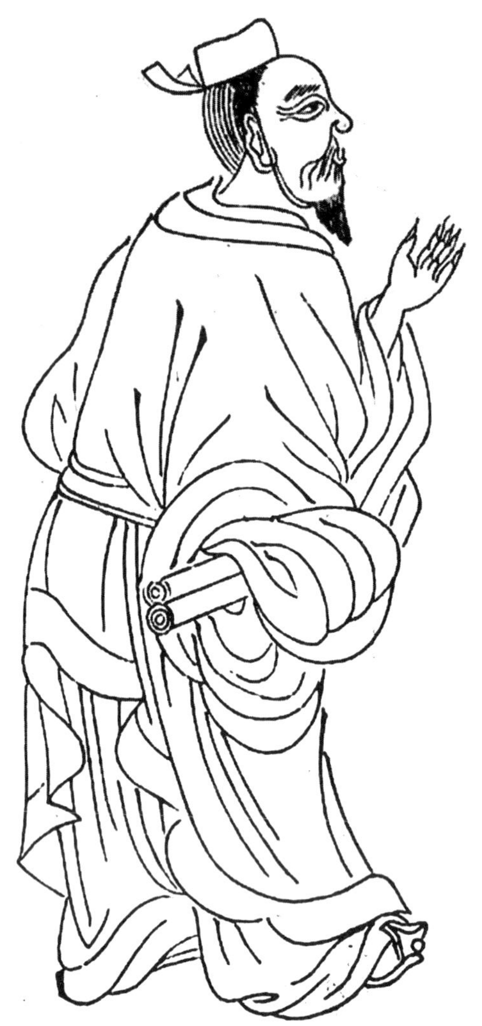

榮旂,字子祺,魯人。

伯兹雩婁,務學實著。三千之位,七十是預。匪善奚稱,惟德乃據。紀於前書,式彰厥譽。

左人郢，字行，魯人。

伯彼臨淄，左人稱賢。踦踪十哲，秀顯三千。心悦誠服，家至户傳。樂只君子，文聲益宣。

鄭國,字子徒,魯人。

伯惟滎陽,實惟令德。優入聖門,過不留跡。道以目傳,妙則心識。猗歟偉哉,後代之則。

廉絜，字庸，衛人。

兄弟之邦，士有廉庸。涵泳聖教，表揭儒宗。杏壇探賾，洙泗從容。作興一時，莒父其封。

叔仲會,字子期,魯人。

瑕丘祚邑,子期是爲。親訓有日,廣業於時。四教允隆,五常以持。比肩俊傑,聞望斯垂。

邽巽，字子斂，魯人。

彼美邽子，先聖是承。牆仞已及，堂陛將升。良玉斯琢，寒水必冰。錫壤平陸，茂實光騰。

陳亢,字子禽,陳人。

惟禽之問,從容於鯉。求以異聞,《詩》《書》云爾。請一得三,誠退而喜。且知將聖,不私其子。

琴牢,字子張,一字子開,衛人。

多能鄙事,聖人曲意。惟其知之,是以不試。宗魯雖友,弔必以義。尚師嘉言,祀亦罔替。

步叔乘,字子車,齊人。

勉勉子車,封邑淳于。親炙避席,唯諾趨隅。發微既博,雅道是扶。抑可尚也,不亦美乎。

秦非，字子之，魯人。

樂善哲士，伯于汧陽。傳道克正，垂名永臧。執德以洪，用心必剛。衮廣業履，式贊素王。

顔噲,字子聲,魯人。

褒錫朱虛,在器輪輿。儒室振頌,聖門曳裾。賢業得藴,美材以攄。百世不刊,載觀成書。

按《禮樂全書》箋曰：像非古也，然見像則生敬，見木主則生怠，末世之人心也。昔文翁益州講堂有石室圖。宋高宗令李龍眠麼畫先聖及七十二子像，併御製贊，尚存杭學。倘引畫壁之義，刻石布于天下，亦使人生敬之一端也與！此刻雖本于宋季，實由文翁之遺意云爾。

又按聖賢圖像，與今製木主位次逐對，多其像者六人，缺其像者九人，有其像並存而不敢載入者二人。查《闕里志》，啓聖公孔鯉、孟氏激公儀原無像。古人所無，今人不可爲有。顔無繇、曾皙二賢，雖有像，不敢載入。復聖、宗聖，已列文廟四配，父之像可處於子之後乎？昭其分也。申黨即申棖，去黨存棖。蘧瑗、林放，既各祀於其鄉。秦冉、顔何，《家語》不載。公伯寮疑非弟子列，通罷，今像雖存，亦不敢載入，嚴其辨也。公夏首、顔祖、句井疆、公良孺、公肩定、鄡單、罕父黑、原亢、公西輿，如諸賢，原刻遺其像，因其缺也。庶幾諸賢位次，可按像而稽，而東西上下，永無淆紊之虞矣！

永康縣儒學志卷之二

廟　制

設學明倫，用彰聖訓。累代相沿，於斯爲盛。廢舉頹興，規弘制盡。升堂入室，肅然起敬。

贊曰：崔嵬廟貌，數仞宫牆。千峰駢揖，雙流帶裝。嶺頭遥來雲影，白雲峰。水面湧出文章。桃花溪。石城矗矗，天馬昂昂。有石城、天馬峰。變見出没兮龍虎，翱翔頡頏兮鳳凰。有龍虎、鳳凰雙塔。松靈呈異，洞谷浮香。凌霜兮古栢，映月兮新篁。高山仰止，示我周行。

學宫總圖

按《禮樂全書》府州縣學圖，啓聖祠在廟之東。兹學限於地勢，與原定制不同。

又按，學宫基地形如飛鳳，兩翅環抱，後昂前俯。又如鳴鳳，古稱爲鳳朝北闕。周以垣牆，故圖取方，其餘界址，另詳於左。

儒學，去縣治三十七步，本唐先師廟故址。由宋迄明，代有修建。文廟居中，翼以兩廡，左右前後，環拱相向。廟之前規方，爲獻官壇位。南爲廟門。門南下三階，叠石爲磴而升。又南，爲泮池，爲登雲橋。又南，爲櫺星門。門之外，爲外屏，爲射圃。廟門東爲名宦祠，西爲鄉賢祠。廟之後爲明倫堂。堂之前爲月臺，兩齋翼然，東曰日新，

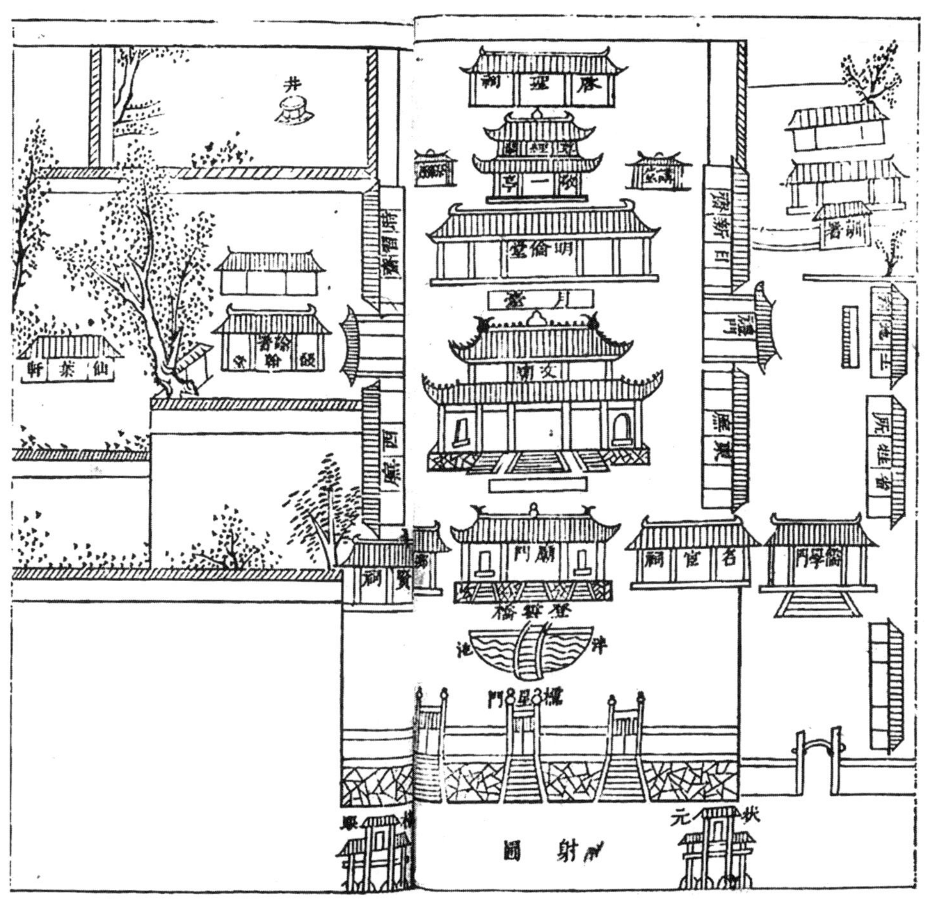

西曰時習。堂之後爲尊經閣，爲敬一亭。亭之後爲啓聖祠。東齋中折而東出，爲禮門。即古進賢門。由禮門折而南出，爲儒學門，以達於大街。又東齋之東，爲講堂，爲學訓衙署，爲省牲所，爲土地祠。西齋之西，爲祭器庫，爲學諭衙署。並稱完美云。

儒學宫

坐地字四十九號，計學地壹拾伍畝柒分叁厘。縱九十四步。四分：横南四十五步，北四十步，南至射圃，北至大司前，東至五十號，西至四十八號。

土地祠基，禮門之外，向係城隍廟園地。康熙貳拾陸年，用價買歸儒學,建土地祠。

射　圃

坐地字四十號。計官沙地四畝零壹厘。

縱四十步,横南二十四步,北二十四步。四分:南至大溪,北至儒學,東至官街,西至壹百二十五號。

舊射圃基

坐地字五十號。計學地壹畝伍分。

縱一十六步,横南九步,北十一步。

東至城隍廟,南至官街,西至四十九號,北至城隍廟。

按:此基明初借造爲府館,後圮,遷府館於城隍廟前東偏。萬曆年間,署縣事劉公恐浸没於民居,仍歸儒學收管。康熙七年,司訓張公牒縣邑令徐公批送其基地,聽民間造店,每歲薄收基租,以爲修理牆垣之小費。康熙二十六年,通學具呈,到學申詳,學院王公批"賃造店肆,每年所收基租爲學宫公用"等語,牒縣報明,施行在案。

勑諭二道:

順治九年

章皇帝勑諭曰:聖人之道,如日中天。上資之以圖治,下學之以事君。爾當嚴督諸生,盡心訓誨。諸生當敬奉師教,身體力行。教有成效,時惟師長之功;學有實力,方盡弟子之職。若訓導不嚴,怠肆失學,爾師生俱難免咎。尚其勉之!

康熙八年

皇帝勑諭曰:朕惟聖人之道,高明廣大,昭垂萬世,所以興道致治,敦倫善俗,莫能外也。朕纂承丕業,文治誕敷,景仰先賢,至今行釋奠之典,將以鼓舞人才,宣布教化。爾監臣當嚴督諸生,潛心肄業。諸生亦宜身體力行,朝夕勤勵。若學業成立,可裨實用,則教育有功。其或督率不嚴,荒乃職業,爾師生難辭厥咎。尚其勉之,毋忽!

敬一箴 有序

夫敬者,存其心而不忽之謂也。元后敬則不失天下,諸侯敬則不失其國,卿大夫敬則不失其家,士庶人敬則不失其身。禹曰:"后克艱厥后,臣克艱厥臣。"《五子之歌》有云:"予臨兆民,如朽索之馭六馬。"爲人上者,柰何不敬! 其推廣敬之一言,可謂明矣! 一者,純乎理而無襍之謂也。伊尹曰:"德惟一,動罔不吉;德二三,動罔不凶。"其推廣一之言,可謂明矣! 蓋謂爲元后受天付託,承天明命,作萬方之君,一言一動、一政一令,實理亂安危之所繫。若此心忽而不敬,則此德豈能純而不襍哉! 故必兢懷畏慎於郊禋之時,儼神明之鑒享,發政臨民,端莊戒謹,惟恐拂于人情。至于獨處之時,思我之咎何如,改之不吝;思我之德何如,勉而不懈。凡諸事至物來,究夫至理,惟敬是持,惟一是協,所以盡爲天子之職,庶不忝厥祖厥親。由是九族親之,黎民懷之,仁澤覃及於四海矣! 朕以冲人,纘承丕緒,自諒德惟寡昧,勉而行之,欲盡持敬之功,以馴致乎一德。其先務又在虛心寡欲,驅除邪逸,信任耆德,爲之匡輔,敷求善人,布列庶位,斯可行純王之道,以坐致太平雍熙之至治也。朕因讀書而有得焉,乃述此言以自勗。

人有此心,萬善咸具。體而用之,惟德是據。敬焉一焉,所當先務。匪一弗純,匪敬弗聚。元后奉天,長此萬夫。發政施仁,期保鴻圖。敬怠純駁,應念頓殊。徵諸天人,如鼓答桴。朕荷天眷,惟民之主。德或不類,以爲大懼。惟敬惟一,執之甚固。畏天勤民,不遑寧處。曰敬維何? 怠荒必除。郊則恭誠,廟嚴孝趨。肅於明廷,慎于閒居。省躬察咎，儆戒無虞。曰一維何？純乎天理。弗參以三，弗貳以二。行顧其言，終如其始。静虚無欲，日新不已。聖賢法言，備見諸經。我其究之，擇善必精。左右輔弼，貴于忠貞。我其慎之，鑒别必明。斯之謂一，斯之謂敬。君德既修，萬邦則正。天親民懷，永延厥慶。光前垂後，綿衍蕃盛。咨爾諸侯，卿與大夫，以至士庶，一遵斯謨。主敬協一，罔敢或渝。以保禄位，以完其軀。古有盤銘，目接心警。湯敬日躋，一德受命。朕爲斯箴，拳拳希聖。庶幾湯孫，底于嘉靖。

范氏心箴

茫茫堪輿，俯仰無垠。人於其間，渺然一身。是心之微，太倉稊米。參爲三才，曰惟心耳。往古來今，孰無此心？心爲形役，乃獸乃禽。惟口耳目，手足動静，投閒抵隙，爲厥心病。一心之微，衆欲攻之。其與存者，嗚呼幾希！君子存誠，克念克敬。天君泰然，百體從令。

堪輿是指天地説，無垠是無有界限。宋儒范氏後作《心箴》，説道茫茫，然天地廣大，無有界限，而人居其中，便是太倉中一粒粟米。天地這般大，人身這般小，人與天地，參爲三才，非以形體而言，惟其心耳。蓋心爲一身之主，吾心克正，則百體四肢，莫不聽其使令。若心有一毫不正，則被聲色所移，物欲所攻，便動與理反，豈不與人道違哉！故范氏之作箴，雖是常言，西山真氏特録於《大學衍義》之中，以獻時君。宋君雖未能體察，而後世謂其致意也深，其用功也至。予所嘉慕而味念之。箴之作，本于范氏，非真西山發揚，其孰能之哉！嗚呼念哉！

程子視箴

心兮本虚，應物無迹。操之有要，視爲之則。蔽交於前，其中則遷。制之於外,以安其内。克己復禮,久而誠矣。

視、聽、言、動四箴者,乃宋儒程氏頤之所作也。程氏説:人之生也,其性本善。後被物欲交攻,而此性始有不善。視、聽、言、動四者,或不能中,此乃受病之處。居中而制萬事者,心也。心之所接,必由視、聽得之。視聽之不明不聰,則言動皆違天理。然視居其首焉。程氏説:凡人於視,不無被那諸般物色所蔽。其中心安之,凡視無不明。勿使外物蕩其中,常使中制於外可也。《書》云:"視遠惟明",即此意也。要操存之在吾心,無有遠邇,視之如一。辨其是非,觀其善惡,以吾心之正爲較察,然後可免於昏亂之失矣。朕惟人皆以視爲明,而人君所視者尤爲要焉。果以此爲則,深爲益也。凡觀其邪正,辨其賢否,不爲奸巧之所惑,庶幾忠與不肖不得並進,用舍不至於倒置矣。嗚呼,察之!

程子聽箴

人有秉彝,本乎天性。知誘物化,遂亡其正。卓彼先覺,知止有定。閑邪存誠,非禮勿聽。

此程氏言聽之要。説道視聽乃爲出言之機,一或有差,患必至矣。前言視之之道,此言聽之之道。夫人之於視或能察之,然又恐聽之未善也。目視之既善,耳聽者須盡其善,可也。耳目之間,視聽之際,均爲要焉。若聽之不審,則無以知其是非。故聽言之際,當分别其邪正,勿使甘佞之言,從入其心。心既受之,必爲誘惑。《書》云"聽德惟聰",即此意也。蓋人生之於天,具耳、目、口、鼻之體。口之與鼻,無所禁者,惟耳、目爲重,故以視聽爲戒。朕諭之曰:口與鼻之無所禁,乃彼知之自然者也。耳、目之於視、聽,乃彼之不能先覺者也。如口之嗜味知其甘辛酸苦,嘗之自能别也;鼻之臭物,知其好惡已,嗅之自能擇也;目之於色,則愛其艷麗耳;之於聲,則愛其音律。殊不知艷麗、音律皆人爲之也,所以受其害。口、鼻之覺,故賢之於耳、目也。故程氏箴云:"卓彼先覺,知止有定。"謂既能卓然先覺,則自有定向,而人君之聽,尤當審辨也。《書》云"無稽之言勿聽",又云"庶頑讒説",震驚朕師,此皆聽德之要也。人君於聽納之間,當辨其忠讒而已。忠言逆耳,近於違我,讒言可信,近於遜我。不能審擇,其患豈淺淺哉!但使吾心泰定,不爲諂佞之徒以惑,則所納者未必不可,所屏者未必不當,惟吾心審斷之而已。嗚呼,審之!

程子言箴

人心之動,因言以宣。發禁躁妄,内斯静專。矧是樞機,興戎出好。吉凶榮辱,惟其所召。傷易則誕,傷煩則支。己肆物忤,出悖來違。非法不道,欽哉訓辭。

樞機者,譬户之軸、弩之牙也。戎是兵戎,好是喜好,程氏之意,説凡人所言,必謹其妄出經發如弩之發矢,度而思之,務求其中焉。言易則至於狂誕,言煩不免於支離,非聖賢之法言不敢道之於口,所以悟末世之君子也。朕因而論之曰:凡有所言,必求其合諸道理,準諸經傳,然後可以爲言也。夫言,以文身也。《書》云:"惟口起羞。"《大學》云:"言悖而出者,亦悖而入。"《孝經》云:"非先王之法言不敢道。"斯之謂也。人之於言,必加謹焉。而人君之言,尤當謹之。先儒云:"王言如絲,其出如綸。王言如綸,其出如綍。"人君之發號施令,皆言也。令出之善,則四海從焉。一或不善,則四海違焉。故凡出一言、發一令,皆當合於天理之公,因諸人情之所向背。若或徒用己之聰明,恃其尊大,肆意信口,不論事理之得失、民情之好惡,小則遺當時之患,大則至千百年之禍。可不戒畏之哉！程氏之作箴，其用心也至矣！嗚呼，謹之！

程子動箴

哲人知幾，誠之於思。志士勵行，守之於爲。順理則裕，從欲惟危。造次克念，戰兢自持。習與性成，聖賢同歸。

哲人是明哲之人，志士是有德行之士。誠是念之實，守是行之篤。理即天理，欲則人欲。程子説，凡人所動作，便不可輕舉妄動。當審事機可否之如何、天理人欲之所在，思其事之巨細，爲其所當爲，然後動與道合，無有墜失狂躁之病。戰兢惕勵如此者，惟哲人乃能之，君子可不謹之哉！朕因而論曰：凡人所動爲，當求合乎道理，察其當爲與所不當爲，精别而行之可也。而人君之所動，爲尤重焉。蓋君者以一身而宰萬事，不可適己之欲與夫聽信讒佞，輕舉妄動。或恃中國之强，而好征伐；或盤遊無度，而殘虐百姓。凡此類者，不可枚舉。故就其大者言之。一舉動之間，上達天意，下拂民心，而敗亡之禍隨之，是豈可不畏懼也哉！程氏之作箴，其用心也至矣！嗚呼，畏之！

儒學箴碑

君國子民，教之育之。有育無教，或即於迷。置吏俾育，建學俾教。爲教之方，本乎師道。清修實踐，正學博聞。成己成物，師道用尊。爲學之方，體仁由義。誦法周孔，亦教文藝。化民成俗，以善其鄉。成德達才，以資於邦。本末循序，用臻實效。勗爾師生，毋忝學斆。

卧　碑

朝廷建立學校，選取生員，免其丁糧，厚以廩膳，設學院、學道、學

官以教之,各衙門官以禮相待,全要養成賢才,以供朝廷之用。諸生皆當上報國恩,下立人品。所有教條,開列於後:

一、生員之家,父母賢智者,子當受教;父母愚魯或有非爲者,子既讀書明理,當再三懇苦,使父母不陷于危亡。

一、生員立志當學爲忠臣清官。書史所載忠清事蹟,務須互相講究。凡利國愛民之事,更宜留心。

一、生員居心忠厚,正直讀書,方有實用,出仕必作良吏。若心術邪刻,讀書必無成就,爲官必取禍患。行害人之事者往往自殺其身,當宜思省。

一、生員不可干求官長,交結勢要,希圖進身。若果心善德全,上天知之,必加以福。

一、生員當愛身忍性,凡有司官衙門,不可輕入。即有切己之事,止許家人代告。不許干與他人詞訟,他人亦不許牽連生員作證。

一、爲學當尊敬先生。若講説,皆須誠心聽受。如有未明,從容再問,毋妄行辨難。爲師者亦當盡心教訓,勿致怠惰。

一、軍民一切利病,不許生員上書陳言。如有一言建白,以違制論,黜革治罪。

一、生員不許糾黨多人,立盟結社,把持官府,武斷鄉曲。所作文字,不許妄行刊刻。違者聽提調官治罪。

宋建宣聖殿記

詔復鄉舉里選之法,十有三年矣。黨庠術序,應時營繕,無有遠近,咸務極宏麗,以侈上之賜。獨永康不知厥初孰董其事,循襲卑陋,逮今弗革。虎臣列職之明日,祗故事奉奠,告於學,視其廟貌弗嚴,規制狹冗,因惕然不敢寧於心,大懼不足以成一邑之風化。越明年春,有事於上丁,牲幣既陳,樽俎不得成列,登降執事,周旋不能。退而嘆曰:"此豈有司奉承詔旨哉!"乃度地慮庸,力請於提舉學事司,乞錢四十五萬。既得請，即敷告於邑之士民。不待訪山擇木，而椅桐杞梓之材，巨楹傑棟、文梁勁桷，水運陸馳，合沓四集，如懼後至。於是範金凝土，攻木礱石，塗墍設色之工争出其巧，如恐不得盡。踰月而殿成，結桴增棼，重拱疊楹，煒煒翼翼，視之使人不戒而有肅心。又衰材力之餘，以新外廡，以作重門，階序牖闥，奕奕完密。庖湢器用，纖悉畢具。乃諏吉日，以十月戊辰，奉安宣聖神位，而以配享從祀次焉。環列側視，皆凜凜有生氣。越三日辛未，虎臣率諸生齋戒奉籩豆如上丁之禮。已事而退，乃升堂揖諸生而進之曰：子毋美其輪奂，而入室在寢之志，是進是力。子毋安其遊息，而鑽仰步趨之念，是務是勤。子毋耽其文悦乎口耳，而務着於心予也。惟學校卑陋，未足以稱，議者惜之。蓋舊嘗有學。宣和三年，兇寇作難，祠宫齋館，一變而爲飛烟烈焰，再變而爲頹垣圮址。青衿逸遊、弦歌之音不嗣。越十有一年，再建大成殿，塑先聖、四公、十哲之象。又七年，草創二齋，堂廡不立，墻壁不周，關鍵不設，未免嘯風沐雨之患。紹興辛酉之仲秋，强公友諒初佩邑組，備儀告至，退而傍惶感慨，乃謂慶曆以來，詔天下立學崇規，推行釋菜，光於前烈，實於先王。毋監諸利，棘於百朋，而務信於斯，於吾夫子之道有榮焉！於是諸生咸唯唯，懌於心，見於色，且曰“不可無志”。宋正和四年縣令兼教諭周虎臣撰。

明禁革冒認聖裔碑記

金華府永康縣爲嚴禁奸冒聖裔事：據通學廩增附生員呈稱，聖道燦若日星，聖裔豈容貂續。本縣四十七都孔家，圖免差徭，冒認聖裔。自景泰初年，巨奸孔本順等，搜冒闕里絶支孔端躬，首倡大禍。至弘治、嘉靖等年，孔朝佳等屢間竊發，兩經奏勘，五經問結，守巡兩道親詣衢州吊《闕里志》、孔氏《家譜》，又臨金華弔查《大明一統志》、宋賢文集，並無孔端躬來裔。據呈考覈，勘結詳明，臺藩郡縣斷擬追究，確當案卷，奉文頒刻，家傳户曉。豈今法外遺奸孔等蔑視憲法，狡情重賄,圖營冒認,公議不容,隨即遁逃。親屬孔等,自行告首,府縣案赤通縣里遞呈。蒙本府太尊查批,冒孔者屢經刻責痛懲,據呈仰縣勒碑,速繳行縣,蒙本縣父母發票勒石,見在等情,到縣爲此理合。奉府批文,開題樹碑學宫,永杜奸冒,以昭崇聖大典。須至碑者。

計開:一、景泰年間,孔本順奏認孔端躬之後。行府查明,端躬已絶,何曾寓永?問擬詐冒,着令照舊當差。

一、成化二十一年,衍聖公府徑差學録孔公吉,到縣查削僞籍。申呈按察司轉行府縣,盡着孔時中等九十六户一體當差。

一、弘治十二年,孔朝佳又往山東營差,學録孔承沂查奉本府行縣,朝佳賄囑里老,揑結回報,村長盧元順懼罪首出贓銀,復經治罪。

一、弘治十四年,孔朝佳奉布政司轉行府縣確覆勘結,申府通詳懲革。

一、弘治十八年,孔百三赴訴按院,批道弔查衢籍,絶無孔端躬流寓永庠,久經懲革。

一、嘉靖四年,孔□□揑情重賄吏書冒免,糧長朱高等具呈院道,行府問結,監追紙賄及免米三百餘石,銀兩入官,移布政司,將來官孔成究革。碑石虧損,中有遺誤,姑闕疑。

一、嘉靖四十一年,孔朝崔又往山東賄差學録孔彦移文到省,轉行府縣緣由,士民執結回府究革。

謹按:國朝龍興,尊崇聖教,悉仍舊章。聖駕躬詣闕里釋奠,御製碑文,昭明道統。又特頒"萬世師表"扁式於郡邑學宫。宸翰輝煌,億兆瞻仰,誠超前軼後,千古莫京云。

又按:夫子有廟,自魯哀十八年始。祀夫子于辟雍,自北魏正始二年始。郡縣舍亦得有學,自蜀守文翁始。永邑之建學立廟,自宋崇寧中始。繼事者誰?邑大尹周虎臣也。自兹以來,興廢不一。宣和三年燬於寇，强友諒新之。元至正三年燬於寇，苗廷瑞新之。又明年燬於寇，沙班又新之。正統十四年燬於寇，孫禮新之。新之日，金不鳩而富，工不戒而集。是以知永民尚義，人心中各有一夫子在也。雖然，猶非所以尊先師也。竊聞《易》著天道，《禮》紀人倫，《樂》以發和，《書》明先王之事，《春秋》以權義，《詩》具山川谿谷、禽獸草木之辨。夫子之治有在於是者。道非天則廢《易》，倫不修則敗《禮》，和不達則壞《樂》，政事不決則無《書》，權不知變則闇于《春秋》，而山谿土風、飛潛動植之弗周知則荒於《詩》。夫是故尊聖者必尊經，尊經必有所特重於聖者歟！

永康縣儒學志卷之三

木主位次

維聖配天，維賢配聖。在上在旁，典禮隆盛。崇禎後賢，千載心印。森森位次，神休神聽。

原　始

孔子歿二百二十有五年而漢興。高帝過魯，以太牢祀孔子，無封爵。至平帝時，始追謚爲褒成宣尼公。東漢永光四年，改褒尊侯。北魏太和十六年，改文聖尼父。十九年，又封其後爲文聖侯，拜孔氏四人、顔氏二人官。北周大象二年，追封鄒國公。開皇二年，贈先師尼父。唐貞觀二年，尊孔子爲先聖，顔回爲先師。乾封元年，贈太師。開元二十七年，追謚文宣。宋大中祥符間，追謚至聖文宣王。元大德十一年，加號大成至聖文宣王。明洪武十五年，正諸神封號，惟大成至聖文宣王配享從祀諸賢儒如故。嘉靖九年，釐定典禮，詔大成至聖文宣王爲至聖先師孔子。國朝順治二年，議加文廟，謚號爲大成至聖文宣孔子之位。十四年，仍改爲至聖先師孔子之位。

正　壇 南面。

至聖先師孔子之位。

配享原始

配享之典。起於東晉孝武帝寧康元年，釋奠於中堂，以顔子配。唐太宗貞觀二年，尊孔子爲先聖，顔回爲先師配享。歷代以來所載釋奠先聖、先師，皆以顔配孔也。宋理宗元豐元年，又以孟子配。徽宗大觀二年，詔繪子思像從祀。咸淳三年，度宗尊崇理學，以顔回、曾參、孔伋、孟軻配享。元文宗至順二年，加顔子復聖公、曾子宗聖公、子思述聖公、孟子亞聖公。嘉靖九年，改去公號，俱稱子。

東　配 東坐西向。

復聖顔子之位。

述聖子思子之位。

西　配 西坐東向。

宗聖曾子之位。

亞聖孟子之位。

十哲原始

《禮樂全書》以四科十哲爲陳蔡相從，記者追列其名耳。然相仍已久，以前無定制。唐開元八年，詔顔子等十哲爲坐像，悉從祀。曾參特爲坐像，列十哲之次。二十七年，制曰："門人三千，見稱十哲。包夫衆美，實越等彝。暢至聖之風規，發人倫之耳目。並宜褒贈，以寵賢明。"追贈顔子爲兖公，子騫費侯，伯牛鄆侯，仲弓薛侯，子有徐侯，子路衛侯，子我齊侯，子貢黎侯，子游吴侯，子夏魏侯。曾參等六十七人爲伯。顔回升侑，以曾參補之。後唐長興二年，坐閔損等十哲從祀堂上。宋神宗熙寧七年，命諸州釋奠通祀十哲。度宗咸淳三年，曾參升侑，躋顓孫師於十哲。歷朝皆無改焉。

東　哲 東坐西向。

先賢閔子損之位。

先賢冉子雍之位。

先賢端木子賜之位。

先賢仲子由之位。

先賢卜子商之位。

西　哲 西坐東向。

先賢冉子耕之位。

先賢宰子予之位。

先賢冉子求之位。

先賢言子偃之位。

先賢顓孫子師之位。

兩廡諸賢原始

《家語》曰:“七十二弟子,皆升堂入室者。”《史記·弟子傳》曰:“受業身通六藝者七十有七人。”東漢章帝元和元年,祀七十二賢。靈帝元光二年,祀七十二弟子像。宋仁宗明道元年八月詔,國子監修七十二賢堂。宋咸淳中,升四配十哲於廟中,又以顔、曾、思父配啓聖,兩廡從祀諸賢尚六十有二人。

從祀諸儒原始

唐貞觀二十一年,詔以左丘明、卜子夏、公羊高、穀梁赤、伏勝、高堂生、戴聖、毛萇、孔安國、劉向、鄭衆、杜子春、馬融、盧植、鄭玄、服虔、何休、王肅、王弼、杜預、范甯二十一人配享尼父廟堂。後子夏升列十哲,止二十人。開元時,服虔下又增賈逵,不知何時附入。宋神宗元豐元年,封荀況、楊雍、韓愈爲伯,並從祀。宋理宗淳祐元年正月，祀太學，封周敦頤、張載、程顥、程頤爲伯，與徽國公朱熹並從祀廟庭，罷王安石從祀。景定二年，加張栻、吕祖謙伯爵，從祀。度宗咸淳三年，以泗水侯孔鯉從祀，贈邵雍爲伯，與温公司馬光並從祀。元仁宗皇慶二年，以許衡從祀。明太祖洪武二十九年，納宋濂奏，黜揚雄，進董仲舒從祀。宣德十年，以吴澄從祀。正統二年，以宋儒胡安國、蔡沉、真德秀從祀。弘治九年，以宋儒楊時從祀。嘉靖九年，罷荀况、戴聖、劉向、賈逵、馬融、何休、王肅、王弼、鄭衆、鄭玄、盧植、服虔、范甯、杜預、吴澄從祀。其漢儒后蒼、隋儒王通、宋儒歐陽修、胡瑗、陸九淵俱增入從祀。隆慶五年，詔以薛瑄從祀。萬曆十二年，以王守仁、陳獻章、胡居仁從祀。四十二年，以宋儒羅從彦、李侗從祀。國朝康熙二十六年，奉旨刊定國子監賢儒位次圖序，以周子敦頤、程子顥、程子頤、張子載、邵子雍、朱子熹，皆弘闡聖真，力闢佛老，真得孔孟不傳之秘，進稱先賢，位在先賢左丘明之下，先儒公羊高之上，以見七十子之後惟六子能得其宗，非漢唐諸儒所可擬者，與《禮樂全書》少異。今一遵國子監頒行刊本位次，以定其序云。

東　廡

先賢澹臺子滅明之位。

先賢原子憲之位。

先賢南宫子适之位。

先賢商子瞿之位。

先賢漆雕子開之位。

先賢司馬子耕之位。

先賢有子若之位。

先賢巫馬子施之位。

先賢顔子辛之位。

先賢曹子卹之位。

先賢公孫子龍之位。

先賢秦子商之位。

先賢顔子高之位。

先賢穰駟子赤之位。

先賢石作子蜀之位。

先賢公夏子首之位。字子乘。魯人。

先賢后子虔之位。

先賢奚容子蒧之位。蒧音點。

先賢顔子祖之位。字子襄。魯人。一作顔相。

先賢句井子疆之位。字子孟。衛人。

先賢秦子祖之位。

先賢縣子成之位。

先賢公祖子句兹之位。

先賢燕子伋之位。

先賢樂子欬之位。

先賢狄子黑之位。

先賢公西子蒧之位。

先賢孔子忠之位。

先賢顔子之僕之位。

先賢施子之常之位。

先賢申子棖之位。

先賢左子丘明之位。楚左史倚相之後,嘗受經於孔子,作《春秋傳》。

先賢張子載之位。字子厚。郿人。與二程子講學達旦。著《東銘》、《西銘》、《理窟》、《正蒙》諸書。世稱横渠先生。

先賢程子頤之位。其學以主敬爲主,與兄顥互相發明,爲道學淵源。司馬光薦其力學好古。稱伊川先生。

先賢朱子熹之位。字元晦，婺源人。自絶學以來，本末洞徹，集諸儒之大成，發先聖之秘旨，千古一人而已。封徽國公，謚曰文。

先儒穀梁子赤之位。或云子夏弟子，或云秦孝公時人，或以爲名俶，字元始。作《春秋傳》。

先儒伏子勝之位。字子賤，濟南人。文帝朝，求專治《尚書》者，勝老不能行，使晁錯往受之。勝口吶，使幼女傳言教錯。

先儒后子蒼之位。漢宣帝時人。明習《儀禮》，爲《曲臺記》十餘萬言。

先儒董子仲舒之位。廣川人。少治《春秋》，三年不窺園。武帝朝應舉賢良，對《天人三策》，出傅膠西，作《春秋繁露》。

先儒王子通之位。字仲淹，龍門人。上太平十二策，不見用，隱居河汾，從遊者千計。謚文中子。

先儒司馬子光之位。字君實，夏縣人。真履實踐，爲時儒宗。作《資治通鑑》，貽後世治法。稱宋世名相，封温公。

先儒胡子瑗之位。字易之，泰州人。以《易經》教授諸生，信愛如父兄。居太學，其徒至不能容。稱安定先生。

先儒羅子從彦之位。字仲素，沙縣人。受學楊時。學者稱豫章先生。

先儒吕子祖謙之位。字伯恭，金華人。大防孫。有中原文憲之傳。友朱熹、張拭，倡明道學。稱東萊先生，謚成。

先儒蔡子沉之位。字仲默。元定子。師朱熹，熹以書傳屬之，遂作《尚書集傳》，十年始成編。稱九峰先生。建陽人。

先儒許子衡之位。字仲平，河内人。嘗往來河洛，從姚樞得程朱之傳。世稱魯齋先生。

先儒王子守仁之位。字伯安，餘姚人。才高學邃，發明良知之旨。學者仰之如山斗。以功封新建伯，謚文成。

先儒陳子獻章之位。字公甫，新會人。隱居静坐，耑求理學，久而焕然有得。學者稱白沙先生。

先儒胡子居仁之位。字叔心,餘干人。其學宗主敬,履繩蹈矩,造次不違。萬曆中追謚文敬。

已上先賢共三十五位,先儒共一十四位。

西　廡

先賢宓子不齊之位。

先賢高子柴之位。

先賢公冶子長之位。

先賢樊子須之位。

先賢公晳子哀之位。

先賢商子澤之位。

先賢冉子孺之位。

先賢梁子鱣之位。

先賢伯子虔之位。

先賢冉子季之位。

先賢漆雕子徒父之位。

先賢漆雕子哆之位。

先賢公西子赤之位。

先賢任子不齊之位。

先賢公良子孺之位。字子正,陳人。

先賢公肩子定之位。字子中,魯人。

先賢鄡子單之位。字子家,魯人。

先賢罕父子黑之位。字子索,魯人。

先賢榮子旂之位。

先賢左人子郢之位。

先賢鄭子國之位。

先賢原子亢之位。字子籍，魯人。

先賢廉子潔之位。

先賢仲叔子會之位。

先賢公西子輿如之位。字子上，魯人。

先賢邽子巽之位。

先賢陳子亢之位。

先賢琴子張之位。

先賢步叔子乘之位。

先賢秦子非之位。

先賢顔子噲之位。

先賢周子敦頤之位。字茂叔，道州人。得不傳之妙於遺經，作《通書》、《太極圖説》。二程師事之。稱濂溪先生。

先賢程子顥之位。字伯淳。與弟頤闡明道學，真見力踐，使千載絶統得有旨歸。文彦博謚之曰明道先生。

先賢邵子雍之位。字堯夫。著《皇極經世》，發先天奥旨，有内聖外王之學。隱洛下。謚康節先生。

先儒公羊子高之位。子貢弟子，作《春秋傳》。歷傳至董仲舒，又四傳至景帝時遂大行。

先儒高堂子生之位。魯人。官博士。以《禮》書七十篇授瑕丘蕭奮，奮授后蒼，蒼授戴德、戴聖。

先儒毛子萇之位。魯人。即大毛公。專於《詩》，爲訓詁，傳於其家。河間獻王得而獻之，世稱《毛詩》。

先儒孔子安國之位。漢武帝時人。得孔壁《尚書》科斗文字，定爲五十八篇，謂之《古文尚書》。

先儒杜子子春之位。漢人。受《周禮》於劉歆，因以授馬融、鄭玄，有傳注、注略行世。

先儒韓子愈之位。字退之，修武人。斥佛老，崇聖學，作《原道》，

木主式

文起八代之衰,學者咸尊仰之。

先儒歐陽子修之位。字永叔,廬陵人。其學獨推韓愈,所著《本論》,有衛道功。修《五代史》。卒謚文忠。

先儒胡子安國之位。字康侯,崇安人。安石廢《春秋》,安國發憤作傳,使遺經廢而復興。卒謚文定。

先儒楊子時之位。字中立,將樂人。從二程夫子得河洛之源,息邪放淫,廢安石新經。世稱龜山先生。

先儒李子侗之位。字愿中,劍浦人。從羅仲素學,朱熹師事之,稱延平先生。

先儒張子栻之位。字敬夫。浚之子。綿竹人。謂爲學莫先於義利之辨。世稱南軒先生。

先儒陸子九淵之位。字子静,金谿人。講學鵝湖,功歸主静,大約尊德性之功居多。稱象山先生。

先儒真子德秀之位。字景元,浦城人。力以尊崇朱學爲己任。著《大學衍義》。稱西山先生,謚文忠。

先儒薛子瑄之位。字德温,河津人。學行凝竣,每以朱子白鹿洞規條教人,諸生皆稱爲薛夫子。

已上先賢共三十四位,先儒共一十四位。

《禮樂全書》:先師廟,歷代盡用像。開元中,加衮冕。宋大中祥符中,加冕旒服章。洪武中,國學大成殿成,學士宋濂上廟祀議,謂塑像非古,因命用木主。府州縣像未撤。嘉靖九年,始詔府州縣像一槩盡撤,易木主。先師木主:身高二尺三寸七分,闊四寸,厚七分。座高四寸,長七寸,厚三寸四分,硃地金書。四配木主:身高一尺五寸,闊三寸二分,厚五分。座高四寸,長六寸,厚二寸八分,赤地金書。哲廡諸賢木主:身高一尺四寸,闊二寸六分,厚五分。座高二寸六分,長四寸,厚二寸,赤地緑書。兩廡諸儒木主:身高一尺三寸四分,闊二寸三分,厚四分五厘。座高二寸六分,長四寸,厚二寸,赤地墨書。潘巒曰：木主之制用周尺，當今省尺七寸五分。朱子謂省尺即京尺。司馬君實謂即三司布帛尺。皆不可攷。惟《性理》所載横書尺式，可據武林應氏圖，準以今之鈔尺，作主多依之。王焕如曰：虞主用桑，練主用栗。栗取縝密堅固之意。

吴沉《封號辨》曰：王，君之號也。夫子，人臣也。生非王爵，死而謚之，可乎？夫子曰："必也正名乎！名不正則言不順。"臣而王之，於名正乎？於言順乎？春秋之時，列國有僭王者，則經黜之。蓋名者，實之著也。無其實，有其名，謂之淫名。在天之靈，其肯歆之哉？然則當若之何？曰：褒之以王之貴，曷若事之以師之尊？古者治教之職不分，君即師也，師即君也。二帝三王，盡君師之責者也。夫子不得爲君而爲師。師也者，君之所不得而臣也。故曰：雖詔於天子，無北面，所以尊師也。被以王爵之貴爲隆於稱師者，習俗之見也。

瞿九思考正孔廟弟子複姓：

公晳哀　公肩定　公夏首　公良孺　叔仲會　步叔乘　句井疆　穰駟赤　左人郢　石作蜀　奚容蒧　罕父黑

按：瞿氏所考複姓，信而有徵。今公肩定、公良孺、句井疆、穰駟赤、左人郢、石作蜀、奚容蒧、罕父黑，尚以上一字爲姓，似宜正之。

啓聖祠

宋真宗大中祥符二年，追封孔子父叔良紇爲齊國公。元仁宗延祐元年，封孟子父爲邾國公。元文宗至順元年，封孔子父爲啓聖王。明嘉靖元年，釐定祀典，詔兩京國子監并天下儒學建啓聖祠崇祀，改稱啓聖公。以顔氏無繇、曾氏點、孔氏鯉、孟氏激公儀配，稱先賢，程氏珦、朱氏松、蔡氏元定從祀，稱先儒。萬曆三十三年，詔以周敦頤父周輔成從祀，稱先儒。

正　壇 南面正中。

啓聖公孔氏之位。

東　配 東坐西向。

先賢顔氏之位。名無繇,字路。生顔回。

先賢孔氏之位。名鯉,字伯魚。生孔伋。

從　祀 位稍後。

先儒周氏輔成之位。敦頤父。

先儒朱氏松之位。熹父。

西　配 西坐東向。

先賢曾氏之位。名點,字晳。生曾參。

先賢孟孫氏之位。名激公儀。生孟軻。

從　祀 位稍後。

先儒程氏珦之位。程顥、程頤父。

先儒蔡氏元定之位。字季通。蔡沉父。

啓聖主同先師式。先賢主與兩廡先賢同。先儒主與兩廡先儒同。

纂王禕議曰:聖孫孔伋舊列於伯魚之下,而曾參亦在曾晳後。宋咸淳中,參、伋並升四侑,東坐而西向。父祀廡下,子祀堂上,尊卑舛逆,莫此爲甚。聖道在明人倫,而先自廢,何以詔後世! 昔者魯祀僖公,躋之閔公之上,傳者謂子雖齊聖,不先父食,以爲逆祀。使父子失序,非逆祀乎? 洪武初,學士宋濂上議,謂廡祀未妥。程敏政上議,謂無繇等廡食,嫌於父子,宜另移入啓聖祠,主祀啓聖公,以無繇、點、鯉并孟孫氏激配,程珦、朱松、蔡元定皆宜從祀。格於禮官,議不報。至萬曆，從湖撫郭惟賢議，并周輔成一同配祀焉。

按：禮凡祀皆有配。郊祀以祖配，社稷以句龍、后稷配。廟之大烝以功臣配。而弟子亦從祀其師者。禮以起義也，至追本返始，另立配祀，其分正，其意周，協天理人情之至。夫古今有大功於天下者，或祀止一世、二世，而七十子之徒親炙聖輝，俎豆無極，羽翼之儒，並垂不朽，不亦偉哉！

永康縣儒學志卷之四

祀　典

尊師重道，備儀盡制。恪守典物，厥有司事。釋奠陳設，率循圖次。對越駿奔，齋明心志。

先師位正壇

俎二：羊一、豕一。　五體皆全。

登一：實以太羹。

鉶二：實以和羹。

籩八：實以形鹽、薨魚、音稿。棗、栗、榛、菱、芡、鹿脯。

豆八：實以青菹、芹菹、鹿醢、韭菹、兔醢、醓醢、音毯。荀醢、魚醢。

簠二：實以黍、稷。

簋二：實以稻、粱。

篚一：實以制帛。　設於壇之東南，西向。

爵三。

坫三。

尊九：泰尊一、畫冪。山尊一、畫冪，兼盛配酒。著尊一、雲雷尊二、畫冪，貯初獻酒。象尊二、犧音莎。遵二。貯終獻酒，俱疏布冪。

祝版：有案，設於壇西。

罍一。

勺。大小十一。
棜一。音飲。盛饌薦,尊器也。
洗一。
沙池三。
盥音管。盤二。　有架并帨,設於露臺下,東西向。
香鼎二。　廟内廟門各一。
燭臺八。
檠十二。廟内、廟門各六。
挂燈四。廟門。
庭燎八。堦下、廟門外各四。
饌盤一。

按:國子監祭品有犢籩豆各十。府、州、縣減去犢籩八,減去白餅、黑餅豆八,減去脾析、豚拍。餘品與國子監同。

四配四壇　每一壇:
俎二:羊一,豕一。各用半。
鉶二。實以和羹。
簠一。
簋一。
籩六。減榛芡,餘同正壇。
豆六。減韭菹、醓醢,餘同正壇。
篚一。
爵三。
坫一。
沙池一。
爐一。

燭臺二。

饌盤一。

十哲　東哲五位共一壇，西哲五位共一壇。

每壇：

豕一。分五體，每位一體，盛于盤。

篚一。

獻爵一。分獻官總獻于五位之中。

坫二。東、西各一。

沙池一。

爐一。

燭臺二。

饌盤一。

每位：

坐爵一。執事者各酌酒于每位前。

鉶一。實仝。

簠一。

簋一。實並同。

籩四。減蕘魚、菱，餘同配壇。

豆四。減荀菹、魚醢，餘同配壇。

東西兩廡。每四位共一壇。

每廡：

豕一。明景泰中增爲三，東、西廡各照位數每位一體，用盤盛。

篚一。

獻爵一。分獻官總獻于每廡中間。

坫四。

壺尊三。用疏布冪。

勺三。

禁一。

洗一。

沙池一。

盥盤一。

爐一。

燭臺二。

挂燈十二。

饌盤一。

每壇：

簠一。

簋一。

籩四。

豆四。

坐爵四。　執事者各酌酒于每位前。

啓聖宫正壇

俎二：羊一，豕一。

鉶二。

簠一。

簋一。實並同前。

籩六。

豆六。實同正壇配位。

篚一。

爵三。

坫一。

沙池一。

爐一。

燭臺二。

饌盤一。

四配。并先儒兩壇。

每壇：

豕一。　各半。

篚一。

獻爵一。

坫一。

沙池一。

爐一。

燭臺二。

饌盤一。

每位：

坐爵一。

鉶一。

簠一。

簋一。

籩四。

豆四。實並同兩廡。

釋奠總圖

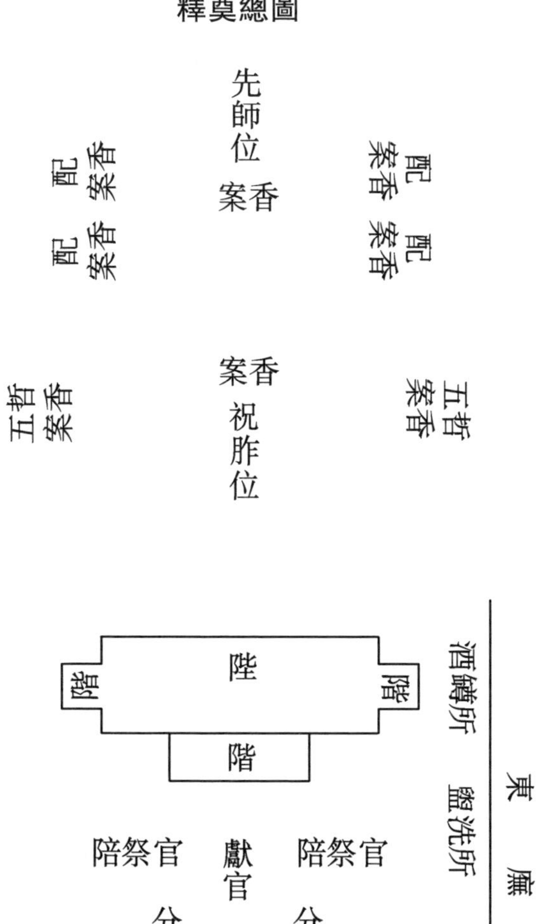
先師位
案香
配 案香
配 案香
配 案香
配 案香
案香
祝胙位
五哲 案香
五哲 案香
陛
階
階
階
酒罇所
盥洗所
盥罇所
盥罇所
東廡
西廡
陪祭官
獻官
陪祭官
分獻官
分獻官
分獻官
分獻官

正位陳設圖

先師位

爵　爵　爵

和羹　太羹　和羹

笋菹　芹菹　菁菹　韭菹　稻　黍　形鹽　棗　栗　芡

魚醢　兔醢　鹿醢　醓醢　粱　稷　藁　菱　鹿脯　榛

帛

豕　羊

燭　香　燭

祝

配位陳設圖

配位　每位一壇

爵　爵　爵

和羹　和羹

笋菹　芹菹　菁菹　稷　黍　形鹽　棗　栗

魚醢　兔醢　鹿醢　藁魚　菱　鹿脯

帛

豕肉　羊肉

燭　香　燭

十哲陳設圖

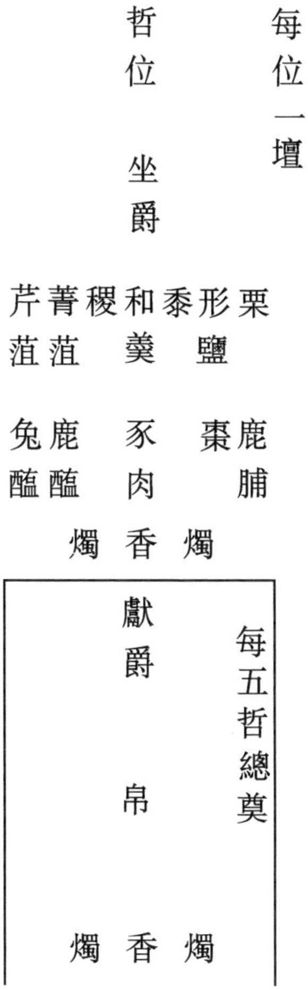

每位一壇

哲位

坐爵

芹菹 菁菹 稷 和羹 黍 形鹽 栗

兔醢 鹿醢 豕肉 棗 鹿脯

燭 香 燭

每五哲總奠

獻爵

帛

燭 香 燭

兩廡陳設圖

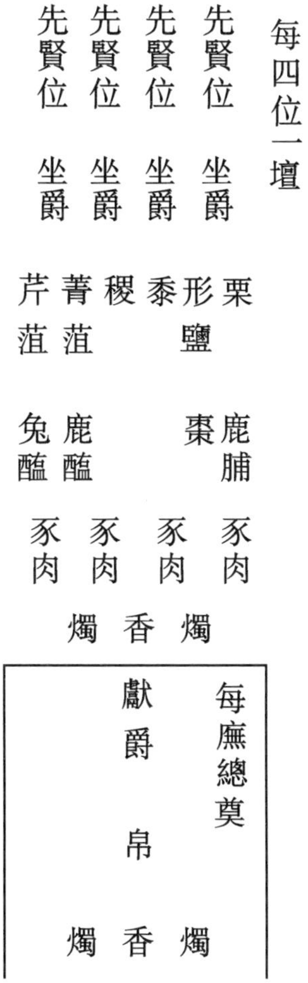

每四位一壇

先賢位 先賢位 先賢位 先賢位

坐爵 坐爵 坐爵 坐爵

芹菹 菁菹 稷 黍 形鹽 栗

兔醢 鹿醢 棗 鹿脯

豕肉 豕肉 豕肉 豕肉

燭 香 燭

每廡總奠

獻爵

帛

燭 香 燭

啓聖陳設圖

啓聖公

惟羊豖用全體并祝

餘品同正壇四記

配位陳設圖

配位

祭品與十哲同

至聖先師位

正獻官一人。

通贊二人。

引贊二人。

司尊一人。

司罍洗一人。

陳徹及司香燭、鎖鑰四人。

進帛及捧帛詣瘞坎一人。

執爵、三獻、徹饌、捧饌、詣瘞坎一人。

讀祝、捧祝、詣瘞坎一人。

復聖顔子位

引贊同正壇。

進帛及捧帛、詣瘞坎一人。

執爵、三獻及徹饌、捧饌、詣瘞坎一人。

宗聖、述聖、亞聖位同。

東哲位

引贊二人。

分獻官一人。

進帛及捧帛、詣瘞坎一人。

執爵、三獻及徹饌、捧饌、瘞坎一人。

西哲位

引贊二人，分獻官一人。餘與東哲同。

東　廡

引贊二人。

分獻官一人。

司尊罍洗一人。

陳徹及司香燭、鎖鑰二人。

進帛及捧帛、詣瘞坎一人。

執爵、三獻及徹饌、捧饌、詣瘞坎一人。

西　廡

同上。

啓聖祠

正獻官一人。分獻官一人。

引贊二人。餘同兩廡。

祭　期

釋奠至聖先師，每歲春、秋二仲月上丁行禮。

王焕如曰：月用仲，以時之正也。日用丁，丁爲陰火，文明之象也。一云：二八屬陰，丁屬火，取陰火，文明之象。

李之藻《禮樂疏》曰：丁，文明之盛。丙，文明之初。故祠令用丁不用丙，亦取陰陽之交。神屬陰，神就人，陰交陽也，故求之陰陽之介。《周禮・小宗伯》：祭之日告時於王。雞人：大祭祀掌夜嘑旦以䚔音叫。百官。康成曰：夜，夜漏未盡時也。唐制：凡祀，以日未明十五刻，大官令率宰人以鸞刀割牲，祝史以豆斂毛血置饌所。奠孔廟，未明三刻，諸饗官各服祭服入，久之刺史方至，又皇太子。釋奠：平明，服學生之服，立於門外，蓋夜而割牲，無夜祭者。宋釋奠，仲春用丑時七刻，仲秋用丑時一刻，則夜半而祭矣。日取文明，時用幽闇，於義爲舛。藻嘗陪祀國學，見漏盡二鼓輒祭，心竊非之。至郡國，尤無定時。竊謂特牲饋食乃諸侯士祖禰祭禮，而其儀曰厥明日夙興。朱子《家禮》，凡祭告皆用厥明。固知釋奠先師，不必以未央之夜爲敬也。

齋　戒

正祭前三日，獻官及陪祭官、執事人等，沐浴更衣，散齋二日，各宿別室。致齋一日，同宿祭所散齋，仍理事務，惟不飲酒、不食葱韮蒜薤，不弔喪問疾，不聽樂，不行刑，不判署刑殺文案，不預穢惡事。致齋惟理祭事。

李之藻《禮樂疏》曰：祭，取交神明也。致祭于内，散齋于外。古者先期十日，太宰帥執事而卜日遂戒。大司寇于戒之日涖示百官。王立于澤，親聽誓命，其戒曰：各愓其職。百官廢職服大刑，滌狼氏執鞭以趨，誓之以殺轘音環。鞭墨，嚴之至也。既戒，則散齋矣，不御，不樂，不弔，不茹葷飲酒，不賓，不鳴珮，凡不以哀欲惡貳其心也。致齋，則王即齋，百官御事，各即其齋，晝夜處于適音嫡。寢，其飲食車服亦與恒異。膳夫五日三舉，玉府王齋則共音供。食玉，鬯人齋事共其秬鬯。及期，物人薦鬯，犧人薦醴，則齋食異饌也。諸侯玄冠丹組纓，士玄冠綦組纓,與夫綪音征。佩爵韠,玄端素端,則齋服異飾也。古者凡有大事,致其恭敬,則無所不齋,而祀典爲尤重云。國制:凡祀天地,齋戒十日;太廟、社稷七日;山川百神五日;先農三日;孔廟之祭,則先期十日,行會四日,演樂隔日庀事。外郡國則先一日演樂齋宿。夫士人誦法孔子,一歲兩祀,此而猶然忽諸,吾不知其可也。

按:湛然純一之謂齋,肅然警惕之謂戒。内以齊其志,外以潔其體。内外交治,以致其敬,夫然後可嚮於神明,以爲格幽之本。是故齋食異饌,不徒潔其口也,潔其口必惕然於穢語綺言之不敢出也。齋服異飾,不徒儉其身也,儉其身必惕然於視聽言動之不敢苟也。齋居異寢,不徒厚其别也,必惕然於去讒遠佞,以預絶其匪僻之于也。夫猶是齋戒也。大司寇宣令,一有不惕,誓之以殺,蓋甚嚴乎其典也。慮事不可以不預,時物不可以不備,牆屋不可以不修,虚中以治,奉承而進之。《禮》曰:“洞洞乎,屬屬乎,如弗勝,如將失之。”其致敬而神嚮之意也。今學士大夫駿奔走於廟外,修恭而口悦肥甘,又强爲之説曰:祭不茹葷者,不食葱韮蒜薤,非不肉食也。夫葱韮蒜薤類腥者尚不容食,而况於蒸羶!此固與於不仁之甚者,非謹齋之旨矣。昔明太祖當郊祀,禮部尚書牛諒請宰犢牛爲膳,太祖曰:太牢非常用。致齋三日,而供三犢,徒啓傷物之心,無益事神之道。由是言之,禮雖古所未有,可以義起者也。惟禮以義起,斯固可以盡情而不變也夫!

省 牲

正祭前一日,該衙門送祭品到學,執事設香案於宰牲所,贊禮者引獻官常服詣省牲所省牲。揖執事者牽牲香案前過,視純色肥碩無有傷損抵易,再揖,省牲畢。遂宰牲,以毛血少許盛於盤,其餘毛血以净器盛,俟祭畢埋之,取毛以告純,取血以告殺也。是日觀樂及習儀。

引贊二人，監宰烹及造羹醢二人，監饌二人，提調瘞坎二人。

李之藻《禮樂疏》曰：牲牷，《周禮》：牧人掌之。凡陽祀用騂牲毛之，陰祀用黝牲毛之，望祀各以其方之色牲毛之。純色謂牷，完體謂犧。祭之日，君牽牲，卿大夫序從，司徒奉音捧。牛，宗伯奉雞，司馬奉馬、羊，司寇奉犬，司空奉豕。大音太。宰□僕贊事。封人共水槀，音槁。充人共其互與盆簝。音尞。諸侯則士執芻，君執鸞刀。凡大祭祀皆然，不止於郊丘廟社而已也。《小宗伯》：大祭祀，省牲眂即視滌濯。及詔於庭，而麗於碑，則王射之。漢《郊祀志》：武帝祠后土，令侍中、儒者、皮弁、搢紳射牛，蓋有行古之道矣。夫古者養老之禮，天子袒割，况先師之祭哉！

樂器目

編鐘　編磬　琴　瑟　鳳簫　簫笛　笙簧　塤篪　搏拊　楹鼓　柷梧　麾節籥翟

佾舞人數

編鐘　編磬　編鐘十六枚，同一簨簴。編磬十六枚，同一簨簴。上下兩簨，以十二枚爲正鐘，四枚爲清鐘。磬亦如之。而編懸之序，自黄鐘始。蓋黄鐘爲聲氣之元、萬事根本，故懸之序，必以黄鐘列于下簨崇牙右方，言陽氣施種于黄泉，孳萌萬物，自下而升也。始于子，應十一月。次大吕，應十二月。吕，旅也，言陰大吕助黄鐘而宣氣也。次大簇，應正月。簇，奏也，言陽氣大奏地而牙物也。次夾鐘，應二月，言陰夾助太簇以宣四方之氣也。次姑洗，應三月。洗，潔也，言陽氣洗物姑必潔之也。次仲吕，應四月。言微陰起始助姑洗宣氣齊物也。次蕤賓，應五月。蕤，繼也。賓，導也。言始導陰氣使繼養物也。次林鐘，應六月。林，君也，言陰氣受任助蕤賓君主種物使大懋盛也。自黄鐘、大吕以次而左，以至林鐘，蓋黄鐘陽九，林鐘陰六，陽唱陰和，此下層懸掛之義也。如上簨，則又自左而右，首夷則，次南吕，次無射，次應鐘，是爲正鐘。次黄鐘之半，次大吕之半，次太簇之半，次夾鐘之半，是爲清鐘。四清聲相繼而列焉。夫十六鐘之聲，由黄鐘以漸而清，至應鐘清之至也。繼之以四清聲，又清之極，而入于西北矣。西北者，乾位也。八卦以乾爲父，八音以磬爲主，故磬之爲器，其音石，其卦乾，其時則秋冬之交，其方則西北之維，其義則辨立冬之氣也。

琴瑟　昔神農氏削桐爲琴，繩絲爲絃，以通神明之德，以協天人之和。絃用五：宫、商、角、徵、羽。文王增二弦，曰少宫、小商。《琴論》曰：身長三尺六寸六分，象朞之日也。廣六寸，象六合也。絃有七象，五音之函二少也。腰廣四寸，象四時也。前廣後狹，象尊卑也。上圓下方，象天地也。徽十有三，象十二月餘一，以象潤也。其形象鳳，而朱鳥南方之禽，樂之主也。五分其身，以三爲上，二爲下，叅天兩地之義也。《樂書》曰："八音以絲爲君，絲以琴爲君，而琴又以中徽爲君。"雅樂之用，惟求中聲七徽是已。〇瑟：二十五絃，具二均之聲，以清中雙鼓之。第十三絃爲君絃，界二均之間，爲音之主。外十二絃爲中聲，内十二絃爲清聲。中聲十二鼓以右手，清聲十二鼓以左手。《樂書》曰："瑟者，閉也，所以懲忿窒欲、正人之德也。"其制：長七尺二寸，廣一尺八寸。瑟聲清微，必累黍截竹，以定其管，平氣而吹，以右手中指勾外第一絃，以左手游移其柱，如絃緩，知中聲在上，則前其柱以迎。如絃急，知中聲在下，則却其柱以就。必求第一絃與黄鐘管合，斯謂中聲。鐘律既正，依法相生，游移其柱，以次調協焉。

鳳簫　昔黄帝使伶倫取竹嶰谷，斷節而吹。其狀鳳翅，其音鳳聲，故以鳳簫名。一名排簫。編竹爲之，管一十有六。上平列，下長短不齊，由右而左，以次而短。其聲長者濁，短者以漸而清，應十二律並四清聲也。蓋始于黄鐘之宫，制十二簫以爲生生之律本，五音正由此而出。黄鐘長九寸，應冬至之氣，中十一月之聲。大吕長八寸三分七厘六毫，應大寒之氣，中十二月之聲。太簇長八寸，應雨水之氣，中正月之聲。夾鐘長七寸四分三厘七毫三絲，應春分之氣，中二月之聲。姑洗長七寸一分,應穀雨之氣,中三月之聲。仲吕長六寸五分八厘三毫四絲六忽,應小滿之氣,中四月之聲。蕤賓長六寸二分八厘,應夏至之氣,中五月之聲。林鐘長六寸,應大吕之氣,中六月之聲。夷則長五寸五分七厘一毫,應處暑之氣,中七月之聲。南吕長五寸三分,應秋分之氣,中八月之聲。無射長四寸八分八厘四毫八絲,應霜降之氣,中九月之聲。應鐘長四寸六分六厘,應小雪之氣,中十月之聲。黄鐘爲宫,太簇爲商,姑洗爲角,林鐘爲徵,南宫爲羽,應鐘爲變宫,蕤賓爲變徵。此六律十二管還相爲宫之義也。

簫笛　《正義》曰:簫是樂器之小者,亦本六律六吕而成其制。《釋名》曰:"簫,肅也,其聲肅肅而清也。"吹之時,氣粗則聲大而滯,氣緩則聲亞而散。斂脣噓之,則聲雅而淡。《太平御覽》曰:"黄帝使伶倫伐竹於昆谿,斬而爲笛。"笛,滌也,所以滌邪心、納之雅正也。簫之制,長一尺九寸五分。笛長一尺六寸。唐制:笛尺有八寸,取倍黄鐘九寸爲律也。

笙簧　《禮記》曰:"女媧之笙簧。"《説文》曰:簧,笙中之簧也。象鳳之身。正月之音生物,故謂之笙。《爾雅》曰:"大笙謂之巢,小笙謂之和。"疏曰:巢,高也,言其聲高。小者,聲小,音相和也。《釋義》曰:古者造笙,以曲沃之匏、汶陽之篠,列管匏中而施簧。其制:截小竹爲之,攢十有七管,長短排如鳥翼。以黄楊木接竹爲足,足内旁開半竅施簧。簧用響銅薄葉,以方鋼鏟削,如方長雀舌,植匏中。今制:以匏難周正,鏇木爲斗,加黑漆,宛似匏形,列管爲簫,聚管爲笙。笙名最古,其用與衆樂相應。《書》曰:"笙鏞以間。"是鼓鐘而笙應也。《詩》曰:"笙磬同音",是擊磬而笙應也。"鼓瑟吹笙",是笙應琴瑟也。"籥舞笙鼓",是笙應鼓也。孔子十日而成笙歌。《儀禮》:歌《魚藻》,笙《由庚》。是笙應歌也。

塤篪　《詩曰》:"伯氏吹塤,仲氏吹篪。"塤篪異器同聲,伯仲異體同氣,詩人取以况焉。《吕氏春秋》曰:倕作塤篪,皆六孔,聲相應。《大成樂書》曰:"塤篪皆六孔,以五取聲,其聲相應。"《釋義》曰:塤,平底六孔，水之數也。中虚小鋭如秤錘然，火之形也。塤以水火相合而後成器，亦以水火相合而後成聲。《祀典》曰：篪以竹爲之，横而左吹，輕吹乃和，所以合樂。

楹鼓　郎殷之楹鼓也。考《周官》，其樂建鼖。《莊子》云建鼓可負，則以楹貫而置之矣。一名應鼓。《禮器》曰：廟堂之下，應鼓在東。《風俗通》曰：鼓，郭也。春分之音，皆鼓甲而出，故曰鼓。《周禮》：鼓人，掌教六鼓，以節聲樂。其制：以木爲之，身高三尺五寸，面闊二尺二寸，其位置高六尺六寸，設重斗，中植以柱鼓，上高又半之，柱直貫於頂，頂接朱瓶，上有彩鳳，作來儀狀，方蓋，繚以紅羅銷金雲花，雙簷四角，有褁金囚牛如龍首，皆銜璧翼，每串各九，下綴絲結柱下方趺如十字，並髹髹以朱贏屬四，如獅伏其上，頭向外。

搏拊　《尚書注疏》：搏拊，形如鼓，擊之以節樂。《爾雅》云：拊者，輔也。奏樂之時，擊拊以輔相于樂而爲節。《疏義》曰：搏拊之搏，從甫，有父之用焉。荀卿曰：架一鐘而尚拊。《大戴禮》曰：架一磬而尚拊。則拊設於一鐘一磬之間，其衆器之父歟！《樂記》曰："會守拊鼓。"故拍搏拊之法，每奏樂一句，聽楹鼓一擊，而此即一拍以尾之，故三擊三拍。初用左手，次用右手，三拍則兩手齊作一聲，以爲樂節。堂上之樂衆矣，所待以作者在搏拊。堂下之樂衆矣，所待以作者在鼓。蓋堂上則門内之治，以拊爲之父。堂下則門外之治，以鼓爲之君。内則父子，外則君臣，樂則實通而和之也。其制：如鼓而小，以韋爲之，實以糠，面闊四寸五分，繪雲彩身，高一尺三寸，繪花，上有二環，擊紅絨絲。司者挂於項，兩手拍之，畢則安頓架上，架漆朱。

柷敔　《尚書注》曰：擊柷以合，櫟敔以止。《樂記圖》曰：柷，衆也，以舉衆樂。《釋名》曰：柷，如物始見柷柷然也。《樂書》曰：陰始于二、四，終于八、十。陰數四，八而以陽一生之，所以作樂則以此先之，有兄之道焉。居宫懸東，象春之成始。其擊柷之器曰止，俗呼爲椎鼓。柷，謂之止者，所謂止者，欲戒止於其早也。柷用桑，木止用梓。敔以木爲之,狀如伏虎,背上齟齬二十有七。《釋名》曰：敔,止也,所以止樂。《樂書》曰：虎,西方獸,故敔形如伏虎。齟齬二十七,合三九數,陽成于三,變于九,居宮懸西,象秋成終也。其櫟敔之器曰籈。《樂書》曰：籈長二尺,兩十數也,陽成于三,變於九,而以陰十勝之,不至于流也。其制：截竹爲之,中分破碎。《爾雅》曰：柷方二尺四寸,陰也。敔二十七齟齬,陽也。樂作陽也,以陰數始之。樂止陰也,以陽數成之。

麾節籥翟　麾,導樂器也,在廟中。節,導舞器也,在兩階。《周禮》：巾車,掌木路建大麾以田,以封蕃國。後世協律郎執之,以令樂歌焉,所以指麾樂之起止也。其制：以絲繒爲之,長七尺,闊一尺一寸,上板繪雲,下板繪山,正面繪升龍,背面繪降龍。舉之則升龍見,樂乃奏。奏闋偃之,則降龍見,樂乃止。節者,旌節也。《釋名》云：旌,精也,言有精光也。以紅纓爲之,數九,貫以紅絲,下綴結,長七尺。竿長八尺五寸,首刻龍狀,塗以金。銜節作樂時,司樂二人執節立東西兩階,以導其舞。籥,舞生左手所執之器。《周禮》：籥師教國子舞羽吹籥。舊用以節舞,今用以舞翟。翟,舞生右手所執之器。《爾雅》曰：十二翟執之以舞,所以爲蔽翼者也。《舞志》曰：籥所以爲聲,聲由陽來,故執籥在左。左,陽也。容由陰作,故秉翟於右。右,陰也。

舞佾人數　宋、元以前有文、武舞。干戈爲武舞,羽翟爲文舞。迎神用武舞,送神用文舞。明洪武中,謂文廟之祭,以崇文德,專用文舞。明成化十三年,增學宮樂舞爲八佾。嘉靖九年,復定爲六佾。今因之。又古者舞,不與歌奏同時。每歌奏之後,先擊大鼓,然後興舞,又有舞曲,《樂記》所謂先擊以警戒,三步以見方,再始以著往復,亂以飭歸也。今文廟之舞,與歌奏合一,故樂一奏而聲容兼備焉。舞佾分列東西兩階,如東階舞生面西,則西階舞生面東;東階舞生面東,則西階舞生面西。又如東階者左手左足舞蹈,則西階者右手右足舞蹈。其向背疾徐、俯仰綴兆,亦皆成偶。〇《禮樂考》訂定樂舞生人數。堂上樂舞生二十一人：司麾一，歌工六，司琴六，司瑟四，司鐘一，司磬一，司搏拊二。堂下樂舞生六十五人：司楹鼓一，司笙六，司塤二，司篪二，司鳳簫二，司簫六，司柷一，司敔一，司節二，佾舞三十六。服飾照禮部頒行，頂用火焰紅銅鍍金，服用大紅緞中繡葵花，補帶用緑，靴用滿式。聲容兼備，情文並茂，爲弗可易已。

樂舞總圖

			先師位				
歌歌歌	工工工				工工工	歌歌歌	麾
琴	琴	琴		琴	琴	琴	堂上樂
	瑟	瑟		瑟		瑟	
	磬				鐘		
		搏拊		搏拊			
						楹鼓	堂下樂
笙	笙	笙		笙	笙	笙	
鳳簫	塤	篪		篪	塤	鳳簫	
簫	簫	簫		簫	簫	簫	
笛	笛	笛		笛	笛	笛	
敔		節		節		柷	
舞	舞	舞		舞	舞	舞	
舞	舞	舞		舞	舞	舞	
舞	舞	舞		舞	舞	舞	
舞	舞	舞		舞	舞	舞	
舞	舞	舞		舞	舞	舞	
舞	舞	舞		舞	舞	舞	

儀　注

每歲春秋二仲上丁日行禮。鼓初嚴。皷再嚴。皷三嚴。徧燃香燭庭燎。通贊唱：樂舞生各就位。執事者各司其事。陪祭官各就位。分獻官各就位。獻官就位。瘞毛血。迎神。樂奏《咸和》之曲。歌曰：大哉孔聖，道德尊崇。維持王化，斯民是宗。典祀有常，精純並隆。神其來格，於昭聖容。通唱：鞠躬四拜。興。今行三跪九叩。跪，叩頭，再叩頭，三叩頭。興。如是者三。通：奠帛。樂奏《寧和》之曲。歌曰：自生民來，誰底其盛？惟師神明，度越前聖。粢帛具成，禮容斯稱。黍稷非馨，惟神之聽。通：行初獻禮。引贊唱：詣盥洗所。進巾。詣酒罇所。司尊者舉冪酌酒。詣至聖先師孔子前。樂奏《安和》之曲。歌曰：大哉聖師，實天生德。作樂以崇，時祀無斁。清酤惟馨，嘉牲孔碩。薦修神明，庶幾昭格。引唱：跪。奠帛獻爵。叩頭，興。詣讀祝位，跪。通：衆官皆跪。引唱：讀祝文。通引同唱：叩頭，興。引唱：詣復聖顏子神位前。跪。奠帛。獻爵。叩頭，興。宗聖曾子、述聖子思子神位前。禮並同。通唱：行分獻禮。諸引贊引各分獻官至十哲兩廡前奠帛獻爵，跪叩頭興並同。引：詣亞聖孟子神位前。禮並同前。引唱：復位。通唱：行亞獻禮。引唱：詣至聖先師孔子前。詣酒罇所獻爵，跪叩頭興並同。樂奏《景和》之曲。歌曰：百王宗師，生民軌物。瞻之洋洋，神其寧止。酌彼金罍，惟清且止。登獻惟三，於禧成禮。引唱：復位。通：行終獻禮。終獻儀節，同亞獻。通唱：飲福受胙。引詣飲福受胙位。跪。飲福酒。受胙。叩頭。興。復位。通唱：三跪九叩頭。如前禮。通唱：徹饌。樂奏《咸和》之曲。歌曰：犧象在前，籩豆在列。以享以薦，既芬既潔。禮成樂備，人和神悦。祭則受福，率遵無越。通唱：送神。樂奏《咸和》之曲。歌曰：有嚴學宫，四方來宗。恪恭祀事，威儀雝雝。歆兹惟馨，神馭還復。明禋斯畢，咸膺百福。通唱：三跪九叩頭。讀祝者捧祝。司帛者捧帛。各詣瘞所。通唱：望瘞。引唱：詣望瘞所。引：焚祝文。復位。通引並唱禮畢。

按：古者大司樂掌成均之法，以樂德、樂語、樂舞教國子。德者，性之端也。語者，德之華也。舞者，容之盛也。奮至德之光，動四氣之和，以著萬物之理，故樂行而倫清，耳目聰明，血氣和平，移風易俗，天下皆寧。慨自秦火以後，樂章殘缺，於是士易其心，民易其俗，幾千百年於兹矣。惟今上右文崇道，憲頒歌舞圖式於澤宫，躋世雍和，登三咸五，此其際也。敢不仰承德意，勒諸貞珉，俾多士得觀瞻而肄業焉。抑又聞樂者，樂也。君子樂得其道，小人樂得其欲。以樂制欲，則樂而不亂。以欲忘道，則惑而不樂。惟動以聲歌，教之舞蹈，斯惰慢邪僻之氣不設於身心，而升降周旋屈伸俯仰之中，其有不與天地同和者與！《記》曰先王慎所以感之者，其謂此也。可不勉旃！

祝　文

維康熙某年歲次某甲子二八月某甲子朔越某日丁某（下缺）

五峰書院志

〔清〕程尚斐　編
程朱昌　校點

前　言

永邑五峰，峭壁增稜，平地拔起，象五尊巨龍，蜿蜒於浙東一隅，而成一邑秀麗之區。五峰之所以揚名海内，不僅僅在於山川蔚秀，林壑奇絶，更在於人文深厚，名流傑士，代繼無窮。五峰之山留下南宋初期吕祖謙、朱熹、陳亮、吕皓及金華北山四先生等鴻儒碩師足跡，爲永康山山水水增光溢彩。他們都曾經在此開筵講學，遠近學子負笈而至，永康之學，獨樹一幟，由此馳名天下，五峰書院應運而生。延至明代中期，隨著儒學中興，章楓山（懋）、應石門（典）、程松溪（文德）、李東溪（珙）、周峴峰（瑩）、程方峰（梓）、盧新菴（自明）、陳明誠（正道）、金常惺（萬選）等諸名流共倡陽明"良知"之學於五峰杏壇，又一度成爲弦歌之區，成爲傳承浙學之重鎮。其廢置興衰，載諸史册地志，斑斑可考。但是，專門記載五峰書院之志書，則相對滯後。

五峰之有書院，蓋始於南宋孝宗時期，而五峰之有院志，則成於清乾隆四十六年辛丑（1781），編纂者爲永康人程尚斐。尚斐，字衛賢，號漪園。生於雍正庚戌（1730）正月十八日，卒於嘉慶癸亥（1803）二月初八日。永康縣學庠生。父名洪聲，早逝，家境没落不振。其母訓誨極嚴，命尚斐從師向學。尚斐篤志下帷，誦讀不輟。學成之後，却不應試科舉而走上仕途，原因是家貧母老，不忍棄去，誠孝之至也。于是設筵授徒，做起鄉間塾師，藉以養家糊口，其母也得以安享耆年。尚斐爲人醇謹忠厚，有古烈士遺風，以文獻傳承爲己任，故課藝之餘，百方蒐羅彙輯，終成《五峰書院志》，彌補五峰書院無志之憾，巋然爲一方文獻名區。東陽盧衍仁先生褒譽之不置,曰"先生之舉所系偉也"。

綜觀全書,體制縝密,分類合理,編次有序,誠爲書院志書中,不可多得之作。凡八卷:首卷記載固厚、瀑布、覆釜、桃花、雞鳴五峰等名景勝跡,且配有繪圖,便於讀者按圖比對,見其思慮周到。卷二爲五峰書院所崇祀宋元明清四代名儒碩師傳記,其中有《麗澤祠》五人,有《五峰祠》四人,有《學易齋》十八人,凡二十七人。末爲吕東萊、朱熹、陳龍川像贊,蓋其時懸掛三賢之遺像也。卷三輯崇祀之外名家,自宋葉水心以下至清盧可久,凡三十四人,多與所祀諸賢或學脈相關聯。人物傳記之事跡,多見輯於史乘地志,非惟其記述有本,且疏理五峰學脈前後承傳譜系,爲後學研究五峰書院及婺州理學傳承提供堅實文獻依據,則不可或少也。卷四爲《藝文》,輯録記述五峰書院沿革之文,《記》六篇,《序》八篇。據六《記》所述,則知書院原名"麗澤祠",在壽峰。後爲"麗澤精舍",在桃巖。其理學人物,多採於東陽陳春洲《宗傳廣録》。據八《序》,則知五峰書院之正式命名在明代萬曆年間,重建者爲永邑程兆選,時值陽明'良知'之學勃興廣播,而永康及婺州諸儒會聚於五峰,爲一時之盛事云。卷五爲諸賢論學之書,大略可分爲二:一是宋代朱熹、吕祖謙、陳亮諸賢相互研討義理之書,以見朱子之學精深,吕子之學弘博,龍川之學鋭於進取。二是明代萬曆以來應典、程文德、黄綰、王畿等探究陽明"心學"奥義,相互辨駁,各有發揮。卷末綴以祭吕、葉、應、陳哀詞,所謂遥相呼應,聲氣互動也。卷六爲《雜紀》,體裁雖不一,而内容多爲學規條目。其中吕祖謙《乾道規約》,於書院建設史上有重要意義。而直接涉及五峰書院者,則有如清程夔初《壽山改宋山説》,曰:"夫斯山也,固宋三賢之所足跡也。當宋以前,山之崇高靈奇不異乎古,雖以謝康樂、柳柳州之窮僻山川,而言論蹤跡未有及者。自三賢過化,而後學士大夫登臨不絶,名始甲焉,是則山因宋諸君子而後顯也,乃改爲宋山。"斯即潛溪宋景濂先生云，“人物固藉乎山川而生，而山川則專倚乎人物爲之引重”也。卷七爲《賦詩》，其中賦一篇，詩七十九首，皆所以吟詠五峰之奇崛、人物之超絶、學統之悠長，讀之令人遐思無限。卷八《建置》，記載祀祭、田畝、房産乃至祭文、祭儀、會規等，巨細不遺，皆入於録云。

雖然，《五峰書院志》囿於其時條件，未可稱完善，况且以一人之精力，而臻至完美無間，亦絶無可能。學術人物非僅七十人，他如吕調陽、黄綰、程明允、應清、程開業、程兆選、程尚斐等人，皆未入志，其生平事跡，與五峰書院興廢，大有關聯，不可或缺。而名人記游吟詠五峰詩文，遺漏更多，其於研討五峰書院歷史、疏理相承學統，關係更爲重大。囿於叢書體例，本次出版僅收《五峰書院志》正文，有關增補詩文，則見於單獨出版的版本。由於年事已高，思慮不周，整理容有不甚到位之處，敬請方家批評指正。

程朱昌

2021 年 4 月 1 日

2022 年 11 月 23 日補識

弁　言

宋子朱子知南康軍，重興白鹿洞書院，吕成公記之，有曰："上以宣布崇建人文之大指，下以嗣續儒先風軌於方來。"永康之有五峰，猶南康之有白鹿也。其所恃以續一綫之傳者，緊惟書院是賴。顧歲久寖荒，人文衰歇，一毛片甲，遺風蔑如。斐自甲午矢志重修，蓋閲六七寒暑，每逢歲會，輒與衆友商之。去秋九月，蠲吉興工，幸各處先賢賢裔欣欣向義，慷慨樂輸，共襄美舉，修建祠宇，以妥前靈。次治齋廡，爲多士藏修之所，備器具，謀祀資。今兹落成，奉主入祠，諸賢裔群集者約百餘人，數十年來，蓋莫盛於斯也。成禮，衆會友咸謂余曰："今日之會，不可謂非理學中興之始，盍將理學淵源與夫書院巔末彙爲一帙，俾後人有所觀感而奮起乎?"斐慮輕塵不能足嶽，而微雲或以滓清，恐不堪兹役耳。然深幸先哲遺澤不泯，况同人高誼，大慰鄙私，不揆檮昧，用採遺編，旁徵事蹟，凡有關書院者，謹備録之，輯爲八卷，名曰《五峰書院志》，仍春洲陳先生舊也。枯木鈍槌，何足撰言鉥義，不過望影藉響，庶考前靈逸迹者，得以仿佛一二云爾。

乾隆四十六年辛丑良月，後學程尚斐謹識。

凡　例

一、是編初名《五峰會志》，義取會友講學也。後見陳春洲先生遺書名《書院志》，仍之。

一、書必有總目，每卷必分細目，今是書條款不繁，即於總目下分注細目，如名勝之有圖有説，建置之有祠宇會産等是也。

一、諸賢位置並傳略，應按世次臚列，但祠分三區，勢不得復循世次，故其位置仍按三祠分列。首麗澤祠，次五峰祠，次學易齋，而麗澤祠中則首文公，次成公、文毅公、雲谿、松谿，皆循世次也。五峰祠、學易齋並倣此，傳略之次亦如之。

一、國史郡邑志，凡列傳例皆書名。今是書雖一家言，而其所謂志者同也，故諸鄉先生以及寒宗松谿諸公皆書名不諱。

一、藝文有關五峰者録之，亦有不涉五峰而其文足爲參考印證者，亦附焉，如葉水心《龍川集序》等類是也。餘可例推。

一、朱、吕、陳三子及諸儒手札頗夥，不能備載，略采一二，以見當年道誼之交、麗澤之雅云。

一、書院創自有明嘉靖，前此爲釋氏所佔。故題咏中涉浮屠者，雖佳弗録。

一、舊文有宜辨者，如邑志"淳熙四年秋，子朱子提舉浙東至婺，訪吕東萊、陳同甫於永康。因會于五峰洞天，與晦菴欲屋石鼓寮"是也。略參鄙見，亦附載焉。

一、是編原采舊文，間有臆説，以"按"字附載别之。

一、不佞家鮮藏書，見聞寡陋，五峰事蹟，諸儒先之論著，集中所載，十不二三，其闕遺者，尚冀博雅君子重加網羅增補焉。

漪園程尚斐識。

五峰書院志卷之一

永康後學程尚斐衛賢纂輯
東陽後學盧衍仁紹履參閲
同邑後學方啟賡颺言校訂

名　勝

劉禹錫曰:"山不在高,有僊則名。"是地以人重也。吾邑五峰,人地俱勝,初非剪綵點酥者比,因繪圖并列其名勝如左,庶披圖者觸目宛然,如見此山真面目矣。

五峰説(附載)

石　洞　高五丈許,深倍之,横亘高之十,宏廠爽塏,可容數百人。朝日初出,蒼蒼凉凉,光射户牖,先達應石門因標其名曰"朝陽"。中構祠三區,以祀朱、吕諸賢。祠後絶頂小洞曰"棲真",益幽而邃,益窈而奇,冬燠夏凉。舊築垣壁,今圮,惟時少章所題記在焉。

固厚峰　主峰也,懸崖千仞,峭壁如削,較諸峰爲淳固深厚,故名。其下石洞在焉。

瀑布峰　在固厚之右,上有飛泉下注,儼若匹練,一條界破,真奇景也。或云瀑布非峰,當取方峰足其數,不知五峰山皆連接,形束壤制,方峰較遠,决無舍近取遠之理。以瀑名峰,猶巖似釜而以釜名也。

覆釜峰　在瀑布之下,巔廣而圓,如大釜覆其上。

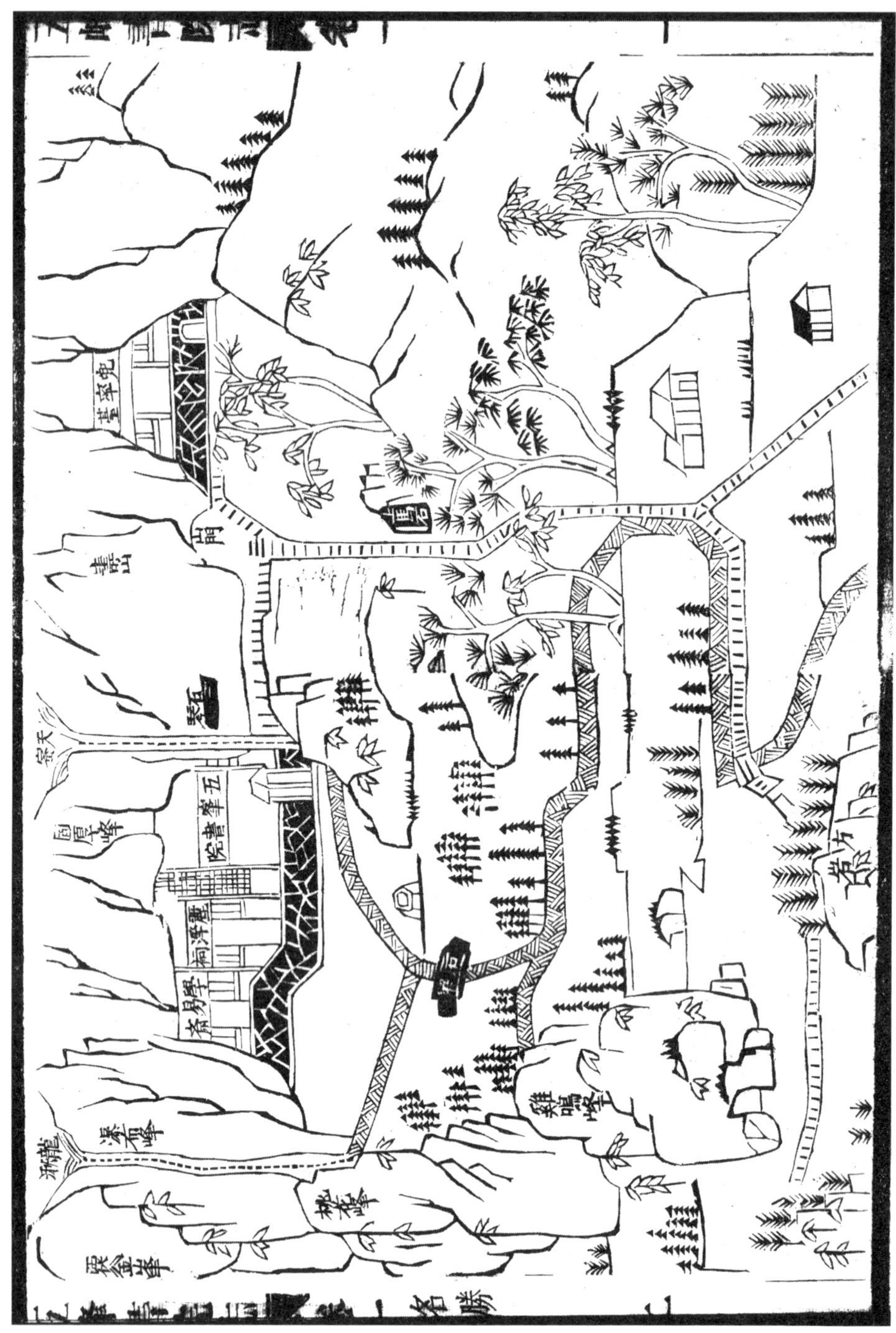
五峰書院
麗澤祠
學易齋
固厚峰
瀑布峰
鷄鳴峰
桃花峰
覆釜峰
方巖

桃花峰　與覆釜相連，專專聳妙，其巖色赤白相間，狀類桃花，亦因象命名也。

雞鳴峰　此五峰之殿也。俗云上世有雞鳴其中，是不可知。或者其下嵌空玲瓏，而與村落較近，午風微過，嘐然一聲，彼唱此應，遂神其説耳。巖有丹書，相傳爲晦庵筆。家松谿先生《留别五峰》詩有"雞鳴去已久，空有丹書蹟。我嘗往來之，點畫猶可即"之句。

天　蜜　在書院之左，懸巖直下，天風偶吹，大者如珠，細者如霧，其味甘美，故名。

龍　湫　據瀑布上游，雨集則如天河奔放，雖久晴，猶滴如玉漏，作琤琮聲。鄉人旱則禱之，輒應。

石　琴　固厚峰下，路側削壁間，石理如琹，中間細紋數縷，尤肖絃緵，因名爲石琴云。

石　梁　講堂之前，一石横架兩山，雙泉流從此出，形家以爲書院水口石云。

外　洞　此壽山舊刹也，今爲胡公廟。洞之前有臺三層，甚壯偉。明萬歷間始圮，今僅存其址矣。臺之上有硃書"兜率臺"三擘窠，亦傳爲晦菴筆。又有墨書散見石壁間，蓋亦宋元名人所留題者。臺廢，末由躋覽，仿佛而已。

山　門　二洞之間，别有小洞，上平下坦，中有石臼。門左入胡公廟，右達書院，舊構屋，今廢。

上馬石　在山門前路左，頂尖旁削，縫裂爲三，故俗又呼試劍石。意主人送賓，僕夫至此，始授綏焉。

題巖古蹟

東萊吕伯恭先生淳熙中講道明招山，四方從游常千餘人，分處於婺之北山、武義之九峰、永康東諸名山。陳同甫介葉正則來遊，鄉人景附，先生與其弟泰常往來其間。於是陳、吕門人翕然向往，廼集材因吕子陽置田石鼓。朱晦菴訪同甫,欲立精舍於此。未幾,按劾唐與政,事遂中止。嗚呼,睹勝槩如舊,慨道澤猶存,愧莫之續,故記於此,以識其所共知,安得不有聞風興感者乎！晚學清江時少章記。

永康縣志 見山川條

距縣東五十里爲壽山,山有五峰,皆石壁,平地拔起,周圍如城郭,曰固厚、曰瀑布、曰覆釜、曰桃花、曰雞鳴。固厚之下有大石洞,高六丈許,廣五丈餘,因建爲寺,後廢。宋淳熙九年秋(原本作四年,誤,今改正。)子朱子提舉浙東常平茶鹽,舉行荒政,過婺訪陳龍川于永康(原本"訪"字下有"吕東萊"三字,亦誤,今删。),因會於此,龍川請晦翁主講席,從遊者數百人,巖上有硃書"兜率臺"三大字,人傳爲晦翁筆云。又有小石洞爲羅漢堂,旁有瀑布泉一派,從厚峰及覆釜峰相夾中流而下。尚寶丞應典周視壁上,有陳龍川書(今遍觀壁上,但有時少章記,龍川書或在兜率臺上,然無由登覽矣。),志晦翁、東萊行跡,乃即堂東偏之隙建祠,以祀朱、吕及張南軒、陸象山,而龍川配焉,曰麗澤祠,太守姚公文炤爲之記。已而姚公來遊,又檄縣尹洪公垣撤[①]去羅漢像,直洞之正中建五峰書院,處來學者。洪公陞任,嗣尹甘公翔鵬繼成之。程松谿待次祭酒家食,時與其友周峴峰桐、應晉菴廷育會聚講學,以祠隘弗稱,且張、陸未嘗至山,遂定祀朱、吕、陳三先生,即書院爲祠以妥焉。每歲重陽日,祀朱、吕、陳三子,次日祀陽明王子,三日祀何、王、金、許諸儒,遠近來者雲集。先是,應、程、盧三姓創置會田,以資歲會。近日陳(林坑)、程(獨松)、王(象珠)、吕(太平)之後,亦稍捐資以供不給。司其事者,應、程、盧後裔,至今不廢。瀑布之上有龍湫,水從桃花峰(壽巖,古名桃巖,故此云桃花峰,其實瀑布峰也。)下注巖石間,濺沫如霧,可望而不可即,亦奇觀也。

---

① "撤",原作"撒",據義改。

五峰書院志卷之二

永康後學程尚斐衛賢纂輯
東陽後學盧衍仁紹履參閱
同邑後學方啟賡颺言校訂

傳　略

五峰講學諸儒，自文公朱子而下，已崇祀者共計二十七人①。今詳載事迹，以著典型。外此，雖未經崇祀，而名著於五峰中者，亦不可不識其梗概，故亦附載焉。

宋紫陽朱文公

公諱熹，字元晦，一字仲晦，晦翁、遯翁，皆其别號也。本婺源人，世居紫陽山下。父韋齋先生諱松，因仕入閩，高宗建炎四年庚戌九月甲寅，生公於南劍尤溪之官舍。韋齋先生卒於官，公依父執劉子羽寓崇安之五夫里，後遷建陽之考亭。紹興十七年，舉鄉貢。十八年，登進士，授泉州同安主簿，歷仕焕章閣待制。淳熙八年，以提舉浙東常平茶鹽，舉行荒政。按台過婺，至永康，訪陳同甫先生，講學於壽山石洞，盤桓累月。甯宗慶元六年庚申三月甲子卒，年七十有一。嘉定二年，賜謚曰文。理宗特贈太師，追封徽國公。自絶學以來，集諸儒之大成，發先聖之秘藴，先生一人而已。淳祐元年，偕周、張、二程配享

① “七”，原作“六”，據義改。

孔廟。國朝康熙五十一年,升大成殿,位列十哲之次。其所編著,未易僂指。門人最知名者,曰黄幹、李燔、張恰、陳淳、李方子、黄灝、蔡元定、蔡沈、輔廣。

宋東萊吕成公

公諱祖謙,字伯恭,號東萊,金華人。先生之學,本之家庭,有中原文獻之傳。長從林之奇、汪應辰、胡憲遊。又友張南軒、朱晦翁,講習益精,以絶學倡東南。一時英偉之士,如陸象山、陳龍川、陳君舉、葉正則輩,皆歸心焉。登隆興癸未進士,復中博學宏詞科,授宗學教授。丁内艱,居武義之明招山,四方學者争趨之。時來訪陳同甫先生於五峰石室,上下其議論。服闋,除太學博士,添差教授嚴州。尋復召爲博士,兼國史院編修、實録院檢討。召對,勸孝宗當留心聖學及興復大事。召試館職,嘗讀陸九淵文,喜之而未識其人。考試禮部,得一卷曰:"此必江西小陸之文也。"揭示果然,人服其精鑒。丁父憂,免喪,主管台州崇道觀。尋除秘書郎,兼國史編修檢討官,以李燾薦,重修《徽宗實録》。書成,進秩面對,以治道體統及國家未備之制多所匡益,以疾請祠歸。先是,奉詔編類《皇朝文鑑》,至是書成,除直秘閣,主管武夷山冲佑觀。明年,除著作郎,兼國史院編修官,不就。添差兩浙東路安撫司参議官,亦不就。改主管亳州明道宫,卒,年四十有五。先生少卞急,一日,誦《論語》"躬自厚而薄責於人",不覺平時忿懥涣然冰釋。朱子嘗言:"學如伯恭,方是能變化氣質。"其所講畫,將以開物成務。既卧病,而任重道遠之意不衰,所著有《讀詩記》《大事記》,考定《古周易》《書説》《閫範》《官箴》《辨志録》《歐陽公本末》《博議》。又嘗與朱子纂集《近思録》,皆行於世。公家居會友之地曰麗澤書院,鄉人即而祠之。理宗朝,賜謚成,爵開封伯,從祀孔廟。

宋龍川陳文毅公

公諱亮，字同甫，號龍川，永康林坑人。生而目光有芒，才氣超邁，下筆數千言立就。嘗著《酌古論》，郡守周葵奇之，禮爲上客。及周執政，朝士白事，必指令揖公，因得徧交一時豪傑。隆興初，領州解，因上《中興五論》，不報。環視錢塘，喟然嘆曰："城可灌耳。"蓋以其地下於西湖也。淳熙五年，公更名同，詣闕上書，孝宗赫然振動，欲榜朝堂以勵群臣，將擢用之，爲曾覿所阻。乃有都堂審察之命。待命十日，再詣闕上書，言尤剴切，帝欲官之。公笑曰："吾欲爲社稷開數百年之基，甯用以博一官乎？"遂渡江歸，日與邑中狂士飲，醉中戲爲大言。一士以其事首刑部侍郎何澹，澹嘗爲考官黜公，公語數侵澹，澹即繳狀以聞，事下大理，誣服不軌。奏入，孝宗曰："秀才醉後妄言，何罪之有？"遂得免。居無何，家僮殺人，疑事由公，聞于官，又下大理。丞相王淮知帝欲生公，而辛棄疾、羅點素高其才，援之尤力，復得不死。公歸，益勵志讀書。嘗與朱晦翁辨論三代漢唐皇帝王霸之略，朱子意有不與，而不能奪。嘗言："研窮義理之精微，辨析古今之同異，原心於秒忽，較禮於分寸，以積累爲功，以涵養爲正。睟面盎背，則於諸儒誠有愧焉。至于堂堂之陣，正正之旗，風雨雲雷交發而並至，龍蛇虎豹變現而出没，推倒一世之智勇，開拓萬古之心胸，自謂差有一日之長。"後鄉人宴會，同席者歸而暴死，曰："陳上舍殺我。"縣令實其事，取入大理。少卿鄭汝諧閲其單辭，大異曰："此天下奇才也。"力言於光宗，遂得免。未幾，策進士，公對稱旨，擢第一名，授簽書建康府判官廳公事。未上，卒，年五十有五。吏部侍郎葉適請於朝，命補一子官。端平初，平章軍國事喬行簡爲請謚，賜文毅，更與一子官。著《龍川文集》，葉適爲之序。崇祀七賢祠。

宋雲谿吕先生

先生諱皓，字子暘，號雲谿，永康太平人。少負志節，學於林和叔。又與吕東萊、陳龍川、葉水心相爲師友。以出粟賑濟受知倉使，朱晦庵薦諸朝，補郡文學。淳熙中舉上禮部，會父兄爲怨家誣搆，繫大理獄。先生叩匭上書，理其冤，願納所得官贖父兄罪，且言："無使聖世男子不及漢一緹縈女子，爲没身恨。"翊日，下都堂議。宰相白無例。孝宗曰："此義事，安用例?"由是其父兄與連坐者五十餘人皆得釋。再試禮部不第，遂絶意仕進，隱居桃巖山中講學，與陳龍川往還，相講切。父母繼没，廬墓三年。嘗割兄弟所遜田爲義莊義塾，以贍教鄉族。制置使劉光祖、郡守王夢龍、陳騤以遺逸孝友交薦於朝，俱不起。嘗自作《雲溪逸叟傳》以見志。所著有《事監韻語》三卷，《遁思遺稿》六卷。劉後谿上其書，宣付史館，行于世。卒贈宣義郎，從祀鄉賢。

明松溪程文恭公

公諱文德，字舜敷，號松溪。初學於章楓山，爲敦本之學。後從王陽明先生游，登嘉靖八年進士，廷試第一甲第二名，授翰林編修，繼侍經筵，進《無逸殿講章》，大意與《伊訓》《説命》相表裏，又進《郊祀議》《内訓四詩》《親蠶行》。坐同年生楊名劾汪鋐事，忤上意，廷杖下獄，謫信宜典史。當道爲建嶺表書院，兩廣名士翕然尊之，時有山斗之譽。鋐罷，量移安福知縣，政大得民。丁外艱歸，服除，授兵部車駕司郎中，尋陞廣東提學副使，未赴。擢南京國子祭酒。未幾，丁内艱，服闋，起禮部右侍郎，尋改吏部。時爲萬歷丁丑，當天下述職，門無私謁。詔知貢舉，公明周慎，竣事，加翰林學士，掌詹事府事，典教庶吉士張四維等二十八人。是歲，兩直隸、河南、山東四省大饑，開例納錢，以便賑濟。公具奏："救飢如救焚溺，緩則何及？聚銀爲難，食物頗易，宜隨民所有，凡可以充饑者，悉得輸官散給。"上可其奏。於是輸者踵至，四省之民得以全活。三十三年，供事西苑。公本以儒學進，使爲道家祝釐事，非其好也，所撰青詞①,頗有所規諷,帝銜之。會推南京吏部尚書,帝疑文德欲遠己,命調南京工部右侍郎,疏辭,勸帝享安静和平之福。帝以爲謗訕,落職回籍。家居,杜門謝客。時尋五峰舊盟,與故友相講切。比卒,遺笥蕭然,質産始克殮。侍御史王好問請䘏典,有云:"正言正色,學術無忝於儒臣;古道古心,行誼足稱乎君子。"人以爲確論。追贈禮部尚書,謚文恭,從祀郡邑鄉賢。所著有《松溪文集》行於世,世稱松溪先生。

已上麗澤祠。

明陽明王文成公

公諱守仁,字伯安,號陽明子,餘姚人。登宏治進士,授刑部主事。病歸,起補兵部。正德初,忤閹宦劉瑾,謫貴州龍場驛丞。瑾廢,量移廬陵知縣,累陞鴻臚卿。尚書王瓊奇其才,薦擢右僉都御史。巡撫南贛時,平南中盜,進右副都御史。十四年,奉命勘福建叛軍。適寧王宸濠反,公以奇兵征之,不一月而宸濠就擒,爲許泰、張忠所忌,誣公欲反。公乃入九華山,晏坐僧寺,帝使人覘知之,曰:"王守仁學道人,何謂反?"乃遣還鎮。嘉靖改元,拜南京兵部尚書,封新建伯。時已丁父憂,屢疏辭爵,乞録諸臣功,咸報寢。六年,復詔以原官兼左都御史,總督兩廣,靖田州,平八寨。又爲吏部桂萼所忌,帝前詆守仁征撫兩失。方獻夫、霍韜等不平,上疏争之,言:"忠如守仁,有功如守仁,一屈于江西,再屈于兩廣。臣恐勞臣灰心,將士解體,後疆圉有事,誰復爲陛下任之?"帝但報聞而已。時公已病,乞致仕,行至南安卒,年五十有七。喪過江西,軍民無不縞素哭送者。隆慶初,追贈侯,謚文成。萬歷間,從祀孔廟。先是,公年十七,謁上饒婁諒,與論朱子格物致知大旨。還家端坐,講誦五經,泛濫二氏,數年無所得。後謫官龍場,窮荒無書,日繹舊聞,忽悟格物致知當自求諸心,不當求之事

① "詞",原作"祠",據義改。

物，喟然嘆曰："道在是矣。"遂倡良知之學。公既以此自信，故其教人耑提"致良知"三字，令學者言下直悟本體。自九華歸，築室陽明洞，四方之士信從日衆。每臨講座，諸生環坐而聽，常不下數百人，以昧入者以明出，以疑入者以悟出，未有不跳躍稱快也。所著有《語録》《文録》《别録》《年譜》《世德紀》，總曰《文成全書》，行於世。若語其學之傳至永康，則自公官南都時，周寶峰先生先往師之，厥後如李東溪、應石門、程松溪、盧一松、程方峰諸公等數十人聞風而起。比歸，祀公於五峰洞中，歲時祭享，至今勿替云。

明石門應先生

先生諱典，字天彝，號石門，永康芝英人。刻志問學，登正德甲戌進士，授兵部職方司主事，以母病告歸。過蘭溪，謁楓山章先生。章曰："吾婺自宗忠簡公功業、吕成公道學、宋濳溪文章以來，久失其傳，子將安任?"先生受教歸。又聞仙居應元忠、黄巖黄石龍學，因往見之，更互問難，且因應、黄而師餘姚王陽明，得良知之旨。創麗澤祠于壽山，祀宋朱晦菴、吕東萊、張南軒、陸象山四先生，將以一鵞湖未合之餘論而會之於周、程也。因集諸生講授，從遊者常百餘人。再起兵部車駕司主事，爲尚書王瓊器重，委總四司奏案。時南北黨論已有萌端，先生欲先機潔身。既滿考，即引疾歸。先是，母病目不愈，適值良醫針治復明，人咸謂孝感所致。朝紳多論薦，陞尚寶丞，遭母喪不赴。服除，巡按御史周公汝員檄郡侯姚公文炤禮訪之，乃徜徉五峰間，示無起意。釋褐三十年，前後二任，僅一考而已。卒祀鄉賢，學者稱石門先生。

明方峰程先生

公諱梓，字養之，號方峰，永康文樓人。少敏慧，及長，聞何、王、金、許之學，忻然慕之，讀《正學編》，躍然曰："道在是矣。"弱冠爲諸生，徒步往姚江求文成之學。歸里，即壽山洞中倡明正學。鄉豪以睚眦隙詣御史臺,誣公建淫祠,倡僞學。御史不察,遽削公籍,祠廢。越數年,公普訴當道,邑士紳詣御史臺言狀,復公籍,仍建祠。於是益刻苦砥礪,與應石門、盧一松互相講切。嗣居左公舉進士,勵之曰:“宇内不少科第,少聖賢耳。”及居左公司理武昌,迎養署中。時政府操切,公以部郎慮囚吴魯,坐决不滿品罰。方峰公曰:“兒無以冤民壽我,我願足矣。”前後三錫命服,拜賜畢,即櫜之。年八十有八,素髮委地。月朔,掌文作丹砂色,所居亭瓦有朱光。忽一日,曰:“吾將逝矣。内省不疚,不倍吾學矣。”卒祀鄉賢。所著有《白翁吟稿》若干卷,學者稱方峰先生。

明一松盧先生

先生諱可久,字德卿,永康儒塘人,諸生。潛心理學,與方峰公同受業王陽明先生。刻苦精思,盡得其旨,陽明器之。比歸,送之曰:“吾道東矣。”即五峰書院受徒講學。東陽杜見山,其高弟也。嘗言:“本體工夫,不落階級,不涉有無。悟得者超於凡界,不悟者終落迷途。”或問學之實功,曰:“非禮,勿視聽言動。充之而手舞足蹈,充之而動容周旋中禮。今人多不務此,此學之所以無實用耳。”人皆謂妙契師門宗旨。松溪公將赴五峰,聞先生獨在,嘆曰:“一夔足矣。”因冒雪造焉,訪以造道之要。先生復以知耻近勇之語,松溪公深嘆賞,形諸咏歌,有云:“承教知耻是吾師。”其見推如此。卒之日,東陽許宏綱先生爲之立傳,謂其直接何、王、金、許之傳,蓋實録也。著有《光餘或問》《望洋日録》《草窻巷語》等書。崇祀鄉賢。先生常處一松山房,學者稱一松先生。

已上五峰祠。

宋北山何文定公

公諱基,字子恭,金華人。師事黄勉齋先生,先生教以爲學,須辦得真實心地,刻苦工夫而後可。臨别又告以熟讀《四書》,使胸次浹洽,道理自見。公受命,始窺伊洛淵源。既歸,一室危坐,萬卷横陳。每於聖賢微辭奥義有未釋者,必平心易氣,勿忘勿助,待其自然貫通,未嘗參以己意。凡請問者,無不竭誠而與之言。嘗謂爲學立志貴堅,規模貴大,克踐力行,死而後已。王文憲執贄爲弟子,公謙,不以師道自尊。文憲高明絶識,序正諸經,宏論英辨,質疑問難。或一事,至十往返,公終不變,以待其定。嘗曰:"治經當謹守精玩,不必多起疑論,有欲爲後學言者,謹之又謹可也。"郡守趙汝騰、蔡抗、楊棟諸公相繼聘主麗澤書院,皆不就。景定間,特薦添差婺州教授,兼麗澤山長,力辭。咸淳初,授史舘校刊,兼崇政殿説書,辭益力。乃改承務郎,主管西岳廟,使食其禄,以遂高志,終不受。卒年八十一,謚文定。著有《大學發揮》《中庸發揮》《正蒙發揮》《太極通書》《西銘發揮》。公居北山盤溪之上,學者稱曰北山先生。國朝雍正三年,從祀孔廟。

宋魯齋王文憲公

公諱柏,字會之,金華人。祖師愈從楊龜山受《易》《論語》,既又與朱晦菴、吕東萊、張南軒遊。父瀚亦執經朱、吕之門。公生而豪邁,少慕諸葛武侯之爲人,自號長嘯。年三十,始知家學之原,捐去俗學以求道,著《論語通旨》。至居處恭,執事敬,愓然嘆曰:"長嘯非聖門持敬之道。"亟更以魯齋。歷造楊船山、劉撝堂之門,而卒業於何北山。北山授以立志居敬之旨,且作《魯齋箴》,勉以質實堅苦之學,有疑必從北山質之,手圖敬齋箴,以敬字爲日用躬行之則。治家嚴飭,當暑閉閤静坐,子弟白事,非衣冠不見也。士大夫叩請者,每語之曰:"士生天地間,以萬物皆備之身,而不以古今自任、經綸自期者,皆自遏其躬而已。"郡守趙汝騰、蔡、楊諸公皆聘主麗澤講席,台守趙景緯聘爲上蔡書院師。既歸,講道於家,學者不遠數百里相從。考訂群書,凡朱子發端未竟未决者,莫不該攝融會,權衡裁斷。故其著述甚富,自五經四書外,更難僂指。卒年七十有八,謚文憲。國朝從祀孔廟。

宋仁山金文安公

公諱履祥,字吉甫,蘭谿人。年十六,補弟子員。十九,知向濂洛之學,遂棄舉子業,師事王魯齋先生,問爲學之要。魯齋舉北山居敬之説,問讀書之目,曰:"自《四書》始。"又從魯齋登北山之門,北山曰:"會之屢言賢好學,便自今日截斷爲人。"由是講貫益精,造詣益邃,往來二公間。何示以省察克治,王示以涵養充拓。當時議者,以爲何之清介純實似尹和靖,王之高明剛正似謝上蔡,仁山則親得之二氏而並克於己者也。蓋何之學本之黄勉齋,而得朱子之傳,故其授受淵源,粹然一出於正。時宋將亡,公以布衣進牽制擣虚之策,不能用。及國勢已危,始思其言,以史舘編修召之,不就。嚴陵郡守以文憲上蔡故事,聘主釣臺書院,爲之一出,舉子陵懷仁輔義之説,攄發仁義之藴,學者始知有義理之學。何、王兩師之喪,率其同門,以義制服,觀者始知師弟係於倫常。晚歲築居仁山之下,講道著書,以淑後進,諄切不倦,學者稱仁山先生。卒年七十有二,謚文安。著有《尚書表注》《大學疏義》《論孟考證》《通鑑前編》《濂洛風雅》等書。國朝從祀聖廟。

元白雲許文懿公

公諱謙,字益之,金華人。受業仁山先生。仁山語之曰:"士之爲學,若五味之在和,醯鹽既加,則酸鹹頓異。子來見我已三日矣,而猶夫人也,豈吾之學無以感發子者耶?"公聞之惕然,由是仁山告之曰:"吾儒之學,理一而分殊。理不患其不一,所難者分殊耳。"公由是致其辨于分之殊,而要其歸于理之一。又曰:"聖人之道,中而已矣。"公由是事事求夫中者而用之。嘗自謂:"吾非有大過人,爲學之功無間斷耳。”肅政廉訪司劉庭直舉茂才異等，副使趙宏偉舉遺逸，皆辭。宏偉在南臺，命除舘禮聘，使衆僚多士有所矜式。公忻然而起，然亦不久留。既歸，講學東陽八華山，遠近學者翕然從之，達官富人子弟咸以不及門爲耻。其教人也，至誠諄切，内外殫盡。嘗云：“己有知，使人亦知之，豈不快哉！”臺省諸公若王士熙、鄭允中等，先後列其行誼於朝，郡以隱逸應詔，皆不起，獨以身任正學之重。學者以其身之安否，卜斯道之隆替焉。卒年六十有八，謚文懿。著有《四書叢説》《詩經名物鈔》《春秋管見》《讀史治忽幾微》《三傳義疏》《讀書記》《八華講義》。嘗以白雲山人自號，世因稱白雲先生。國朝從祀孔廟。

明楓山章文懿公

公諱懋，字德懋，號闇然翁，晚號瀫濱遺老，蘭溪人。成化會試第一人，授編修。踰月，詔賦元夕張燈詩，具疏切諫，忤旨，謫臨武知縣。時與羅倫、黄仲昭、莊昶稱“翰林四諫”。以給事毛宏論救，改大理評事，陞福建按察僉事。秩滿致仕，杜門養親，四方就學者常數十百人。凡士大夫過其邑者，必造其廬，以考德而問業焉。宏治初，御史姜洪、楊鼐等交章論薦，公致書力辭，部請爲南京國子祭酒。時丁父憂，朝廷虚位以待終制。服闋，奉詔之官，訓勵學者，教化大行。上《修舉學政》《條陳弊政》二疏，陳治道要務五事。正德元年，累乞退不聽，會考績移疾，賜告歸里。五年，中外交薦，再起太常寺卿，辭。六年，陞南京禮部侍郎，力辭遂聽，以侍郎致仕。嘉靖改元，即家拜禮部尚書，且遣行人存問，而公已卒，年八十有八。贈太子太保，謚文懿。楊文恪曰：“儒雅如黄未軒，豪邁如莊定山，公歛華就實，獨立其間。風節如羅一峰，習静如陳白沙。公既博復約，自成一家。至於收四海無瑕之譽，膺五福無疆之年，此即同時諸老，未有或之先也。”著有文集九卷。公嘗講學楓木庵中，學者因稱楓山先生。隆慶初，祔祀正學祠，今祀七賢祠。

明東溪李先生

先生諱珙，字侯璧，號東溪，永康蘭街人。以歲貢授東鄉訓導，陞溆浦教諭。躬行教訓，士咸宗之。嘉靖乙丑，詔拔異才，以風群吏，當道薦擢大理評事。先生早有志理學，徒步見陽明子于越，與聞良知之旨。一日，諸生侍坐，陽明顧謂曰："學問不得長進，只是未立志。"先生起而對曰："珙亦願立志！"退而獨居精思，盡得其奧。於是同門錢緒山、王龍溪輩咸推重焉。陽明子没，迎奠三衢，凡窀穸保孤，爲師門身後計者，無不殫力圖之。故當時有"錢王李管"之稱。在東鄉，當道聘主豫章書院。及溆浦，日與同志訂會，所至發明師訓，多士雲從。平居不事生業，臨屬纊，惟曰："只此現在良知，吾今緊密受用。"古所云得正而斃者，先生有焉。著有《質疑稿》若干卷。

按：《陽明子年譜》云："嘉靖八年正月初十日，喪過玉山，欒惠、黄洪、李珙、范引年、柴鳳至。十一月，葬洪溪，門人李珙等築治，晝夜不息，月餘而墓成。十一年九月，子正億内外交侵，同門王臣、李逢、歐陽德、王艮、薛僑、李珙、管州議，以正億趨金陵，依舅氏居焉。"觀此，則知先生之竭力師門者，非一日也。

明寶峰周先生

先生諱瑩，字德純，號寶峰，永康游川人。聞仙居應元忠先生學，往從之游。元忠使之就正於陽明子。陽明子曰："子欲至吾門，遂至于吾門。子而志於聖賢之學，有不至於聖賢者乎？"先生得其方，遂乞省而歸，陽明子以文贈之。乃講其所學於五峰，一時學者，翕然向往陽明，皆聞先生之風而興者也。《孟子》曰："豪傑之士，雖無文王猶興。"先生生吾婺絶學之後，而崛起於吾鄉之中，謂非豪傑而何！

明峴峰周先生

先生諱桐,字鳳鳴,永康峴口人,世居峴峰之下,因號焉。性淳敏嗜學,年十七,從舅氏應鶴邱先生游南雍,學《毛詩》,與石門、芝田相砥礪。歸補邑庠弟子員,累試取高等,然意不在青紫也。聞王陽明倡道姚江,負笈從之遊,辨析良知宗旨,深探源委。後由歲貢授南京武學訓導,以振起斯文爲己任。滿考日,宗伯歐陽公南野檄獎之,有"至誠設教,人才輩興"等語。尋擢江西撫州教授,益整規條,以敦教化,士咸歸之。聞母病,即棄官歸。《撫州志》云:"倡士講學,乞休歸養,古貌古心,特列名宦。"五峰講會,應石門推廣陽明子之教,爲首倡也。繼執牛耳者惟先生,鼓舞維持,没身不倦云。

明見山杜先生

先生諱惟熙,字子光,號見山,東陽西街人。成童入邑庠,即有志理學,謂:"以學業取功名,非真男子事。"時一松盧先生講學五峰書院,先生聞之,幡然喜曰:"吾固疑經傳中有此。"遂往師之,凡四越寒暑。一松命之曰:"汝邁往精進,諸子莫及。然爲學須經事變,方可自信所得。"卒汩没舉子業,荏苒名場,而家難遞作,乃悵然悟一松之知言,因作《悔言録》以自勵。復至五峰,盡其道。嘗言:"學者一息不昧,則萬古皆通;一刻少寬,則終朝欠缺。""學是一體之學,心是統同之心。"又《自詠》如"古今方寸裏,天地範圍中。自喜心神定,還知夢寐通"等語,皆極真至。分守張公鳳梧建崇正書院,聘與徐魯源公並主教席。魯源慎許可,每言及先生,必曰"真君子"。卒年八十餘,遺有《悔言録》數篇。崇祀鄉賢。

明新菴盧先生

先生諱自明,字希程,號新庵,永康仙盧人,郡廪生。受業叔父一松之門，篤志聖學，侍講五峰者數十載，砥節礪行，樂道安貧。五峰雅集，自諸大老没後，朋儕星散，僅存餼羊。先生獨身維之，不以盛衰易厥志。邑侯熊公式閭禮之，商學談道外，無片語旁及也。居左公序其集有云"吾儒正學，此爲中流砥柱"，蓋實録也。晚歲家益貧，處之泰然。"内重者外輕"，殆先生謂矣！

明春洲陳先生

先生諱時芳，字仲新，號春洲，東陽安文人。幼從塾師授小學，即克遵小學訓。師卒於舘，殯殮如禮，扶柩歸葬其鄉，復立主於舘祀之，終身不衰。師事杜見山先生，殫精默會，盡得其奥。博學多聞而歸於實踐，其學在立大志，識心體，用耑工，以修悟交融爲極，不泥門户。平生體羸弱，至講道輒娓娓不倦。隆冬盛暑，必正衣冠，手不釋卷。於五峰、法界、官橋諸會外，復立麗澤會於鄉，接四方學者，從者雲集。家居孝友，尤留心祀典，廢祀多賴以存。崇正己巳，膺歲薦，不仕。著《宗傳廣録》三十四卷，《自考録》《五朝聞見録》《鄒魯遺芳》《麗澤會規》《學餘偶筆》《瑣筆》《五峰書院志》等書。山陰劉念臺先生讀之曰："楓山後一人也。"

明誠源陳先生

先生諱正道，字直之，號誠源，東陽官橋人。年十齡，舉止如成人。其祖安山先生與杜見山先生講學明德堂，即執贄爲弟子。見山及門甚盛，先生方年少，特見器重。既得其傳，遂不事辨難，專以静悟爲主，以立大爲要。嘗言："學問大事，須看本來田地。清净纖翳，自無所容，只此真種子，自然生生不已。"精通《易》義，凡所講説，數言曉暢，使聽者忘倦，而無從測其涯涘也。其執持嚴毅，辭受取予，一介不苟，類程伊川先生。晚年圭角盡融，則近明道先生矣。以歲貢司鐸福建建安。比歸，家益落，簞瓢屢空，處之晏如。年八十餘，能燈下作細字，猶徒步赴五峰講會云。

明常惺金先生

先生諱萬選，字司化，號常惺，東陽後街人。少時勵志進修，不失尺寸。會春洲、誠源二公會講法界，語之曰："未發之中，内外兩忘，若事事物物而求之，則墮告子義襲之弊。"久之，幡然曰："某終夜以思，疑團一掃，日從本心體認實踐，用功自有次第積累在。"自是以後，大意了然。晚乃語諸公曰："此中只有太虛變現耳。"疾革，沐浴更衣而逝。平生事親孝，丁大故，三年不入内，處兄弟朋友至怡切。其《家傳》所稱："軍國之變，義形于色；鄉里之困，痌瘝在躬。"是贊頌語，不必求其事實也。所著有《演無極述作解》《續西銘》諸篇。

明復初周先生

先生諱佑德，字以明，號復初，永康游川人，邑庠生。性至孝，居喪三年不見齒。講學五峰書院，創學易齋於書院之右，以祀郡賢何、王、金、許并章楓山五先生。居鄉建義倉，人多德之。其歿也，鄉人祀之于鄉約社。

明淵潛吕先生

先生諱一龍，字雲君，號淵潛，永康太平人，諸生。平生任道之心甚重，義利之辨甚明。聞春洲、誠源二公勵志内求之學，遂師事之。生一子，以兄弟多子，乃計口均分其産。嘗客于富翁家，其家失金，踪跡問先生。先生不與辨，捐産償之。後其僕竊金事覺，以金還先生。先生受之，亦不與辨。其在括蒼教士，友朋多來訪，貸其舘穀享賓，歲終徒手還家。一日，過蒼嶺，大雪，見一人寒甚，無以爲贈，乃脱其襦與之。晚乃講學五峰，學者咸宗之。年七旬，手録《宗傳廣録》三十四卷。

明蘋齋陳先生

先生諱其蒽，字生南，號蘋齋，東陽安文人。爲邑諸生，豪宕任俠，喜快飲。時春洲先生爲兄弟行，以明道自任，學士多從之游。或勸之，曰："吾無事此。"已輒自悔。念平生多所未愜，乃於某歲之元日齋戒執贄，往謁春洲。春洲大喜，曰："生南至，吾道有人矣。"自是一變而歸繩尺，殫慮研精，進取甚勇，知之所至，行必踐之。終二喪，前後不入閫者六載。春洲先生卒，喪之如己親。兄弟析産，辭腴就瘠，有疾則汲汲如身受焉。人無親疎，一以至誠相接。其所講學，永康則五峰，東陽則文山、西菴，隨地舉會。接引後學，悃款詳密，言不足則繼之以歌，無有智愚，莫不感動。自春洲没，廣其傳使勿替者，先生力也。所著有《蒙訓》《家訓》《小學彙纂》《律吕新書解注》《合纂女訓》、詩文若干卷。

國朝岐寧趙先生

先生諱忠濟，字濟卿，號岐寧，東陽巍山人，廩生。年少倜儻不羈，自從蘋齋陳先生遊，有以窺性命之真，遂束身規矩，以道自任。邑有義舘，久已鞠爲茂草，先生捐舘俸爲講藝之資。諸生請益無虚日，莫不因端開譬，抉其障，而各如其意之所欲得。教人獨揭良知之旨，接引之心甚堅。嘗曰："教人非止成物，乃成己事。"甲寅之亂，人有流離之患，猶與韓國輔先生講學不輟。其言有曰："求性命不出盡倫物。倫物懇切處，即性命透徹處；倫物恰好處，即性命精微處；倫物常盡自慊處，即性命純一不已處。"晝之所爲，夜即書之，名曰"把柄"。蘋齋先生没，繼主五峰講席。然週歲一赴，猶病其闊，復設會于法界淇閣。以故深山窮谷，無論識與不識，皆曰岐寧先生有道君子云。所著有《志學衍義》《述古約言》《四書考證》《燈前録》等書若干卷。

國朝澹菴王先生

先生諱同龎，字天珠，號澹庵，永康象珠人，歲貢生。大中丞廻溪公之從姪也。精通五經，博極子史，所著述甚富，僅以明經終。人有惜其所學不得行於世者，先生答之曰："吾儒但求爲己，達則施其學于國家，窮亦行其道于鄉邑，有廣狹，無異同也。"幼失怙恃，悔居喪未克盡禮，追服不緝之衣三年。凡一言一動，必簿書之以自考。晚年講學五峰，闡明理學，至精至當，聞者莫不敬聽。觀其容貌，敦厚純樸，恂恂如也。著《孝》《悌》《忠》《信》《禮》《義》《廉》《耻》爲箴，凡八。又有《存養》《省察》《主敬》《本體》《工夫》諸箴。嘗見其《報沈博學書》，略云："當今所當辨者，不在異端，而在吾儒。吾儒所當辨者，在君子小人、爲人爲己之間。蓋學但求有益於己，期歸於真。我輩不能風動感人，或者明善誠身之功未實，所當内省而反求者也。果使欲根盡除，至性流露，必有觀感而興起者。"先生之學，大略如此。至其筆妙而琴和，詩雄而賦逸，特游藝耳。所著有《八八卦贊》《四五統要捷録》二集，文三集，語録一集，《注澄合贊五色文集詩》六集，《寶婺文獻》《大易内外篇》《正學淵源》《明儒理學》《周禮捷録》《聖武七書》《大學衍義》《四五同參》十四卷。

以上學易齋。

贊

吕東萊像贊　朱　熹

以一身而備四氣之和，以一心而涵千古之秘。推其有，足以尊主而庇民；出其餘，足以立教而垂世。然而狀貌不逾乎中人，衣冠不詭乎流俗。迎之而不見其來，隨之而莫覩其躅。矧是丹青，孰形心曲。

唯觀之者有以得其天焉,則庶或遺編之可續。

晦庵自題畫像

從容乎禮法之場,沉潛乎仁義之府。是予蓋將有意焉,而力莫能與也。佩先師之格言,奉前烈之遺矩。惟闇然而日修,或庶幾乎斯語。

朱晦菴像贊

陳　亮

體備陽剛之純,氣含喜怒之正。睟面盎背,吾不知其何樂;端居深念,吾不知其何病。置之釣臺捺不住,寫之雲臺捉不定。天下之生久矣,以聽上帝之正令。

龍川自題畫像

其服甚野,其貌亦古。倚天而號,提劍而舞。惟稟性之至愚,故與人而多忤。歎朱紫之未服,謾丹青而描取。遠觀之一似陳亮,近眡之一似同甫。未論似與不似,且説當今之世,孰是人中之龍,文中之虎!

五峰書院志卷之三

永康後學程尚斐衛賢纂輯
東陽後學盧衍仁紹履參閲
同邑後學方啟賡颺言校訂

奉祀外附載傳略

宋水心葉先生

先生諱適，字正則，號水心，永嘉人。登淳熙進士，授平江節度推官。史浩薦改浙西提刑幹辦公事，士多從之遊。以參政龔茂良薦，召爲大學正，遷博士，輪對奏恢復之事，極切直，授寶謨閣待制，知建康府，兼沿江制置使。金兵大入，建康震動。先生募得悍少，使采石將徐緯統以往。夜遇敵，蔽茆葦中射之，敵錯愕不進。又命石跋、定山之人刼敵營，得其俘馘以歸，城中始安，進寶文閣兼江淮制置使。措置屯田，議立堡塢，使淮民復業。卒贈光禄大夫，謚忠定。初，先生家貧，遊於永康，與龍川、雲谿二公相友善，久處五峰。又因龍川得交吕東萊。東陽郭欽止嘗延於石洞書院講學，朱晦翁曾訪焉。《龍川文集》係先生序也。所著有《葉水心文集》，行於世。

宋泰然吕先生

先生諱祖泰，字泰然。兄祖儉，韓侂胄當國，罷趙汝愚。祖儉抗章指其失，侂胄大怒，謫韶州。及祖儉卒，先生以布衣擊登聞鼓，請誅侂胄，召周必大，詔杖配欽州。嘉定初，召授迪功郎，卒祀鄉賢。先是，東萊先生講道明招山，先生常從東萊往來五峰會講。見《題巖古蹟》。

宋文叔潘先生

先生諱文叔，字友文，金華人。中書舍人諱良貴公孫，官信州永豐縣縣尹。嘗學於吕東萊、張南軒，而友陳龍川。淳熙間，朱子提舉浙東，至五峰，因卒業焉。《文公全集》所列弟子，金華潘氏三人，先生其一也。（三人者，一爲端叔，一爲恭叔，皆先生從兄弟也。）

宋所性時先生

先生諱少章，字天彝，號所性，金華人。父諱瀾，淳熙辛丑進士，東萊門人。先生學有淵源，登寶祐癸丑進士。時年六旬，擢史舘簡閱，爲忌者所劾，改授保甯軍節度使掌書記。奉祠，卒祀鄉賢。著有《所性稿》五十卷。今五峰書院棲真洞題記古蹟，係先生筆也。

明晉菴應先生

先生諱廷育，字仁卿，號晉菴，永康芝英人，嘉靖進士。時值争大禮，先生據歐文濮議忤旨，因乞養，改南刑部。每讞獄，爲囚求生。有巨俠滕泰犯大辟，主部者欲貸其死，先生堅執，主者啣之。尋中飛語落職。同知荆門州，以德惠民，日講學於象山書院。陞道州，苗寇永明縣，先生勒兵追捕，斬獲無算。擢僉憲，兵備八閩，以病致仕。時與峴峰周子、松溪程子講學五峰，多格言，著有《金華先民傳》、本邑志。又有《刑部志》《讀律管窺》《中庸本義》等書。

明厚峰周先生

先生諱于德，字德基，永康游川人。年踰弱冠，即懷遠志。初，從内翰南洲應元忠先生游，應器之，而贈以詩。歸與方峰程子築室五峰洞中,交相砥也。正德辛巳,久菴黄公訪石門公,留五峰多日。嘉二先生志尚不凡,因語之曰:“姚江陽明子,今尼父也,盍往從之?”且出《傳習録》數篇以示,曰:“孔孟正脉具在此。”二子見而悚悦服膺焉。久庵至越,語二先生于陽明子,陽明子喜。不數月而周生至,因詰之:“何不與程生偕來?”曁之還,復邀程氏與俱。已而先生與方峰公同如越受業。陽明子喜曰:“古有‘周程’,今復有‘周程’,曷勉旃!”居數載,所造益邃,殆將與錢緒山、王龍溪輩等倫。嘉靖丁亥,陽明子有兩廣思田之征,而先生歸,補弟子員,累試居上游,廩郡庠矣。自是藏修于五老峰者有年,及門之士相繼登仕籍者,不一而足,而先生之宿學偉望,自宜見用于聖世,乃竟以明經終,人皆以是爲先生惜。噫!是豈知先生者哉!念松子嘗稱先生:“進固足爲伊周,而退不失爲孔孟。在王門爲高弟,在吾鄉爲明師。”樹立偉然,一第有無,不足爲重輕也。

明四泉周先生

先生諱光,字子充,永康峴口人,邑廪生。幼從從兄峴峰子治《葩經》,示以致良知宗旨,奮然率弟姪若德器、子復、子善輩,往東越,從陽明子游。數月後歸,與石門諸公會講五峰。以歲貢分教常熟,俄掌績溪教事,循循誘掖,士風丕變。解組後,邑侯張書紳聞其賢,禮爲鄉飲賓,一赴不再至。日惟以講學爲事,病且困,猶曳杖赴五峰會。一松先生問疾,但云:“吾心中止見光明氣象,他無係累也。”

明船山周先生

先生諱起,字子復。幼學於從兄峴峰,而卒業陽明之門。方其治舉子業,累試不利,無愠色。後屢獲雋有司,亦不色喜也。嘗語人曰:“吾業舉,茀盡吾心,以盡吾職而已。舉業、德業,無有二也。”及卒,一松先生祭以文,有云“禀性端確,賦質善良,學必以聖賢爲依,道必以深造爲得,殫思力踐,老且益專。”其見推若此。

明一槐王先生

先生諱益，字中實，永康橙川人。篤實平易，有近道之資。聞王陽明先生倡道東越，負笈從之。陽明先生語以："學須自信，不必守定成規，老萊子斑衣，豈有樣耶？"先生聞之有省。嘗語人曰："老實打不破。"故先生之學，其得力處畢竟以實。好賢樂善，不諧流俗。衰年家益落，苦節不變，亦貞介士也。

明龜潭周先生

先生諱鰲，字仲器，永康□□人，庠生。先生造理甚精，衛道甚力，雅與石潭先生樹立風聲，尤諳世故，而綜理周密，鄉之人士每屬心焉。師事南洲應公，私淑陽明子之教。才識甚敏，而不以自矜。齒行先於人，而猶謙虚下問。應石門、周寶峰皆其執友也。嘗以廪讓石潭，宛然管鮑遺風矣。

明石潭周先生

先生諱昇，字晉明，永康人，歲貢。生平志氣高遠，操履危峻，學必以賢聖爲歸。始事南洲應公，繼事陽明子，遍交吾鄉之有道者，日惟以論道爲事。雖所居蕭然，怡怡若忘其不足也，以明經終於家。老而益壯，至死不變，先生有焉。

明草亭應先生

先生諱玠，字仲信，號草亭，永康下紹人，宋少師孟明公裔也。早歲詩歌筆札最有聲，中年遭家難，愓然省曰："焉知非天玉成我耶？"聞一松先生講學五峰，從之游，且邀遊台越間，見黄久庵、薛中離、錢緒山、王龍溪而禀學焉。親喪，廬墓三載。友人王一槐家窶，亦以女妻其子。及卒，一松先生挽章有"行乎鄉閭，學居篤實"之語，蓋實録也。

明古麓應先生

先生諱兼,字抑之,號古麓,永康芝英人。天彝公,其從父也。生而敏慧,十歲就傅讀書,輒數千言,繼受業于天彝公,而從兄鶴邱、芝田及晉菴公皆同筆硯。尋補博士弟子,一時蜚聲黌序,而先生意氣凝定,不與時髦輩競艷争榮,識者知爲任道之器。既聞王伯安先生學,又偕方峰、峴峰諸公往從之游。卒業歸,相與集五峰之會,切磨講習,推天彝公爲盟長。時應南洲公良、黄久庵公綰皆以講學顯名當世。先生時與二公互相論辨,故所學益深,不屑屑于青紫之業,故屢試不第。及資當賓薦,但遥受訓職老焉。

明肖松胡先生

先生名勳,字子懋,永康胡堰人。師事一松先生,蓋所謂心悦而誠服者,故自號肖松。屏棄俗紛,潛心道妙,素性淡泊,雖惡衣食不爲耻,與人交歉然自以爲不及,古貌古心,綽有先民風範。屢困場屋,不爲意也。講學授徒,優游林壑,若將終身焉。次女不待褰修,妻一松先生冢孫。古云"師生而父子",先生有之。時又有南山徐子諱德裕往來五峰諸公間,其志行殊足録云。

明松庵周先生

先生諱璜,永康游川人。秉性嗜學,父母患其疾,止之。乃築山盤,爲隱居課子計,扁其齋曰"養心",曰"守拙"。嘗見贈於石門、晉菴二公。數赴會五峰。其没也,山陰王龍溪先生爲志其墓焉。

明念松周先生

先生諱梧,字理之。父松菴公嘗建庵山盤,延一松子講學其中,令諸子受業焉。歲時赴五峰講會,請正於石門應子、方峰程子,飭躬砥行,咏歌談道以自樂,蓋古君子也。先生幼承庭訓,長從一松子游,復執贄緒山錢子之門,問學不懈。初習博士家言,數奇不偶,遂遯迹邱園,讀書會友,於世味泊如也。性質直,不阿時好。嘗曰:"求蒼蒼鑒我耳,狥俗以求知,吾不屑也!"其尊信一松子,幾所謂"步亦步,趨亦趨"者。晚遇時禁,五峰輟講者數載。先生憂且憤,亟圖修復而力未能至,遺書諸先達,規以大義。衛道之意,凜然溢楮墨間。嘗著《壽山淵源録》,諸名賢行實不至湮没者,皆先生力也。

明潛庵陳先生

先生名恭,字安之,永康棠溪人,庠生。專志舉子業,學使古河雷公甚相器重。既而有志聖賢之學,孜孜不倦。方峰先生輩罹災,時與難者五人,先生其一也。雖非其罪,直任不辭,亦以見其學力之定矣。

明潛湖應先生

先生諱襄,字崇功,永康□□人。師事石門先生。嘗以不及見陽明子爲恨,往山陰從王龍溪游。先生大抵廣大高明,其於精微處或有所未盡,然其學已造於升堂矣。

明敘齋胡先生

先生諱大範,字九疇,永康缸窰人。先生睥睨一世,自謂功名可立就,既而累試不第,慨然曰:"與其求用于人,孰若藏用于身?"方峰公講學五峰,輒往聽焉。自是一意聖賢之學,非天下之大勇,孰能與於斯!

明端齋朱先生

先生諱天啟,字公迪,永康金城人。以歲貢授黄陂訓導,陞周府教諭。爲人謙虚下問,雖年少者皆自以爲不及也。惜其至五峰不數會而卒。

明永泉俞先生

先生諱希聲,字宣之,永康洪洲人。父諱玘,以鄉進士領州事。先生治《易傳》,得趨庭之教。以例選於鄉,入太學,授江陰縣丞,歷梓童尹。及歸,聞方峰先生講學五峰,遂往從之。方峰先生嘗稱之曰:"以能問於不能,以多問于寡,惟永泉有之。"

明居左程先生

先生諱正誼,字叔明,方峰公嗣。隆慶進士,司理武昌,屬邑無雉堞,先生建議築五城。陞刑部。癸未,分臬雲南。時土司車里、八百、老撾等負固,先生開誠感諭,遂悦服。乙酉,廷議勦羅雄州賊,先生越境經理,拔羅雄。陞廣西參政。靖江王薨,悍宗煽亂,諭以威德,不復噪。晉河南總憲。時兩河大祲,饑民黄江等行掠,先生設法賑救,單騎至賊營諭之,感泣歸命。轉四川左藩。時三殿大工採木爲厲,先生立折算法,刊爲書,商民不困。既而知上官有亂萌,乃遍訪諸隘,爲之圖,系以説。及楊應龍反,總督李化龍議撫,先生曰:"此益長其驕。"乃出圖説,指以用正用奇之略,化龍曰:"不圖今日復見卧龍。"及奏凱,以功陞順天府尹。時屬帑羨餘數萬金,吏以請,公正色却之。赴京,以蜀扇不工,罰及寮屬。先生自引罪,請寬僚屬,遂飄然歸,日與同志講道五峰。壽八十卒,崇祀郡邑鄉賢。著有《扆華堂文集》。

明宏齋應先生

先生諱清,字静之,永康巖後人。宋春坊材之後。與乃叔信夫同受業方峰公之門。公遭都人之難,連坐者五人,先生與焉。有司致其罪,窘辱百端,而志不挫。《傳》曰:"臨難毋苟免。"先生有焉。

明南屏吴先生

先生諱一栻，字悦夫，永康唐川人。受業方峰程子之門，其于語學，觸類而解，誠旁通穎悟人也。

明完淳程先生

先生諱明允，字希堯，居左公第三子。由庠生入辟雍，謁選銓曹，授大興少尹，遷泰安别駕，報命補化州同知，後參廣東都閫軍。當其任大興也，治興四載，登薦剡者三，膺獎十。薦語有"保先赤子，誦起青天；操瑩白玉，才利青萍"等語，蓋實録也。先是，居左公勞王事，封翁方峰公講學壽山，不就禄養，留先生于家以定省，委先生侍左右，寢食温凊，曲盡其懽。以故一言一動，總惟祖訓是聽。比宦歸，立鄉約，睦宗黨，里中人無訟於邑者十餘載，即古陳太邱不是過也。生平容人過，横逆之來，多委容謝之，使以自悔。且禀性慈祥，凡周貧賑急，捨棺瘞埋之類，不一而足。以微疾終于家，聞者無不涕泗，德之感人如此。

明覺庵李先生

先生諱庭茂，字惟林，永康□□人。早歲讀陽明子《拔本塞源論》，大有省，即奮勵向學。欲北面一松先生而不及，痛悼甚，目中嘗儼然見一松先生像。後聽講五峰，會見山杜師，遂悚悦而禀學焉。深信良知宗旨，以爲聖門的傳。攻苦未融，幾成奇疾。因復請正杜師，晤談晝夜，遂恍然灑然，家徒四壁，晏如也。臨危沐浴，整衾裯待盡，謂家人曰："當扶助我，勿令我斃不以正也。"蓋堅確自信，苦志力學者。

明紫臺虞先生

先生諱應垣，字汝薇，義烏華溪人。曾祖東崖公，考紹東公，俱顯宦。先生弱冠即懷希聖之志，初宗考亭，爲居敬窮理之學者數年矣，苦心力索,至忘寢食。聞見山先生闡發良知宗旨,因就正焉。始而疑,既而豁然有悟,遂北面執弟子禮。尋從尊人宦游,謁羅李公,獲聞止修之説。又以胄監師定宇鄧公於南雍,所學益邃。生平氣宇英傑,以開來繼往爲己任,言動修整,矩矱秩然。海内英俊,多傾心樂交者。邑侯中元張公、撫臺南昌劉公,俱敬禮焉。晚以多病,頗倦接引,然烏傷後進,多先生啟發,至今咸宗仰之。

明肖山陳先生

先生名茂榮,字惟仁,號肖山,東陽官橋人。性英敏,有偉志,弱冠習舉子業,不就。遂從杜見山,赴五峰講良知之學,期向甚鋭。見山深器之。

明若虛陳先生

先生名茂華,字惟實,號若虛,肖山先生弟。少習舉子業,洎長,鋭志聖賢之學,來往永康五峰,不憚頻數,務期有益而止。其没也,杜見山爲之傳。

明廷宣陳先生

先生名廷宣,字□□,永康□□人。力學好古,食餼三十年。值崇正甲申,棄名隱遁,往來五峰,講學不輟,受業者遍隣邑。著有《讀史偶録》。

明楚生王先生

先生諱同庚,字楚生,永康象珠人。庠生,撫軍世德公長子。嘗講學五峰,助田爲先賢祀資。

明東璧程先生

先生諱引祚,字永錫,號東璧,庠生,方峰公曾孫也。刻苦力學,諸子百家靡不貫通。下帷五峰，四方執經受書者多成就。子七人，游庠者五，以明經登仕籍者二。人服其家教云。

國朝鶴潭王先生

先生諱崇炳，字虎文，號鶴潭，東陽人，歲貢。師事同邑趙岐寧、蕭山毛西河兩先生。文章品行爲梓里祭酒，尤篤于理學。時同邑李鳳雛先生才名傾動公卿間，即都中才士林立，亦少足當其意者，惟推鶴潭爲卓然獨步。郡尊張公坦讓延爲麗正書院師，弟子雲集。後屢至五峰講學。卒年八十有五。著有《金華徵猷略》《文略》《學耨堂文集》《四書講説》、詩稿、文稿等書。乾隆五十五年，附祀郡城麗正書院。

明　史 摘録

盧可久，字德卿，永康人。爲諸生，聞守仁倡道，偕同邑程梓、應典往師之。比歸，守仁曰："吾道東矣。"邑有五峰書院，祀守仁其中。三人聚講焉，其没也，鄉人即祀之書院，配享守仁。梓字養之，諸生。梓子正誼，歷順天府尹，亦講學五峰書院。典字天彝，進士，官兵部主事，家居養母，不希榮利，通籍三十年，在官止一考。可久傳東陽杜惟熙，惟熙傳同邑陳時芳、陳正道。惟熙以克己爲要，嘗曰："學者一息不昧，則萬古皆通。一刻少寬，則終朝欠缺。"年八十餘。時芳博覽多聞，而歸於實踐，歲貢，不仕。正道爲建安教諭，年八十餘，猶徒步赴五峰講會。其門人吕一龍，永康人。言動不苟，學者咸宗之，没，亦祀五峰書院。（見《王陽明傳》中）

五峰書院志卷之四

永康後學程尚斐衛賢纂輯
東陽後學盧衍仁紹履參閲
同邑後學方啟賡颺言校訂

藝　文

文以載道，文存而道寓焉。况數十年來，老成典型，渺矣無聞，所賴以延斯道之一綫者，惟文焉而已。倘聽其散逸，有志者不幾嘆杞宋之無徵哉！今但就所見者録之，庶存什一於千百。異日有誦遺文而奮起者，則是編亦道學之一助也。

記

姚文炤 字在明，號虚谷，莆田人，進士，金華府知府。

麗澤祠碑記

麗澤祠者，祀紫陽朱子、南軒張子、東萊吕子、象山陸子也。地距邑治舍許，厥山名“壽巖”，亦名“五老峰”。環列呈勝，曰固厚、瀑布、覆釜、桃花、雞鳴。有石洞，空闊可宅。洞左右飛泉二，曰龍湫，曰天密。懸巖下注，會於洞陽，逶迤以去，麗澤意也。吕子講學明招，游而樂止。朱子按台過焉，欲創書院而未果。張子倅睦，陸子唱鵞湖，往復辨晰，合同於異。維時吕子陽、潘文叔、陳同甫、時少章之徒，業聚其間，麗澤志也。石門應子，志古學道，以淑人也。乃祠洞石祀四子，附諸賢焉。前守兩山張公，爲匾以揭來學，義應子也。是歲秋七月丁卯，台以公蒞謁祠未紀，具繇求言台。維宋南遷也，朱陸二子唱東南。朱之説曰："物必有理，理窮可以入道。"陸之説曰："天與我者，萬物皆備，何假外求？"一時士趍門牆者互相非是。故考亭者視陸曰"禪"也，鵝湖者視朱曰"支離"也。既而朱學大明，士以陸爲異，間有言，或從擯之矣。祠今乃並祀焉。應子曰："紫陽過化也，東萊身教也，南軒、象山麗澤也。"萃固合人心，久固定也。殊塗同歸，百慮一致，聖賢道豈二哉？世遠言晦，心學失緒，一有覺者，同室鬭起。惟學者平心易氣，勿忘勿助，求之定論，折之大衷。若曰尊德性也，道問學也，二子亦曷嘗異哉？世固以是疑二子也，因爲釋之。繼往開來，固賢者分内事也，亦夫人心所同也，亦立祠之深意也。是以記。（嘉靖癸巳）

洪　垣 號覺山，婺源人，進士，永康知縣。

桃巖麗澤精舍記

縣東五十里，有桃巖，奇拔削突。巖之石覆如懸屋，而三巖尤異。面有五峰，簇並而立，如童子之相視而講學也。峰之上，瀑布交下，流於桃溪，與麗澤合。晦庵朱公、東萊吕公訪同甫，嘗同游講道於兹。留題字跡，儼然可見者，以爲朱子嘗欲屋之而未及成也。石門應子以寺丞養病居山，講明聖學。乃就西巖建樓三間，祀先賢於中，以明厥志。郡卿張公鉞扁其祠曰"麗澤"，因其意耳。嘉靖癸巳秋，余偕虚谷姚公訪石門子於巖，覽遺跡名勝，作而嘆曰："事有百世而相符者，此心此理同也。有宋朱子之會，其不深感也乎？朱子欲屋之而未成，蓋有所待也。"乃命耆老吕瑗購材興工，因其中之巖下爲樓數間，以廣來學者，猶欲知先人"麗澤"之義，即名曰桃巖麗澤精舍。既成，石門命其姪抑之來告成。覺山子曰："朱、吕二公之學，昭然具存，不待辨矣。若知其所爲麗澤者乎？《易》曰：'麗澤兑，君子以朋友講習。'故曰"兑"者，説也。今其有以意氣相加，尚言詞相取勝，而無益者乎？有，斯戒之矣。天下之取勝者，亦莫如朋友之講習。故其《象》曰：'説亨利貞。'今其有以佚游相徵逐,便辟相濡沫,而無益者乎?有,斯戒之矣。雖然,是猶有二焉者矣。君子嘗有説矣,夫説也者,善之發也,貞之用也,乾道也,乾以知大始,陽道也。貞也者,善之本也,説之體也,坤道也。坤以作成物,陰道也。其致一也。《詩》曰:'天生蒸民,有物有則。民之秉彝,好是懿德。'及其大也,則曰:'善與同人,舍己從人,樂取諸人以爲善。'夫好之與樂,非説之謂乎?然而好曰德,樂曰善,即貞焉而不流也。夫子曰:'友直,友諒,友多聞,益矣。'又曰:'忠告而善道之。'夫直諒之與忠告,非貞之謂乎?然而曰友,曰善道,即説焉而不過也。是故君子之學,説與貞焉至矣。有所貞焉,非貞也;有所説焉,非説也。合貞與説,致一之説也。是故天地以陽生,萬物以陰長。萬物陰陽合德,而後至仁遂焉。君子以中立其本,以和達其用。中和合德,而後至道凝焉。聖人以仁育萬物,以義正萬民。仁義合德,而後至治成焉。是説與貞之謂也。豈惟道德爲善,智欲其崇,禮欲其卑。崇效天,卑法地,而後道義合焉。知欲其精,行欲其一,精主乾,一主坤,乾坤無二,而後禮樂正焉。講欲其詳,習欲其篤,詳主博,篤主約,博約無二,而後至善得焉。是説與貞之謂也。外説與貞,而言仁義講習者,非也。是故君子説與貞焉至矣。"應生曰:"請言其端。"曰:"可欲之謂善,非子之所説者乎?惻隱、羞惡、慈讓、是非之端,良知之體,非子之所説者乎?循其端而達之於位。天地育萬物,無非貞也,即無非説也。"應生曰:"命之矣,執之以告諸學者。"

黄　綰 字石龍,號久菴,黄巖人,進士,禮部尚書,受業陽明先生。

游永康山川記

從剡入永康,與石門子遊壽巖,行見五峰相亞,疑即壽巖。石門子曰:"否。此俗呼爲翁婆巖者,請爲易之。"其嶄然而出者曰"天柱",其覆而左者曰"石鐘",其踞而右者曰"維摩臺",又右曰"石甑",又右曰"蟾蜍"。行度一舍,沿溪折入,見大石插空,巍岏不可仰視,群木森茂，雜然其間。又行，從木杪見樓閣在石壁中，梯石而升，倚檻見東南一峰突起，曰“鷄鳴”。少進，一峰尤傑，曰“桃花”。一峰竦出而俯，曰“覆釜”。一峰稍低，水時時下滴，曰“瀑布”。左連石壁，霞綵爛然，高闊可數百丈，曰“固厚”。壁下上皆洞，其一即初見樓閣在壁中者，謂之“壽山寺”。日欲晡，谷中有雲氣，蓊木籠然蒼碧。日穿木葉，入照洞中，光景甚佳。西上塗亜，僅存烟痕荏苒，皆宋元人書游觀歲號名氏，陳龍川書朱晦翁、吕東萊行迹。其上有“兜率臺”三字，傳爲晦翁書，漶不可辨矣。石門設酒茗閣上，飯罷，下梯石西行，見小洞中置觀音像，旁設大士。前有楹壁將傾，屢經塗治，新故錯出。見題詩畫竹，皆剥落不全。惟胡彦恭詩及“鉄木普化耳會兵於此識”字無恙。西入洞，廣而邃，可居。又西有石峽，飛泉直下，上有龍湫，祈禱輒應。同游林益庵、周鳳鳴、應抑之、周德純，皆羅坐洞中，周普明、周仲器後至，遂與論天地生生之機，聖賢格致顯微合一之方，皆懽然有省。石門子欲結屋爲吾黨卒業，標其洞爲“朝陽”，即晦翁欲屋，東萊讀書處也。日落，歸僧廬宿焉。明日，游方巖，出山口，見一峰昂首北立，曰“天馬”。下有村塢，穴中有居民，垣竹茨牖，儼若太古。踰澗南行，溪石窈窕。上有一屏，名“青玉”。循青玉右行，至一崗，度方巖如方城。向夕，餘霞隱映。從削壁升，石階八九轉，未至，望見巖端開一門。既登，如行雉堞樓櫓間。忽見青山蜿蜒，中藏寺宇如平野，不知爲方巖絶頂。世傳有胡侍郎則，嘗讀書其中，没，遂爲神。宋徽宗時，睦賊方臘寇永康，鄉民皆避於此。賊無得，顧絶澗大藤，緣上將至，赤蛇嚙藤中斷，賊皆墮澗死。澗兩石並起百餘丈，中僅一線，名“千人坑”。又云，賊遁於此，夜夢神人騎白馬飲泉，明日泉涸，賊懼，遂降。皆爲胡公靈異。二説不知孰是，其民至今崇信益虔。寺後平地上有石洞。又行至陰巖巔絶，有小石洞，爲胡公讀書堂。日已暮，乃下，復至壽巖。留連不去，擁蒲然燈，又十餘宿。霜風益急，木葉甚赤，不堪慨想。諸友漸去，應天鑑、趙孟立、徐子實相繼復來，論各有得。山中小生程梓、周靈、孫桐，皆奮有志。明日，去石鼓寮，程舜敷載酒於路，邀坐其叔父池亭。天欲暮，促行四五里，至山口，風雨至。巖松黝黑，白烟横飛，窅然不知所入。晚過靈巖，洞在山上，南北通明，可容千餘人。由洞後石嶺登入，黄葉蕭蕭，客皆凄然。倦即洞中草舖，燒地爐環坐，夜久乃卧。明日天晴，出洞仰視。洞上蒼峰矗立，巖端古柏枯死，小樹綴石，若藤蔓下垂，掩映瓦屋，丹碧可愛。稍西一門，下出巖半，棧石爲道，曰“飛橋”。下望陂田，自成村落。東行，有井深可百尺，僧云，有龍飛去。復由後嶺下，沿溪望北山，巖石數處，松林鬱鬱，皆可游，不暇顧。再至石鼓寮，翠壁參差，其下有潭，泓深澄黛，班魚數尾，游揚自得，聞人聲即逝。石門、舜敷、鳳鳴列坐石上，皆喜，呼童攜酒共酌，久玩不忍去。又云，其田園四十畝，爲東萊遺業，今屬方巖寺，故籍猶存可考。既出，僉謂不可無記，余遂記之。(此記本之家藏傳稿，其文墨與陳志所載無異，觀邑志所載，與此頗不同，其大謬者在“朱子欲屋，東萊讀書處”數語，説見《辨誤》。)

程　俊 字啟騰，號軼千，庠生，居左公孫。

珍藏宗傳廣録記

吾婺萬歷、崇禎間，鄒魯一脉，獨盛於東陽，其振鐸盟壇，即春洲陳先生也。先生識超今古，學貫天人，所多著述，無不蓍蔡奉之。至《廣録》一編，尤先生所殫精而致志者也。原本所載，計八十四人，廣爲二百六十有奇。凡諸傳記，皆先生博搜宏覽，自出心裁，並不相沿故紙，誠性命之元文，經世之石畫也。先生方没，寇亂頻仍，舊牘已作秦灰。雲君吕友，悼圖書之淪没，遍索吴寧，僅得李孩如先生傳本，遂假貸而謄録之。數月之間，腕幾欲絶。俊與共成其事，公諸五峰講席，以垂先生之澤於不朽，願斯慰矣。然珍惜之深，防護不得不密。因想俊與吕子年皆耆耄，身殁之後，能保五峰之克世守哉？是用再四籌度，歸諸陳氏之象賢。夫德厚流光，先生之允，已自英英振起，不啻雲蒸霞蔚矣。無論梧棬起念，弓冶興思，允光先業。異日執政經筵，以是書疏諸天子，播諸學宫，則先生志事，直與霄壤同不朽。是不獨五峰公物，直天下萬世之公物也。是又俊與吕子所睁睁屬望者也。甲辰暮春，七十老生程俊書。

王崇炳 有傳

壽巖記

壽巖在永康東鄙，接近方巖。余之遊也，行一日，甚雨及之，衣裝甚濕，半道委頓而忽霽。沿山而行，至谷口，得一洞，微厰，有竹籬蓬壁，雞犬之聲，疑其是焉。逼而視之，乃非。步而前，又得一洞，奇而闢，虚而明，曲而奥，深而有容。登其堂，闃其無人。瞰其室，一僧羸且垢，據竈而炊。就而問之，不應，摇頭右顧，乃出。楓影梧陰間，石路紆廻，繞於巖下。人行見天，雨不及地。行不數武，益奇而闢，益虚而明，益曲而奥，益深而容。搆其洞之中爲書院，其上爲樓，樓有欄，可以憑眺。諸儒恂恂，冠服而坐，而王天球先生爲首席，講姚江良知之學。其旁爲廊，廊下爲厨。烟氣霏霏，着巖壁間，觸樹而散。上有懸瀑，若明珠千顆，出石而飛，斜風邀之，簾捲而上，瞬息復下，承之以手，東西飄蕩，捉之不得。其右爲龍湫，千仞直下，細則如琴，高則如漏。院中人爲余言曰："雖極亢旱，龍湫之水未嘗涸也。"其後則崇巖萬丈，横空屏列，碧苔蒼蘚，星光霞氣，錯采成文，如赤城之建標。其前爲五峰，山皆石骨，草木不生，高而秀，故不峭削；奇瘦而膚理豐潤，故不荒凉。虚其中，如鐵爐狀。天球先生曰："此鴻鈞大冶，所以陶鑄人才也。"余揖而對曰："先生其謹持槖籥，毋使爐中之火熄而不燃！"徘徊未已，忽忽而夜。仰見霽月轉於巖際，望之甚邇，便可躡足而升，捫入懷袖。往而觀瀑，瀑益奇。是瀑也，得雨而增，得風而幻，得烟而韻，得月而清，於斯遊也，可謂兼之。於是乃忘其行之疲而途之艱，恐恐乎其不雨也。須臾人散，依巖竇而宿。林薄之間，終夜有聲如雨，旦而起,乃知其晴。是行也,宿于洞天者再,與祭先師者一。其至也,以九月十三。其歸則十有五日也。

程兆選 字子俊,號定山,舉人,方峰公八世孫。任西華、吴縣、南匯、碭山知縣。

重修五峰書院記

聖天子御極之四十有五年,歲在庚子九月,重葺五峰書院、麗澤祠、學易齋成。適届祀期,凡在會者咸集,遂於月之十有二日丁亥,虔申殷薦,奉主入祠。牲肥醴香,籩豆静嘉,祼薦俯興,執事維恪。余竊維兹山爲文公與吕、陳二先生講學之區,其後石門應公、復初周公暨姚洪諸賢守宰,遞增遞廣,以肄絃誦,薦蘋蘩,俾後人知所觀感矜式。其嘉會來學意良厚也。歲久寖荒,廟貌傾頹。即歲薦不廢,會者已落落如晨星。堂基没於榛莽,登降侣乎鼯鼪。更越數年,其不委爲樵牧場者有幾?今應、程、盧後裔,首倡重葺,而諸賢裔之樂輸者,悉敦勸之。足繭面黧,不辭况瘁,經營浹歲,遂迄有成。於是議者咸曰:"不有作者,雖美弗彰;不有繼者,雖盛弗傳。之舉也,上以續前修於既往,下以勵後進於方來,應書之以垂示無窮。"乃屬筆於選。雖然,選於鄉先生不能爲役,敢寘喙於其間乎?辭不獲已,乃爲之言曰:

吾婺素稱小鄒魯,他郡莫之敢擬。或者謂婺多佳山水,靈秀蔚鍾,故多産賢哲。余以爲此非關山川之靈,關乎書院之廢興與君子之過化也。蓋書院興則人文聚,人文聚則講論精,講論精則大道明。深焉者,進於道德文章;淺焉者,亦不失爲彬雅之士。粤稽宋淳熙間,吾婺會友之地,金華則有東萊家塾,即麗澤書院,爲之師者,吕成公也。其訪道而來者,朱文公、張南軒、陸象山也。永康則有五峰,主講席者,陳龍川也。其相繼造訪,互爲師友者,朱、吕二公之外,則葉水心、潘文叔、吕雲谿、時少章也。維時名流萃處,麗澤相資,不但當年沐其道澤,百世而下,莫不振興。以故何、王、金、許聯翩鵲起,而婺之理學獨稱盛焉。厥後兵燹相尋,會友之地俱廢,而婺學一衰。迨明嘉靖間,應石門、盧一松與吾祖松溪、方峰二公,俱以斯道自任,紹王陽明良知之傳,即五峰故址而爲書院,倡明正學。時郡人如杜見山、陳春洲、陳誠源、吕淵潛諸儒,負笈來遊,更相授受。其師友淵源,詳載《明史》。婺之文獻,至是爲一再盛。而良知一脉,又五峰之所獨盛,非他邑所敢擬也。夫何百餘年來,真儒裹足,講席久虚,致令後生小子觀感無自,幾不知道學二字爲何物,此豈山川之有異歟?良由書院傾圮,以至此也。選自總角隨先君宦遊,長又忝叨斗禄,馳驅吴會晉鄭之間,不登五峰者已五十禩,然未嘗不係懷興替,神遊乎雞鳴、覆釜之間也。今歸南畝,適遇書院觀成,獲從諸君子後,駿奔俎豆,以考禮而問事焉,又何其幸耶!嗟乎!撫芹藻以流連,奉桮棬而隕涕,舊德先型,每深人馮弔。矧諸賢靈爽,耿日星而光河岳者,奕奕洋洋,其神斯在。登其堂,仰其遺徽,如將見之,其有不感奮興起者乎?有不如宋明之盛者乎?則於吾學廢興,所關甚鉅,誠不可以不書也。是役也,俶載於己亥八月,落成於是歲九月。其首事者,應君文達、盧君亦悦,並吾兄洪圖、姪衛賢也。而左右協謀,素敦勸相,以成兹舉者,則族叔景理、兆卓、廷三之勞可尚也。至樂輸與督理姓氏,另詳别簡。時乾隆上章困敦歲之冬,後學定山程兆選謹撰。

序

陳時芳 有傳

五峰書院志序

憶己丑歲,見山先生赴會五峰時,不肖芳實操杖履從行。此時會中諸先輩俱謝世久矣。自恨生也晚,不及親炙光儀。然五峰去家百里而遥,又不數數至也。荏苒日時,見山先生尋亦捐舘,朋儕稍稍凋謝。於是偕知友,期歲必一赴,以毋墜諸先哲之緒。而永邑同志友亦躍然奮礪,更相砥切。講論之暇,試訪遺踪,後生輩至有不能舉其梗概者。則凡建置巔末,斷簡遺文,行且日就消沉,可念也。不揣蕪陋,思托管城子記之,暇日頗留意搜採。世遠言湮,十僅得其三四,漫加詮次,潦草成編。首曰《五峰紀事》,次曰《五峰淵源録》,而凡詩若文,有關五峰及一二軼事,亦附録之,總名曰《五峰書院志》。自愧筆力萎弱,體裁未諳,然他日有誦遺編而思景仰者,則此志未必無少助焉。雖然,此特先哲之影似耳。石火流電,過眼成空,無從描畫,不可執捉。陽明子不云乎:"千聖皆過影,良知是吾師。"又云:"誰人不有良知在,知得良知却是誰。"夫知得良知,乃爲善繼陽明子之志。則志五峰者,夫亦志其影耳。執影爲真,果諸賢哲真志否?天啟五年乙丑,東陽陳時芳撰。

五峰淵源録題辭

永康諸名賢之從陽明子游也,自寶峰周先生始,蓋正德乙亥[1],陽明子官南都時云。至嘉靖初,則石門、峴峰二先生相繼於會稽,而永康諸賢負笈執經者,遂踵相接矣,其間惟周氏一門稱最盛。他若松溪程子、東溪李子、一松盧子、方峰程子輩,亦不下十許人,誠華川一時盛事也。今數十年往矣,常恐諸賢行履日就湮没,則後死者誠有責焉。幸念松周子曾編輯《壽山淵源録》,頗詳核不阿,遂僭取而删潤增損之,以備異時採擇。若夫録遺踪而登之汗簡,使當年砥礪苦心,與五峰名勝同垂不朽乎,則有良史氏在。芳不敏,姑執簡而俟之。

應廷育 有傳

承志録跋

此吾友盧德卿初如越,學於陽明先生,乃翁送行詩也。德卿學成而返,於良知之旨有深契焉。每五峰雅集,德卿儼然其間,啟難發微,動中肯綮,與尋常勦説逈别,聞者皆聳,有光師門,誠可謂"獨抱稽山而歸"者矣。昔韓符讀書城南,退之送之,孳孳於利達之末,何其卑

① "乙"原作"己",據義改。

也！符亦竟爾無聞。其視盧公之善教，與德卿之善學，得失果何如哉！異時此詩果傳，識者當不置之韓詩之下也。嘉靖癸酉日，南至五峰，會罷，德卿出其稿相示，爲歛衽嘆仰久之。晉庵子應廷育仁卿撰。

程正誼 有傳

盧新庵集序

吾儒性命之學，自生人以來，聖帝明王，所以植乾綱，垂道統，維世教，作治功，使天理得以常存，人心得以不死，皆此學爲之根底。如日月三光之在太虚，六合資之以不毁，萬有賴之以生成也。無此學，則聖王繼天立極，無所爲立極之具，御世之柄，雖有天下，豈能一朝居乎？世謂堯、舜開精一之傳，而性命之學始得原委。不知自伏羲御世，畫八卦，造書契，則此學已行於政化之中。特鴻濛之世，大道難明，至堯舜造其精微，始得象得名耳。歷禹、湯、文、武以至孔、孟，此學大明，如日中天。聖門諸弟子，又從而羽翼之，堯、舜心傳，至此爲萬古熙明之會。雖楊、墨、老、莊輩，邪説並興，此學不無晦蝕，然孟子辭而闢之，人心廓如，不能爲吾道損矣。自秦漢之興，迄於五季，上下千餘年，其中學士經生，乘時自奮。或慨詩書之缺，工讐校以佐六經；或感興廢之殊，紀得失以垂勸戒；或因功令之設，誇詞賦以備文章。究其要，歸於吾儒性命之學，均爲無當。然其孜孜强學之意，皆欲羽翼聖真，未有叛吾道而從異端者也。宋興，當治教休明之會，真儒輩出，表彰六經，提孔、孟之宗旨而昭揭之，使與日星並曜，無復晦蝕之災，豈獨學子經生之幸，千百年道脉之幸也。元主中夏，正學衰微，然何、王、金、許四公，皆婺産也，猶然倡理學於八婺之中。其要歸以真實心地、刻苦工夫爲主。雖各得其資之所近，然其説不詭於聖賢。我明論學，如文清、文成、甘泉、楓山諸公，雖所入門徑不同，皆得聖功要領。而"良知"二字，尤自心源提出，明切易從。當時豪傑士蒸蒸奮起，正喜我明之學不讓皇宋，奈何今之學者，乃有大謬不然者乎？天臺氏言學楚中,謂孔子素王,釋氏空王,合儒釋而並尊之,天臺之作俑也。李載贄師之,耑言陰騭之事,止以其身爲錙流,害猶未甚。管登之師之,爲之轄闔其説,以爲佛老二宗,異吾夫子之身綱常,同吾夫子之言性道。性道難聞,而於竺經聞所未聞,當與《周易》《詩》《書》並傳者也。嗟嗟,自古惑世誣民,寧有至此極者乎?今其説浸淫宇内,學士經生往往喜其不經之談,争奔走之。飯僧放生之事,家傳而户習之矣。不佞菲才綿力,恨不能息邪説以正人心,不知將何底極,心切憂之。吾友新庵盧君,年相若也,並有擔當斯道之志,以宏毅相責難。未幾,不佞叨升斗之禄,周遊於齊、梁、楚、蜀間,三十年而歸南畝,復會新庵君於五峰,則君年踰七十矣。樂道安貧,砥節礪行,心業業如少壯時,君其有衛武之風乎!責難於髫稚之年,踐言於黄髮之後,友道其庶幾矣。一日,君持其所作詩文稿凡十數卷詣余,乞數言弁諸首。余披閲之卒業,嘆曰:"吾儒正學,此其爲中流砥柱耶!吾不意狂瀾既倒之後,而猶得見此學也。"新庵君志肩斯道,今果不食其言。他日異端息而吾道無恙,非君之力而誰?自今而後,吾黨同志士,頌君之功且不衰,詎不佞一人之喜已也?是爲序。

王同廱 有傳

志道續名序

《志道續名》者,續録志道者之名也。道以闇然無名者爲宗,既志道矣,奚以名爲?前録已贅,奚待續乎?故爲名而孝,孝之心不可問;爲名而忠,忠之心不可許。爲名而仁,即非仁;爲名而義,即非義。名也者,相率而爲僞者也。名之中於心也,甚於利。縱令勳業高宇宙,聞譽滿史策,與心性毫無干涉,不過襍霸之僞君子耳。求名而爲僞君子,毋寧求利而爲真小人乎?所以周子有言曰:"實勝,善也;名勝,耻也。"孔子言"四十五十而無聞焉",非無聞望,不聞道也。"疾没世而名不稱者",非疾無稱名,疾夫有名而不稱厥實者也。雖大德必得其名，飽德則有令廣而君子初無庸心也。三代以下，惟患不好名者，爲中人以下設法，非爲志道者言也。然則名果可不續矣，而續之也何居？余曰："此亦勸戒之意也。"五峰之會，將及百年，歲會必録其姓名。與斯會者，未必人人之皆聖賢，而由斯而爲真君子者，某某若而人。後之學者，稽其録，思其人，玫其歲月，赫赫若昨日事，將油然而生慕，慕而生悦。同在此會，同講此學，彼獨何人，而爲所尊仰若是，我亦可以爲是也，則勸矣。且與斯會、登斯録者，知吾名已列其中，則與聖賢爲伍，自今以後，當卓然異於流俗，庶幾不愧。否則見所録之名，而指摘由此更多矣。將怵然而生懼，懼而生善。同在此會，同講此學，我獨何人，而爲鄙陋若是，當廢而思返也，則戒矣。勸於賢而戒夫不賢，其寓意不亦深乎？其所獲不既多乎？此庸功程氏，所以再釘此策，而諄諄於續名也。匪名也，永以爲實也。實其名以進於闇然之無名，其於道也幾矣。

趙　衍 字心遠，號香沙，東陽人，進士，□□知縣。

趙岐寧先生配祀五峰書院敘

天下有真師友，然後有真儒。真儒不出，蓋師友風衰矣。世之勢利交，猥瑣不足論。即吾儒中意氣投合，吟咏唱酬，不無金蘭麗澤之雅，然而非其至也。惟夫風雨晦明，一以希聖希賢爲事，潛志闇修，以共期登於孔、孟之堂，入乎周、程之室，則可謂真師友矣。吾婺自南宋時，東萊、龍川與朱子爲好友，而北山、魯齋、仁山、白雲諸先生得勉齋黄氏之傳，一脉相承，爲朱學世嫡。故婺郡理學之盛，上追伊洛，師友之道，幾於杏壇、泗水矣。洎乎有明正嘉之間，瀫溪章楓山、麗州程松溪二先生，皆以天人性命之理鼓勵後進，風動一郡，其於朱子之學，蓋已深入閫奥矣。而當時王文成公以良知之學倡教姚江，石門、方峰、一松三子往師事焉。聞道而歸，因創建五峰書院，會集英雋之士，講習斯學於其中。自是以來，理學一脉，流衍於東、永二邑。若明季春洲先生,則其尤著者。蘋齋繼起,綿延不絶。吾從弟岐寧負笈相從,每歲會期,蘋齋詣五峰講學,吾弟輒追隨函丈焉。蘋齋没後,常主講席,一生心血,凝注於斯。予曩與岐寧芸窻雪夜酌酒談心時,恒對予言,會中與王子天球稱最契,蓋亦有朱、吕風味矣,其庶可謂真師友乎! 今不幸岐寧逝世,其及門高弟感懷平昔之教澤,祔主五峰,妥侑神靈,苾芬俎豆,得次於龍川、松溪之下,以享祀於無窮,聞風之下,不勝欣欣向慕矣。噫! 真師真友,斯風不替。自玆以後,安知不有真儒輩如何、王、金、許者,比肩接踵而來乎? 予感岐寧及門之高誼,而兼欲藉是以興起八婺之英儁也。是爲敘。

葉　適 有傳

祔陳龍川文集序

同甫文字行於世者,《酌古論》《陳子課稿》《上皇帝四書》最著者也。子沆聚他作爲四十卷以授予。初,天子得同甫所爲書,驚異累日,以爲絶出,使執政召問當從何處下手,將繇布衣徑唯諾殿上,以定大事,何其盛也。然而詆訕交起,竟用空言羅織成罪,再入大理獄幾死,又何酷也。使同甫晚不登第,則世終以爲狼疾人矣。嗚呼悲夫! 同甫其果無罪於世乎? 天乎! 吾知其無罪也。同甫其果無罪於世乎? 世之好惡,未有不以情者,彼於同甫,何獨異哉? 雖然,同甫爲德不爲怨,自厚而薄責人,則疑若以爲有罪焉可也。同甫既修皇帝王霸之學,上下二千餘年,考其合散,發其秘藏,見聖賢之精微常流行於事物,儒者失其指,故不足以開物成務,其説皆今人所未講。朱公元晦意有不與,而不能奪也。吕公伯恭退居金華,同甫間往視之,極論至夜分。吕公嘆曰:"未可以世爲不能用,虎帥以聽,誰敢犯子!"同甫亦頗慰意焉。予最鄙且鈍,同甫微言,十不能解一二,猶以爲可教者。病眊十年,耗忘盡矣。今其遺文,大抵斑斑具焉,覽者詳之而已。嘉泰甲子春三月朔旦,永嘉葉適序。

王守仁 有傳

送周德純歸省序 補載

永康周瑩德純，嘗學於應子元忠（諱良，正德進士，官編修，陽明門人，仙居人。），既乃復見陽明子而請益，陽明子曰："子從應子之所來乎？"曰："然。"曰："應子則何以教子？"曰："無他言也，惟誨之以希聖希賢之學，毋溺於流俗，且曰：'斯吾所嘗就正於陽明子者也。子而不吾信，則盍親往焉？'瑩是以不遠千里而來謁。"曰："子之來也，猶有所未信乎？"曰："信之。"曰："信之而又來，何也？"曰："未得其方也。"陽明子曰："子既得其方矣，無所事於吾。"周生悚然而起，茫然有間曰："先生以應子之故，望卒賜之教。"陽明子曰："子既得之矣，無所事於吾。"周生悚然有間曰："瑩愚，未得其方。先生毋乃以瑩爲戲，望卒賜之教。"陽明子曰："子之自永而來也，幾何程？"曰："千里而遥。"曰："遠矣，從舟乎？"曰："從舟而又登陸也。"曰："勞矣，當茲六月亦暑乎？"曰："塗之暑特甚也。"曰："難矣，具資糧，從童僕乎？"曰："中途而僕病，乃舍貸而行。"曰："茲益難矣。"曰："子之來既遠且勞，其難若此也，何不遂返而必來乎？將亦毋有强子者乎？"曰："瑩至於夫子之門，勞苦艱難，誠樂之。甯以是而遂反，又俟乎人之强之也乎？"曰："斯吾之所謂得其方也。子之志，欲至於吾門，則至於吾門，無假於人。子而志於聖賢之學，有不至於聖賢者乎？而假於人哉！子之舍舟從陸，捐僕貸糧，冒毒暑而來也，又安受其方也？"生躍起拜曰："茲乃命之方也已，抑瑩得於其方而迷於其説，必俟夫子之言而後躍如也，則何居？"陽明子曰："子未睹乎熱石以求灰乎？火力足也，乃得水而化。子歸，就應子而足其火力焉，吾將儲擔石之水，以俟子之再見。"

五峰書院志卷之五

永康後學程尚斐衛賢纂輯
東陽後學盧衍仁紹履參閱
同邑後學方啟賡颺言校訂

藝　文

書

朱　熹 有傳

與呂伯恭書四 節鈔

兒子久欲遣去，以此擾擾未得行，謹令叩師席。此兒絶懶，今不遠千里，以累高明，切望痛加鞭策，俾稍知自勵。至於擇交遊，謹出入，尤望垂意警察，尚荷千萬。

又書云，兒子極感教誨，不知近復如何？正惟懶惰，不肯勤謹檢飭，此爲大患，計必有以變化之。爲文稍能入律否？初欲歲下令略歸，今思往返徒勞，不若且令留彼度歲。但久溷潘宅，不自安耳。

又書云，兒子蒙教督甚至，舉家感激不可言。但所作文義，似未入律，聞亦已令專治此業，甚善。觀其氣質，似亦只做得舉子學。初尚恐其不成，今既蒙奬誘，不知上面更能進步否？此亦必待其自肯，非他人所能强也。

又書云，向令兒子請問選録古文之意，不知曾語之否？此間與時文皆已刊行，於鄙意殊未安。近年文字姦巧之弊極矣，正當以渾厚樸素矯之，不宜崇長此等，推波以助瀾也。

答陳同甫書 淳熙壬寅春

數日山間從游甚樂，分袂不勝悯然。君舉兄陳傅良，永嘉人。已到未？熹來日上剡溪，然不能久留，只一兩日便歸。蓋城中諸寄居力言不可行，深咎前日衢婺之行也。如此則山間之行不容復踐，老兄與君舉能一來此間相聚爲幸。官舍無人，得以從容，殊勝在道間關，置車中，不得終日相語也。君舉兄不得遽奉問，幸爲深致此意，千萬千萬。《戰國策》《論衡》一書，并自注田説二小帖，並往觀之如何也？所定《文中子》，千萬攜來。陳叔達説有韓公所定《儀禮》，尚未及往借也。别後鬱鬱，思奉偉論，夢想以之。臨風引領，尤不自勝。

與陳同甫 二則

君舉竟未有來期，老兄想亦畏暑，未必遽能枉顧。勢須秋凉，乃可爲期。但賤迹孤危，力小任重，政恐旦夕便以罪去耳。旱勢已成，三日前猶蒸鬱，然竟作雨不成。此兩日晨夜凄凉，亭午慘烈，無復更有雨意。雖祈禱不敢不盡誠，然視州縣間政事，無一可以召和而弭災者，未知將來作何究竟也。本欲俟旬日間，力懇求去。緣待罪文字未報，未敢遽發。今遂遭此旱虐，如何更敢求自便？但恐自以罪罷，則幸甚。不然，則未知所以爲計也，不審高明將何以見教也。新論奇偉不常，真所創見。驚魂未定，未敢遽下語，俟再得餘篇，乃敢請益耳。婺人得錢守，比之他郡，事體殊不同。他人直是無一點愛人底心，無醫治處也。趙倅之去，甚可惜。鄙意亦欲具曾救荒官吏，殿最以聞，以方俟罪，嫌於論功，遂不敢上。不知錢守曾再奏否？若其遂行，實可惜也。書義破題，真張山人所謂“著相題詩”者，句意俱到，不勝嘆服。他文有可録示者，率併五篇見教，洗此昏憒也。向説方巖之下，伯恭所樂游處（即指壽山），其名爲何？其地屬誰氏？幸批示。近刊伯恭所定古《易》，頗可觀，尚未竟，少俟斷手，即奉寄。但恐抱膝長嘯人，不讀此等俗生鄙儒文字耳。社中諸友朋坐夏安穩山間，想見虚凉，無城市煩敲之氣。比所就之次苐，亦可使聞一二乎？可與立者，未可與權，願老兄之審此也。

夏中，朱同人歸，辱書，始知前事曲折，深以愧嘆。尋亦嘗别附問，不謂尚未達也。兹承不遠千里，耑人枉書，尤荷厚意。且審還舍以來，尊候萬福，足以爲慰。而細詢來使，又詳路上戒心之由，重增嘆駭也。事遠日忘，計今處之帖然矣。熹衰病杜門，忽此生朝孤露之餘，方深哽愴。乃蒙不忘，遠寄新詞，付以香果佳品。至於衮材，又出機杼，此意何可忘也？但兩詞豪宕清婉，各極其趣，而投之空山樵木之社，被之衰朽退老之人，似太不着題耳。示諭縷縷，殊激懦衷。以老兄之高明俊傑，世間榮悴得失，本無足爲動心者。而細讀來書，似未免有不平之氣。區區竊獨妄意，此殆平日才太高、氣太鋭、論太險、跡太露之過。是以困於所長，忽於所短，雖復更歷變故，顛沛至此，而猶未知所以反求之端也。嘗謂天理人欲二字，不必求之於古今王霸之迹，但反之於吾心義利邪正之間。察之愈密，則其見之愈明；持之愈嚴，則其發之愈勇。孟子所謂"浩然之氣"者，蓋斂於規矩準繩之中，而其自任以天下之重者，雖賁、育莫能奪也。是豈才能血氣之所爲哉？老兄視漢高帝、唐太宗之所爲而察其心，果出於義耶？出於利耶？出於邪耶？正耶？若高帝，則私意分數，猶未甚熾，然已不可謂之無。太宗之心，則吾恐其無一念之不出於人欲也。直以其能假仁借義，以行其私，而當時與之争者，才能智術既出其下，又不知有仁義之可借，是以彼善於此，而得以成其功耳。若以其能建立國家，傳世久遠，便謂其天理之正，此正是以成敗論是非，但取其獲禽之多，而不羞其詭遇之不出於正也。千五百年之間，正坐如此。所以只是架漏牽補過了時日。其間雖或不無小康，而堯舜、三王、周公、孔子所傳之道，未嘗一日得行於天地之間也。若論道之常存，又初非人之所能預。只是此箇自是亘古亘今，常在不滅之物，雖千五百年被人作壞，終殄滅他不得耳。漢唐所謂賢君，何嘗有一分氣力扶持得他耶？至於儒者成人之論，專以儒者之學，爲出於子夏，此恐未可懸斷。而子路之問成人，夫子亦就其所及而告之，故曰亦可以爲成人，則非成人之至矣。爲子路，爲子夏，此固在學者各取其性之所近。然臧武仲、卞莊子、冉求，中間插一箇孟公綽，齊手並脚，又要文之以禮樂，亦不是管仲、蕭何以下規模也。向見《祭伯恭文》，亦疑二公何故相與聚頭，作如此議論？近見叔昌、子約書中説話，乃知前此此話已説成了。亦嘗因答二公書力辨其説。然渠來，説得不索性，故鄙論之發，亦不能如此書之盡耳。老兄人物奇偉，特恐不但今日所未見，向來得失短長，正自不須更挂齒牙，向人分説，但鄙意更欲賢者百尺竿頭，進取一步，將不作三代以下人物，省得氣力，爲漢唐分疏，即更脱灑磊落耳。李、孔、霍、張，則吾豈敢？然夷吾、景略之事，亦不敢爲同甫願之也。

答葉正則 二則

來書毫毛鈞石之喻，是乃孟子所謂尋尺者。此等議論，近世蓋多有之，不意明者亦出此也。古人爲己之實，無多言語。今欲博考文字以求之，而又質之於膠擾未定之胸次，宜其愈求而愈不得也。既未知其實之所在，則所謂百餘年來之所講貫者，果指何事以充之，而遽以爲未合於聖賢之中耶？

向見人家抄録靖康事，有耿黄門劄子，論祖宗致治不如熙豐之盛者數條，不當專以祖宗爲法。後有欽廟批語，若曰："昨降某事，指揮失於思慮。尚賴師傅大臣，正救其失。前命更不施行。"當時不曾録得，後閲《實録》《長編》之屬，皆無此事，不知今尚有考處否？耿之誤國，固非一事。然此一章乃定公、孔子所謂一言者，恐不可著之史籍，以爲永監也。

答潘文叔 二則

左右固非大臣，亦非閹宦弄臣，但謂親近之臣，如漢侍中、給事中,魏晉以來中書、門下之比云耳。所謂左右太親者身蔽,正指劉放、孫資而言耳。大夫,却是任政之臣。六卿,官之長,亦上大夫也。孟子之意,但欲齊王審於擇人,未必以其信左右之言而發。所云教之以不信大臣,亦是推説之過。大抵讀書只合平心説理,不必如此過求,却失正意也。

所喻爲學利病,至纖至悉。既知如此,便當實下工夫,就其所是,去其所非,久之,自然有得力處。正不必如此論量計較,却成空言,無益己事也。況其所説,一前一卻,纏綿繳繞,終日勞攘,更不曾得下功夫,只如此疑惑擔閣,過却時日,深爲可惜。知行之説,恐古人説"知"字不如此。《大學》所謂"格物致知",乃是即事物上,窮得本來自然當然之理。而本心知覺之體,光明洞達,無所不照耳。非是回頭向壁隙間窺取,一霎時間,己心光影,便爲天命全體也。劉輪相馬之説,亦是此病。紙尾所爲壞證者,似已有之,切宜便就脚下一切掃去。而于日用之間,稍立程課,著實下功夫,不要如此胡亂思量,過却日子也。

吕祖謙 有傳

與朱侍講元晦 六則

令嗣氣質甚淳,已令就潘叔度舍傍書室寢處,不在其家。同窻者乃叔度之弟景愈,字叔昌,年三十餘,甚有志趣,有意務實,相處當有益。叔昌亦自工於程試,足可商量。五六年前,嘗爲太學解魁。近三兩歲来,却放下舉業,專意爲學。已立定課程,令嗣當自寄程。唯每日到某處,則與叔度兄弟偕來,不許過他齋舍。雖到某處,亦不許獨來。蓋城市間不得不如此過防。又衆中人亦多端,恐志未定,或易遷耳。自餘慮之所及,不敢不盡,幸少寬念也。别紙疏諭,以不欲滞此介,未得詳禀,令嗣更留一兵在此,俟半月,諸事及課程見得次第,當遣歸。恐欲知其肄業居處之詳也。

令嗣到此半月,諸事已定叠。朝夕潘叔度相與切磨,勢不容懶。某亦數數提督之。見令編書疏、訓詁、名數,蓋既治此經,須先從此歷過。飯後令看《左傳》。舉業已供兩課,亦非全無蹊徑。但不曾入衆,故文字間步驟規矩,未如律令,久久自熟矣。凡百不須掛念慮。

令嗣在此讀書,漸有緒。經書之類,却頗能誦憶。但程文未入律,今且令破兩三月工夫,專整頓。蓋既欲赴試,悠悠則卒難見工也。此段既見涯涘,則當於經史間作長久課程。大抵舉業若能與流輩相追逐,則便可止。得失皆有命焉,不必數數然也。

受之近一二次作義,方有意思。更整頓數月,須見次第矣。士子登門者想不乏,亦有篤實可望者否?某竊謂學者氣質,各有利鈍,工夫各有淺深,要是不可限以一律,正須隨根性,識時節,箴之中其病,發之當其可,乃善。固有恐其無所向望,而先示以蹊徑者,亦有必待其憤悱,而後啟之者,全在斟酌也。又往來一問一答,謂之無意嚮氣味,則不可。然歇滅斷續,玩歲愒日,終難見功。須令專心致志,絶利源,凝聚停蓄,方始收得上。某自看得頃年悠悠,正坐此病,故恐誨誘之際,不可不知耳。向來所諭尤溪所刊一二種書,猶未拜賜,因便蒙付示爲幸。

受之相處累年,深愧無所裨益。某既往臨安,隨分有職事,恐講論疎闊,故不欲攜行。只今遷過叔度書院,不知令且歸侍旁,唯復尚留婺,一聽裁處也。

危論駭世,清風激時,不記曾有此語,意與此相近,亦不可知,恐聽傳或轉了語脉耳。然夫子所謂危行言孫,與夫孫以出之,恐却須深留意。蓋隨時如此,則處之者如此,乃易直之理。與回互避就,似不相干,不知是否?陳同甫近一二年來,却翻然盡知向來之非,有意爲學,其心甚虚,而於門下鄉慕尤切。但渠目下以家事,勢未能出,兩三年間,必專往求益也。長沙却常得書,亦彼此時有所講論也。

(俱節録)

與陳同甫

前日自建康還舍,得五月間教賜。昨日又辱手字,殊以感慰。夏末極暑,伏惟尊候萬福。某留建甯凡兩月餘,復同朱元晦至鵞湖,與二陸及劉子澄諸公相聚切磋,甚覺有益。元晦英邁剛明,而工夫就實入細,殊未可量。子静亦堅實有力,但欠開闊耳。《三國紀年序》引及諸贊,乍歸冗甚,未暇深考,亦有兩三處先欲商量。紀年冠以甲子,而並列三國之年,此例甚當。既是並列,則不必云合而附之《魏書》,天下不可無正也。序引下文亦云,魏終不足以正天下,則其初亦不必與之也。魏實代漢,以法紀之,蜀實有紀,不紀以法,未知如何是以法紀,如何是不以法紀,更望詳見諭。魏詔疏有志,不知其體製如何?蜀條章不爲書,詔疏不爲志,未成其爲天下,亦恐未安。蜀固未盡備王者之制,而條章可見者,恐亦須書。自先主、孔明之心言之,固非以蜀爲成;然自論次者言之,則其續漢之義,不可不伸也。其餘俟稍定詳讀,續得商確。昨日亦到郡齋,來諭所欲言者,皆詳及矣。人回,略此布問。他祈節抑自愛。秋深至明招,當圖款教。

答陳同甫

前此幸得款聚,歸塗亟欲投宿壽山,故不得復見,殊歉然也。辱手教,恭審極暑,孝履支持。某歸後十餘日,即爲三衢之行,往反近兩旬。汪丈静閲之久,論事益深穩綜練,因知經歷信不可不多也。示諭藹然忠厚,有以知别後進德之深,微指固已深佩。第衰退之人,惟當閉門反己著實,以求其所未至,然此心則不敢忘也。未往三衢時,吴益恭得半日款語,語間極稱葉蔚宗之爲人。尊兄同里閈,亦知其人否?益恭亦甚以不得一見爲恨也。此月旦日,自三衢歸,陸子静已相待累日。又留七八日,昨日始行。篤實淳直工夫甚有力,朋游間未易多得。渠云,雖未相見識,每見吾兄文字開闊軒翥,甚欲得相聚。覺其意勤甚,渠非論文者也。人回,略此上布,他祈厚爲遠業節抑。

天民五日離此,徑往新昌。會葬買田之約,後來語意又似轉移。再三與之言,方始論定。又不知他時果堅確否?

(節録)

按:石天民先生,永康人,見邑志《人物》。《題巖古蹟》有“因呂子陽置田石鼓”之語。此書亦有“買田之約”云云,豈當日先謀之天民,後謀之子陽耶?

陳　亮 有傳

與朱元晦秘書

比者悤悤奉狀,聊以致其平時所欲言者耳,非敢與長者辨。乃承諄復下論,所宜再拜受教。而紙末之言,尤使惻然有感,自當一切不論。然其間亦有不可不言者,如亮之本意,敢求多於儒先?蓋將發其所未備,以窒後世英雄豪傑之口而奪之氣,使知千途萬轍,卒走聖人樣子不得,而來諭謂亮推尊漢唐,以爲與三代不異;貶抑三代,以爲與漢唐不殊。如此則不獨不察其心,亦併與其言不察矣。亮大概以爲,三代做得盡者也,漢唐做不到盡者也。故曰心之用,有不盡而無常泯;法之文,有不備而無常廢。惟其做得盡,故當其盛時,三光全而寒暑平,無一物之不得其生,無一人之不遂其性。惟其做不到盡,故雖其盛,三光明矣,而不保其常全;寒暑運矣,而不保其常平。物得其生,而亦有時而夭閼者;人遂其性,而亦有時而乖戾者。本末感應,只是一理。使其田地根本無有是處,安得有來諭之所謂小康者乎?只曰獲禽之多,而不曰隨種而收,恐未免於偏矣。孔子之稱管仲曰:“桓公九合諸侯,不以兵車,管仲之力也。如其仁,如其仁。”又曰:“一匡天下,民到於今受其賜,微管仲,吾其被髪左衽矣。"説者以爲孔氏之門,五尺童子皆羞稱五霸。孟子力論霸者以力假仁,而夫子稱之如此。所謂"如其仁"者。蓋曰似之而非也。觀其語脉,决不如説者所云。故伊川所謂如其仁者,稱其有仁人之功用也。仁人明其道,不計其功,夫子亦計人之功乎?若如伊川所云,則亦近於來諭所謂獲禽之多矣。功用與心不相應,則伊川所論心跡元不曾判者,今亦有時而判乎?聖人之於天下,大其眼而觀之,平其心以參酌之,不使當道有棄物,而道旁有不厭於心者。九轉丹砂,點鐵成金,不應學力到後,反以銀爲鐵也。前書所謂"攬金銀銅鐵,鎔作一器"者,蓋措詞之失耳。新婦急欲爲其父遣人,一夕伸紙引筆而書,夜未半而書成,不能一一盡較語言,亦望秘書察其大意耳。王通有言,皇墳帝典,吾不得而識矣,不以三代之法統天下,終危邦也。如不得已,其兩漢之制乎?不以兩漢之制輔天下者,誠亂也已。仲淹取其以仁義公恕統天下,而秘書必謂其假仁借義以行之。心有時而泯,可也;而謂千五百年常泯,可乎?法有時而廢,可也;而謂千五百年常廢,可乎?至於"全體只在理欲上"之語,竊恐待漢唐之君太淺狹,而世之君子有不厭於心者矣。匡章,通國皆稱其不孝,而孟子獨禮貌之者,眼目既高,於駁雜中有以得其真心故也。波流奔迸,理欲萬端,宛轉於其中,而能察其真心之所在者,此君子之道所以爲可貴耳。若於萬慮不作,全體潔白,而真心在焉者,此始學之事耳。一生辛勤於堯舜之心法,不能點鐵成金,而不免以銀爲鐵,使千五百年之間成一大空闕。人道泯息,而不害天地之常運,而我獨卓然而有見,無乃甚高而孤乎?宜亮之不能心服也。來書所謂天地無心,而人有欲,是以天地之運行無窮,而在人者,有時而不相似。又謂心則欲其常不泯,而不恃其不常泯;法則欲其常不廢,而不恃其不常廢,此常言也。而謂指其須臾之間,偶未泯滅底道理,以爲只此可便與堯舜三代並隆,而不察其所以爲之田地,根本無有是處者,不知高祖、太宗何以自别於魏宋二代哉?來書又謂立心之本，當以盡者爲法，不當以不盡爲準，此亦名言也。而謂漢唐不無愧於三代之盛時，便以爲欺罔者，不知千五百年之間，以何爲真心乎？亮輩根本工夫自有欠闕，來諭誠不誣矣。至於畔去繩墨，脱略規矩，無乃通國皆稱其不孝，而因謂其不孝乎？此夷齊所以蒙頭塞眼，柳下惠所以降志辱身，不敢望一人之或知者，非敢以淺待人也，勢當如此耳。亮不敢有望於一世之儒先，所深憾者，言以人而廢，道以人而屈，使後世之君子，不免哭途窮於千五百年之間，亮雖死而目不瞑矣。樓臺側畔楊花過，簾幕中間燕子飛，當時論者以爲貧人安得此景致。亮今甚貧，疑此景之可致。故以爲可只作富貴者之事業，而來諭便謂做沂水舞雩意思不得，亦不是抱膝長嘯底氣象，如此則咳嗽亦不可矣。心之所欲言者甚多，來戒之及，是决不敢更有所言。但所謂不傳絶學，更須討論者，猶恐如俗諺所謂"千錢藥只在笆籬邊"耳。許作抱膝吟，須如前書得兩篇可長風詠者爲佳，不必論到孔明抱膝長嘯。各家園池，自有各家景致，但要得語言氣味深長耳。

與吕伯恭正字

違去又復許久，不勝尊仰。即日首夏清和，伏惟編摩有相台候萬福。廷試揭榜，正則、居厚、道甫皆在前列。自聞差考官固已知其如此，然猶遺恨於德遠、應先、少望，何也？正則才氣俱不在人後，非公孰能挈而成之？天民對後，有無指揮？益恭聞亦得對，計亦有遇合之理。此君蹉跎，日已老矣。六十以後，雖健者不能有所爲也。辛幼安、王仲衡俱召還，張静江無别命否？元晦亦有來理乎？天下事常出於人意料之外，志同道合，便能引其類，自非元惡大憝，皆可借其利心，以成回復之勢。陰陽消長，代謝之際，可熟玩矣。吴平之後，其慮亦自不少，況不必平乎？亮已如枯木朽株，不應與論此事，亦習氣未易頓除也。亮本欲從科舉冒一官，既不可得，方欲放開營生，又恐他時收拾不上。方欲出耕於空曠之野，又恐無退後一着。方欲俛首書册，以終餘年，又自度不能爲三日新婦矣。方欲盃酒叫呼，以自别於士君子之外，又自覺老醜不應拍。每念及此，或推案大呼，或悲淚填臆，或髮上衝冠，或拊掌大笑，今而後知克己之功，喜怒哀樂之中節，要非聖人，不能爲也。海内知我者，惟兄一人。自餘尚無開口處，雖浮沉里閭，而操舍不足以自救，安得有可樂之事乎？然一夫之憂懽悲樂，在天地間，去蚊虻之聲無幾，本無足云者，要不敢不自白於知我者之前耳。時節亦甚迫，譬之失火之家，衆人以爲此人實能救，則亦無所逃其責。此秘書今日之勢也，事機所係，無所多遜。況揖遜不足以救焚，此語亦有理。子約一向在侍旁否？不敢疊番爲問，眷請委尊閤宜人懿候萬福。新婦兒女，再三拜起居。

復吕子陽

被示縷縷，具悉雅意。古人有言曰："自靖，人自獻于先王。"此不獨國家大臣之道當如此，凡人曉然，使此心明白洞達，要自有知者。前日諸友嘗問陳平、王陵事，孰爲正？因答之曰：使王陵發心不欲王諸吕，皎然如日月之在上，不幸而以此國破身亡，其心皎然如日月之不可誣也。若只欲得直聲，以爲在朝諸臣皆無我若者，則濟不濟皆有遺憾耳。使陳平主心必欲劉氏之安，且委曲彌縫吕氏，以爲後日計，不幸或事未濟而死，此心皎然不可誣也。若佔便宜，半私半公，則進退皆罪耳。夫子之所謂仁者，獨論其心之所主。若泛然外馳，雖曰爲善，皆君子之所棄也。亮雖不肖，然亦須要與此心爲主。眼下雖不必其一一皆是，然此心之皎然，固自知之矣，正不待他人之爲計也。吾人之用心，若果坦然明白，雖時下不净潔，終當有净潔時。雖不爲人所知，終當有知時。若未免於慕外，雖聲名赫然，在人心豈可欺哉？凡百不在多言，各以此自反足矣。子才回簡，一時之妙答也。若如吾輩分明説破，又煩吾友縷縷矣。

吕　皓 有傳

與龍川先生論事書

自昔英雄豪傑之舉動，雖甚當乎理，亦未嘗敢自恃吾心之可察，而不恤其迹之可嫌。詞語意氣之間,一涉群小之疑,皆足以萃無名之怨,而招無名之禍。蓋在我者彌高,則知我者彌鮮。世俗昧昧,得吾心之真者,甯有幾?而其所謂迹者,固已表然爲的於天下矣。瓜田不納履,李下不整冠,玆固多事自勞者,皓不敢以是蹇蹇之語,狹望於吾門。但私心所疑,謂既已無心於得瓜李,乃復試引手取之,比主人恠而詰其故,乃曰:"我豈屑竊瓜李之人哉?偶一爲之,而非真有心者。"心伏於内,眇忽難見,主人見迹而不見心,將引何者以自明耶?無以自明,則主人將不我恕矣。區區之意,不過欲門下不自恃其心,亦略顧其迹耳。況人心惟危,善惡瞬息,出入無時,莫知其鄉,雖聖人亦甚凛凛焉。凡所以正色出辭,閑邪存誠,合内外而交相爲養者,亦以心迹之不可判而二也。不然,則天下皆魯男子耳,豈可以一下惠而遂廢男女不同巾櫛,不親授受之禮哉!縱吾心可保其無闇室之欺,非所以爲男子訓也。此爲士常行之道,執事固自能知之,能言之,宜不待皓具陳。但皓重念當先生開門受徒,四方雲集之時,而皓獨以年少庸陋,不足當大陶冶,乃遠而他之。惟是與門人高弟,往來最厚,遂得窺墻仞之萬一,其能作一家門户者絶少。夫聚數十百人於大屋,棟折榱崩,乃旋逃避駭散,此與麇鹿之聚何異?當是時,室人交致悔咎,已無及矣。皓生多幸,獲與門墻相比,一言一動,皆將取則。故平居或有未契於私心,不敢徇衆詭隨於答問之際,因一二語執證於行事,正謂以自修其慝耳,何敢有一毫簡傲求勝之心哉!有謂不然,天實臨之。

應　典 有傳

寄應草庭書

久勿晤敘,敬惟涵養日新,造詣功到。況遨游大方,觀法益廣,常行間必有淵然自得之趣,非尋常所可窺測。但恐獨學無侶,規儆漸疎,此志不進則退,每以自省,姑效交修之誠耳。嘗閒居無事,益覺此心操舍存亡,清通和樂之味,隨時隨事,未能純一,老境浸没,不覺興茫然之嘆耳。師門“良知”之説,與《大學》“至善”,《中庸》“未發之中”,原無二致。必須發憤刊落,收奇功於一旦,庶幾可望於道。否則,滅東生西,扶左倒右,徒費功勤,終未免爲霸者外襲之歸也。山中雖日相講究,恐未能真切研求,到底便中,姑用奉益。思平日立志甚高,必不肯虚負此生,故不覺覼縷至此,遠惟鑒察。有疑有見,不惜往復爲愛爲荷。

程文德 有傳

復盧一松

兩承教札,感慰!感慰!今日寒雪,風景益奇。會友之興,尤不可禦。以家叔見留暫止,明午當冒雪過雙澗,入五峰,作良晤也。吾一松獨立歲寒,誠所謂“一夔足矣”,敢自負耶?楮筆草草,奉復并謝貼未悉。

黄　綰 見前

答周厚峰書

程養之來,辱寄書,甚知壽山之心,未嘗少變。且詢養之,知德基篤信吾道,每有發明處,尤慰。區區雖老,然此心實未嘗敢一日有懈。至年來頗覺向年之見,爲禪學所悮,多有虚高不切實者,蹉跎歲月,深可恨也。不審德基年來亦覺之否耶?故嘗跂望,欲德基來此一考究之。養之扶病,攜子冒雪來山中,父子共勵,篤實講求,深可畏也。倘欲知,敢附聞。不知德基亦何日賁然顧我也?昨因養之家人索書急,故於應壽甫書中托寄聲云,不克作書。今因雨稍停,故復修此。惟冀情照不宣。

王　畿 字汝中,號龍溪,山陰人,陽明高弟,嘉靖進士,仕郎中。

柬程養之

奉違久許,心迹茫然。頃者領令契手書,細述通家道誼之情,及我丈好學之篤，聚友辨駁，老而不倦之意，豈勝企羡！令叔松溪老年兄，生平交誼同於骨肉，身任此道，遵信師門良知之旨，何異蓍龜。今幸吾丈續終此志，興起善類，黄鐘大吕，振於群夢之中，漸成覺悟，吾道當不孤矣。不肖年踰八十，世間有何事放不下？惟求友一念，若根於心，不容自已。衰朽艱於遠涉，徒懷耿耿。盛使歸省，率此申布，小集並附覽。於師門宗説，頗有所發，幸與同志參之。

王同庚 有傳

與程啟騰札

昔先君宦轍所至，首以庠序爲務。任黄州，重建問津書院。任沅州，遷建先師廟。若修葺傾圮，不一其處，諸名公之碑記，班班可考也。每念吾鄉先達道學淵源之盛，因鞅掌王事，不及一登五峰之堂。同庚髫年曾爲攬勝之遊，後隨侍滇南，偶讀《陳同甫先生集》，曰："公當年暨諸名賢講學五峰，汝曾往遊，而知所自乎？"茫然無以應，因請其原委焉。昨歲冬，承先生提攜，甫至山麓，聞丁丁之聲，聳然而喜。問厥所由，乃補資給之未敷也。同庚憶問津先君所置祀産，往往有餘，而五峰何獨不足？且一木至拱必十年，木有盡而學亘古不磨，無永久之業，可乎？敢將先君常産貳百秧，聊備灑掃之費，少慰先君仰止之思，稍俟時日，易此以買近便者。目下暫輸銀每歲貳兩，並祈轉達諸道長莞存，可任榮幸之至。

趙忠濟 有傳

答王天球

去秋捧讀瑶章，兼承翰教，茅塞頓開。冬間擬片牘奉候，不謂大疾頓作，親交代爲驚危。正月方痊，然病根未除，春間又發嗽身熱。二月，兒女親家俱病，婚嫁迫於半月間，賤内卧病四載，今又甚焉，坎坷至此，所謂動忍者不知何在，而功夫幾忘失矣。可見志向不篤，造次顛沛必於是，誠難言之。不但此也，貪富貴、厭貧賤之心，亦不能忘。幸吾兄懃懃懇懇，此道不孤，可策勵以圖進步也。前教云，本體功夫，全無着落。苐謂本體靈明，無時不在，然一提便醒，時時提醒，時時綿密，何云無着落也？所謂臨事未免失之，此不學者之通病，看來只是提醒疎耳。密則善信在我，久密則實，大聖神在我，無兩條鞭也。後教云，此事乃吾性吾命，與人無干。先哲指示，已十分懇到，我輩若悠悠度日，凡心俗態夾褋。"清夜一思，寧能不愧"數語，足徵良友切磋之益，讀之汗流浹背矣。總之大修行人，從鬧熱中作道場，愈顛蹶，愈刻勵。若當念挫過，待掃除冗務，方整頓舊功，即朱子所云姑待明日，便是自暴自棄也。謹當自勉，冀同志共勉之。佳作深邃綿密，恐粗心人有領略不到處。良友不啻一體，忘無顧忌，直抒所見，幸勿以狂妄斥之。

趙承錦 字爾玉，東陽人，舉人。

與王天球先生書

恭惟老先生蓋世名儒，高時碩德，泰山北斗，四方具瞻。姪輩偶在郡城，得親光霽，私心向往實甚。邇來暌違台範，已非一日。兼之性天愚昧，學地荒蕪，攀附末由，不勝悵恨。兹因先夫子趙岐寧先生，行標世則，辭出成經，節義文章，久爲吾黨敬服。二十年内，老先生與先夫子握手定交，何異雷陳膠漆。不幸先夫子夢合龍蛇，盟絶狐豹，暑月間一旦木壞山頹，不但姪輩考德問業，叩鐘無從，即老先生雖欲連床風雨，促膝談心，亦終不可得已。苐念先夫子生平訓誨，弟子舉業，固不緩也，而尤以理學爲兢兢。自癸亥至五峰後，足力疲倦，兼以守制居憂，未能赴會。適敝邑陸家延居西席，先夫子一到，即能鼓勵後進，開設講堂。又敝邑西關内有義舘一楹久矣，鞠爲茂草。先夫子毅然捐舘俸，爲講藝之資，定期十月十六日，延有道君子發明性理。雖容顔憔悴，猶必扶病至講堂，而談經不輟，一時聞風向道者數十輩。

夫士風衰靡,理學晦盲,先夫子綿延道脉,如一髮引千鈞,其有功于先輩何如耶?要其樂道作人,是皆得力於蘋齋陳先生之教者也。蘋齋先生,先夫子師也。太夫子有功理學,而入主五峰,永馨俎豆矣。先夫子之文行,無愧師門,而其神主弗得列於先賢之側,是使後生小子有志爲善者怠矣。老先生道德中知心友也,其能歉然也耶?凉秋九月,講期伊邇,德星將聚於五峰,鹿洞鵞湖,未之少遜。姪輩悟從前之非,痛加懲責。冀後此之是,猛力奮皇。今先夫子往矣,既負其生前之教,敢泯其没後之名?是以日夕徬徨,夙朝感激,欲祔主於雲龕,俾神靈得陟降蘋齋先生之左右,而姪輩亦欣歲節瓣香焉。未知老先生暨各宅先生長者之尊意何如,未敢自便,謹修片牘,專仗令契胡九皋兄造府冒懇,并祈轉達各宅,翹候玉音。如得慨允,示期擇吉,一切公費,應自預辦送上。則俎豆千秋,芳名不朽,山高水長,魂魄來往,永荷老先生暨各宅崇儒重道之高誼矣。臨楮曷勝翹企待命之至。

王同廱 有傳

復趙爾玉諸兄書

久仰鴻名,不及細聆清誨。即郡城得晤,未暇握手談心。每於歧翁令師尊前詢知及門高弟,不勝雀躍。兹接台翰,知令師六月仙遊,痛也何如!我有良朋,凋零無助,豈天之未欲振興斯道耶?何奪我良朋之速耶?今而後,欲聞鞭策之言,而無由矣。兼以衰病,不能步弔慟哭,益用永歎。既而聞諸賢高誼,爲師殯殮,不遠數十里而俱來,真所謂死於二三子之手者,其風猶可追也。今欲爲師入主洞祠,懃懃懇懇,又何其知所重耶!悲哀之餘,忽又大喜。即此可知吾良友盛德感人之深,教澤入人之至。吾友雖亡,而諸賢大闡其緒,猶未亡也,敢不竭力贊成其事,以報我良朋,並慰我諸賢乎?德如令師,學如令師,一生精神全力注此一事如令師,今日蓋棺而論定,送主入祠,非私而厚之也已。轉致箋於各宅,想必有同心矣。但邇來道長殄亡都盡,五峰徒存餼羊之名。凉秋九月，講學行禮，弟奉令師教訓，兢兢不違。學淺行疏，不能鼓舞宣揚。惟望諸賢不憚遠來，大昌斯道。令師九泉，應亦含笑，不僅衰老迂儒之忻喜也。草此拜復，不盡縷縷。

與程振先

今歲大旱，未知貴境收成若何？會資田租，未知可承值供給否？兹接東陽趙、李、韋、吴諸兄華翰，欲爲乃師趙濟老入主洞祠。諸賢森森，爲師殯殮，有古師弟風。復懃懃懇懇，知所貴重，以入名山之洞爲榮，用慰乃師一生志慕，即此可徵濟老教澤之入人，盛德之感人。龎與濟老定交二十餘年，服其得悟之早，蘋齋先生後，當推此公爲正宗，其入主洞中，應亦無愧。其或未與深交者則不知，吾兄想亦知之素矣。可枉步至應、盧二宅，力贊其美。此非私一人而獨厚，正欲公一人於同好耳。如此之文行兼優，悟修兩到，而清貧可風，永邑中未見其人，即東邑中亦不多覯。而不得入此祠，其何以鼓勵將來之士？今入主洞中，如濟老親臨講席，一美也；蘋齋先生道脉有歸，以前諸賢相傳不絶，二美也；其諸賢年年遠來拜祭，聲氣不孤，此會大盛，三美也；衆徒俱有捐助，會資亦賴以充，四美也。一舉而四美具焉。惟吾兄與應、盧諸兄商確，允成其事。趂此衆徒義氣感激之際，我輩親炙道輝之人，可爲則爲，亦千載一時也。特此轉仗敝徒胡九皋叩托，仁兄應亦有同心耳。

程懋剛 振先，庠生，方峰公曾孫。

復胡九皋

曩承光賁，弟適有敝邑之行，不及恭候，簡褻之罪，莫可名言。及反舍，閲翰教，乃知各道兄欲爲岐翁趙先生奉主入祠，配享先賢，不禁神情飛躍也。即持華翰，至二舍親處，盛道趙先生文行之優，各道兄殷殷厚誼，聞者莫不興起。竊念五峰學會，自近年兵荒以來，道脈謹延一綫。即諸友之光臨賜教者，亦復辰星落落，全賴蘋齋陳先生、岐翁趙先生，不鄙荒凉，宏施振鐸。蘋齋先生往矣，幸獲奉主入祠，迄今雖没猶存，教澤如在也。嘗願趙先生，每歲九秋，永同講席。無何一旦木壞山頹，竟作古人列矣。今承入主之命，不惟弟輩誠心悦服，即敝邑諸友，莫不忻然稱美也。謹修寸簡奉迎，十一日恭候道左。惟祈通聞，餘容面晤不悉。

文

朱　熹 有傳

祭吕伯恭著作文

嗚呼哀哉。天降割於斯文，何其酷耶！往歲已奪吾敬夫，今者伯恭胡爲又至於不淑耶？道學將誰使之振？君德將誰使之復？後生將誰使之誨？斯民將誰使之福耶？經史將誰使之繼？事記將誰使之續耶？若我之愚，則病將孰爲之箴，而過將誰爲之督耶？然則伯恭之亡，曷爲而不使我失聲而驚呼，號天而慟哭耶？嗚呼！伯恭有蓍龜之智，而處之若愚；有河漢之辨，而守之若納；胸有雲夢之富，而不以自多；詞有黼黻之華，而不易其出。此固今之所難，而未足以議兄之彷彿也。若乃孝友絶人，而勉勵如弗及；恬淡寡欲，而持守不少懈。盡言以納忠，而羞爲訐；秉義以飭躬，而耻爲介，是則古之君子尚或難之，而吾伯恭猶欿然而未肯以自大也。蓋其德宇寬洪，識量閎廓，既海納而川渟，豈澄清而撓濁？矧涵濡於先訓，紹文獻於厥家；又隆師而親友，極探討之幽遐。所以禀之既厚，而養之深；取之既博，而成之粹。宜所立之甚高，亦無求而不備。故其講道於家，則時雨之化；進位於朝，則鴻羽之儀。造辟陳謨，則宣公獨御之對；承詔奏篇，則右尹祈招之詩。上方虚心而聽納，衆亦注目其旉施。何遭時之不遂，遽縈疾而言歸。慨一卧以三年，尚左圖而右書。間逍遥以曳杖，恍沂上之風雩。衆或喜其有瘳，冀卒攄其素藴。不惟傳道以著書，抑亦後來之程準。何此望之難必，奄一夕而長終。增有邦之殄瘁，極吾黨之哀恫。嗚呼哀哉！我實無似，兄辱與遊。講摩深切，情義綢繆。粤前日之枉書，尚粲然其手筆。始言沉痼之難除，猶幸死期之未即；中語簡編之次第，卒誇草樹之深幽。謂昔騰牋而有約，盍今命駕以來遊。欣此旨之可懷，懔計車而偕至。考日月之幾何，不旦暮之三四。嗚呼，伯恭而遽死耶？吾道之衰，乃至此耶？既爲位以泄哀，復緘辭以寓奠。冀嗣歲之有間，尚前言之可踐。嗚呼哀哉，尚饗！

陳　亮 有傳

祭吕東萊文 二則

嗚呼，孔氏之家法，儒者世守之，得其粗而遺其精，則流而爲度數刑名。聖人之妙用，英豪竊聞之，徇其流而忘其源，而變而爲權譎縱横。故孝悌忠信，常不足以趨天下之變；而才術辯智，常不足以定天下之經。在人道無一事之可少，而人心有萬變之難明。雖高明之獨見，猶小智之自營。雖篤厚而守正，猶孤壘之易傾。蓋嘗欲整兩漢而下，庶幾及見三代之英。豈曰自我，成之在兄。方半夜之劇論，嘆古來之未曾。講觀象之妙理，得應時之成能。謂人物之間出，非天意之徒生。兄獨疑其未通，我引數而力争。豈其於無事之時，而已懷厭世之情？俄遂罹於末疾，喜未替於儀刑。何以遭之太慘，曾不假於餘齡。將博學多識，使人無自立之地；而本末具舉，雖天亦有所未平耶？兄嘗誦子皮之言，曰："虎帥以聽，孰敢違子？"人之云亡，舉者莫勝。假設有聖人之宏才，又將待幾年而後成？孰知夫一傷之慟，徒以拂千古之膺。伯牙之琴已分，其不可復鼓；而洞山之燈，忍使其遂無所承耶？眇方來之難恃，尚既往之有靈。

又

惟兄天資之高，地望之最。學力之深，心事之偉。無一不具，其來未已。群賢凋謝，屹然山峙。兄又棄去，我存曷以？一代人物，風流盡矣。生也何爲，莫解此理。彼豈無人，懼非書耳。昔兄之存，衆慕如蟻。我獨縱横,無所統紀。如彼扁舟,亂流而濟。觀者聳然,我行如砥。事固多變,中江乃爾。三日新婦,請從今始。念此哽咽,淚落如洗。卮酒豆肉,非以爲禮。

吕　皓 有傳

水心葉先生哀辭

皓自絶爲舉子文,懼兩失之,始旁求世之老師儒而問道焉。蓋自國朝儒風大振,百餘年間,講究道德之藴奥,性命之精微,宜莫過於洛。考古今之因革,政治之得失,宜莫過於蜀。及其徒之繁也,吹颺煽燄,而二黨遂成,迭爲勝負。既而上之人咸厭之,而有他尚焉,斯二者始寖息矣。南渡以來,一二遺老尋墜緒而揚之,於是道學之風獨熾。世之争趍利達而媢嫉之者,遂又蟻附而蠭起。皓猶及接東萊、晦庵二老之流風焉。公時方盛年,乃渺然若無所睹,夷然若無以異,泊然若無所與。爰積二十年絶學之功,操一己絶識之見,大放乎振古絶世之文,崛起乎東南多士之藪。世雖披靡,而人猶少向邇也。皓嘗暇日取龍川陳公、晦庵朱公往復辨説王霸之淳駁,與夫漢唐之要略,推析而錙銖之。疏其目,爲書幾萬言,而求正於公焉。而公復書,謂討論精確如此,某岂不能贊一語之决。要是面前人各持論未定,不欲更注脚,徒自取煩聒。嘉定甲戌之春也,公既戒以置前話,遂以其所素學,假老子著通儒説以自見。往復五十餘條,其末也,爲之序文曰:"子之言,近道之言也。雖不解老子,自足以發身,自足以進於道。"嗚呼哀哉!生平知心,惟後溪劉公與水心二公耳。劉公訃至,始遣哀辭,將與西州之士共哀之也。涕未乾,亟遣人問公疾,乃得凶問。兩月之頃,再失知心,餘生真已矣。繼自今蒙頭結舌,待盡故山而已。嗟乎痛哉!吾自哀之不暇,尚何暇爲東州之士哀乎?其詞曰:"惟公目閲四瀆之亂流兮,不激西東。手理千載之棼絲兮,任彼錯綜。絶學無憂兮,靡間窮通。絶識難追兮,洞徹始終。接諸儒之統緒兮,不狥人而苟同。擅一世之文衡兮，養以道而益充。淵軻已上兮，猶足折衷。荀楊而降兮，未愜乎中。帝制屢褒兮，已極其隆。時論未厭兮，庶登顯庸。墻數仞兮，門則闢之。堂數尺兮，室則甚夷。我且直之兮，一動於微言而深知。若二老之論截不通兮，使得以撤其籬。通儒八十一章兮，聲叩而響隨。示余以四十七條兮，多是而寡非。謂言老去而學不倦兮，未有如吾子陽。出處之大節兮，吾謹識之衷腸。將與子之書俱上兮，俾爾死而不亡。時疾已革兮，尚緘寄以二章。吁嗟乎！人生知己真難遇，少年角立氣未降。出門同人不我同，偶得一二又參商。昔賢四十便抱獨，誰能需血鬢毛蒼。高山流水長自在，伯牙死後琴虚張。聯篇累牘宛在目，甯忍視之中心藏。從今未死竟何爲，禿筆如束口如囊。惟時登密浦之上，矯首東甌涕泗滂。吾自寫吾哀而已，那知地厚與天長。

程文德 有傳

祭應石門公文

嗚呼！麟鳳之姿，一見遽隱，而世恒髣髴於丹青。荆楚之璧，再獻弗售，而人競淆惑於贗真。先生抱經緯之文，而立朝竟不能終歲。負圭璋之望，雖屢薦而卒尼於行。蓋瑞物非世之所可致，而至寶亦天之所靳。乃甘林壑，乃謝世紛。搆祠五峰，尋紫陽、東萊之躅。興起多士，續濂洛、洙泗之盟。人謂先生雖不得行志於天下，而庶幾斯道之復明。即麗澤之風流，亦足以範俗而垂世。課隱居之事業，奚啻於尊主而庇民。胡昊天之弗弔，遽梁木之頹傾。壽山閴其無主，同志悵乎誰憑。南軒亡而吾道孤，重晦菴之痛；北山逝而斯文厄，悼魯齋之情。吁嗟乎！先生抑人所共眷者，先生之德；而吾所尤哀者，先生之心。先生謹飭端默，世稱君子。清修耿介，望重鄉評。急難周貧，身甯處乎空乏。辭坊謝餽，足不及乎公門。孝母而復既盲之視，敬兄而回久横之情。此其行誼之昭著，雖庸夫孺子，皆所飫聞者也。若其志存康濟，而竟違於時命。道裕敦睦，而乃格於憑陵。假求全以詘毁，索璺瑕於粹白。群比周以恣睢，亦何損於高明？蓋今之世，模聖賢之步趨者，而必欲詆其一足之未似。甘下流之蹊徑者，顧自以爲細行之不必矜。此其賢不肖之相懸，固莫逃乎公論。而若心之重違，終竊嘆而不平。吁嗟乎先生！先生雖往，道範猶存。名賢俎豆，雖遠可尋。某姻視先生，兄弟之分；道視先生，師友之親。初聞訃而驚畫，亟欲弔以瀝誠。忽執母喪，纍然抱病。日月迅邁，奄及兹辰。奠而後時，洵有慚於封樹。告而亮志，猶可質乎英靈。嗚呼尚饗。

陳其蒽 有傳

祭陳誠源先生文

嗚呼！先生之靈，玉質金鎔；先生之心，雲净天空。其與世升降者，進退存亡之數。其不與世升降者，守先待後之功。昔吾婺之學，代有宗工。東萊闢其始，何王金許暢其風。而姚江一派，則薪傳於盧子一松。洎夫見山子司其鐸，春洲子廣其聰。而五峰一席，復連翩鵲起於吾東。惟先生之勁力，相與切琢而磨礲。商大義，闡微衷，徹本末，貫始終。閩海傳其聲教，吴越應其絲桐。所以芝蘭競秀，桃李陰穠。閨中淑息，能守共姜之志；而緑林豪客，猶相戒以寢其凶。方期皓首龎眉，長爲斯文山斗。胡以乘雲駕鶴，棄濁世而上崆峒？嗚呼！壁有藏簡，庭有遺弓。髮膚歸之父母，性命還之蒼穹。壽登九九，在先生可以無憾。而獨傷人文之失輔，麗澤之無宗。蒽等誼同蘭臭，氣浹春風。倏聞先生之易簀，若野鶴之在孤蓬。所庶幾於萬一者，尚賴先生之靈，陰佑啟迪，而綿絶學於無窮。

五峰書院志卷之六

永康後學程尚斐衛賢纂輯
東陽後學盧衍仁紹履參閱
同邑後學方啟賡颺言校訂

襍　紀

朱　熹 有傳

五峰諭學者 一則

書不記,熟讀可記;義不精,細思可精。惟有志不立,直是無着力處。只是而今貪利禄而不貪道義,要作貴人,而不要作好人,皆是志不立之病,直須反覆思量,究見病痛起處,勇猛奮躍,不復作此等人。一躍躍出,見得聖賢千言萬語,却無一事不是實話。方是立得此志,就此積累功夫,迤邐向上去,大有事在,諸公勉旃,不是小事。

朱吕問答 一則

東萊問:"謝先生從事威儀,而不察所以然,則非禮之本。若致其知,則所以正、所以謹者,乃禮之本。其説何如乎?"晦菴曰:"此語不能無病。詳考從上聖賢,以及程氏之説論下學處,莫不以正衣冠、肅容貌爲先。蓋必如此,然後心得所存,而不流於邪僻。《易》所謂'閑邪存其誠',程氏所謂'制之于外,所以養其中'者,此也。但不可一向溺於儀章器數之末耳。若言所以正、所以謹者,乃禮之本,便是釋氏所見,徒然横却,所以然者在胸中,其實却無端的下工夫處。儒者之學,正不如此。"

吕祖謙 有傳

乾道四年規約 一則

凡預此集者，以孝悌忠信爲本。其不順於父母，不友於兄弟，不睦於宗族，不誠於朋友，言行相反，文過飾非者，不在此位。既預集而或犯，同志者規之；規之不可，責之；責之不可，告於衆而共勉之；終不悛者，除其籍。

凡預此集者，聞善相告，聞過相警，患難相恤。游居必以齒相呼，不以丈，不以爵，不以爾汝。

會講之容端而肅，群居之容和而莊。箕踞跛倚，諠譁擁併，謂之不肅；狎侮戲謔，謂之不莊。舊所從師，歲時往來，道路相遇，無廢舊禮。

毋得品藻長上優劣，訾毀外人文字。

郡邑政事，鄉閭人物，稱善不稱惡。

毋得干謁、投獻、請託。

毋得互相品題，高自標置，妄分清濁。

語毋褻，毋諛，毋亵。妄語，非特以虚爲實，如期約不信，出言不情，增加張大之類皆是。雜語，凡無益之談皆是。

毋狎非類。親戚故舊或非士類，情禮自不可廢，但不當狎昵。

毋親鄙事。如賭博、鬭毆、蹴鞠、籠養撲淳、酣飲酒肆、赴試代筆，及自投兩副卷，閲非僻文字之類。其餘自可類推。

乾道五年規約 一則

凡與此學者，以講求經旨、明理躬行爲本。

肄業當有常，日記所習於簿，多寡隨意。如遇有幹輟業，亦書於簿。一歲無過百日，過百日者，同志共擯之。

凡有所疑，專置册記録。同志異時相會，各出所習及所疑，互相商搉，仍手書名於册後。

怠惰苟且，雖漫應課程，而全疎略無叙者，同志共擯之。

不修士檢,鄉論不齒者,同志共擯之。

同志遷居,移書相報。

王守仁 有傳

傳習録 三則

陽明先生曰:"聖人衹還良知本體,更無所加。良知之虛,即天之太虛;良知之無,即太虛之無形。凡日月風雷、山川民物,有貌有象、有形有色者,皆從太虛無形中發用流行,未嘗能爲天之障礙。聖人順良知之發用,天地萬物俱在流行發用中,何有一物能爲良知之障碍?"又曰:"聖人之學,心學也。心即理也,致吾心良知之天理,於事事物物皆得其理。如以吾心爲未足,而必外求天下之廣,以裨補增益之,是析心與理爲二矣。夫學問思辨篤行之功,雖其困勉,至於人一己百,而擴充之極,至於盡性知天,亦不過致吾心之良知而已。良知之外,無復有加毫末。"

陽明先生曰:"凡人言語正到快意時,便截然能忍默得;意氣正到發揚時,便翕然能收斂得;憤怒嗜欲正到沸騰時,便廓然能消化得。此非天下之大勇不能也。然見得良知親切時,其功又自不難。緣此數病,良知之所本無,只因良知蔽塞而後有,若良知一提醒時,白日一出,魍魎自消矣。"

何廷仁、黄正之、李侯璧、王汝中、錢洪甫侍坐,先生顧而言曰:"汝輩學問不得長進,只是未立志。"侯璧起而對曰:"珙亦願立志。"先生曰:"難説不立。未是必爲聖人之志耳。"對曰:"願立必爲聖人之志。"先生曰:"你真有聖人之志,良知上更無不盡。良知上留得些子别念掛帶,便非必爲聖人之志矣。"

(已上俱摘録)

應　典 有傳

誠意章講義 一則

夫子曰:“古之學者爲己,今之學者爲人。”又曰:“女爲君子儒,毋爲小人儒。”子思曰:“誠者自成也,而道自道也。”孟子曰:“堯舜性之也,湯武反之也,五霸假之也。”聖人千言萬語,無非欲人反求諸己。蓋以性命於人,本自完足,本無假借,有一毫不自已出,則其所爲之事,縱得其正,終是私意,與本體原不相干。故誠意之首,便指點出一箇“毋自欺”三字。是甚麽?嚴切警省。夫人心本體,自虚,自靈,自覺。苟爲物欲所蔽,雖或不能自克,而其一念之知,儼然如有鬼神之尸其兆,天帝之宰其衷,必有惕然不自安者,莫之使之,此即不可欺之本心。故毋自欺,亦只是欲人於本體上做得昭融明浄,無少遮隔。孟子曰:“人能充無欲害人之心,而仁不可勝用也;充無穿窬之心,而義不可勝用也;充無受爾汝之實,無所往而不爲義也。”充其不欺之類,至於纖悉隱微,方可謂之無自欺,方可謂盡心,方是本體。本體至明至正,去一毫不得,增一毫不得。比如惡臭,鼻中本自容不得,故纔聞得,便自會惡,便自會除避,更無一毫容忍,方纔心安。至於學者,無内無外,無顯無微,而一念之私,必盡掃除,不肯容藏,亦只求其心安,得其心之本體。孟子曰:“如使人之所欲莫甚於生,則凡可得生者,何不用也?使人之所惡莫甚於死,則凡可以避患者,何不爲也?”凡古之聖賢所以當生而死,當富貴而寧貧賤,以至處内外遠近、常變得失毁譽之間,不敢狥外以自欺其心者,亦惟致知以求自足其心焉耳。此心之體,天理渾然,無聲臭,無始終,不着物累,不着覩聞,是謂“隱微”,是謂之“獨”。故曰君子必慎其獨也。“慎獨”是誠意自慊之功存主處。獨知之心,即是良心,人孰無之?故曰小人閒居爲不善,無所不至,見君子而後厭然,揜其不善,而著其善。夫小人不能謹於平時,忽焉感觸,深自愧怍,豈有所附益於外而然哉?此其羞惡之實心得之天性者,自不可掩。此念雖微,即是天理,即是不欺之本。充而達之,即是盡心。君子慎獨，慎此而已。故曾子曰："十目所視，十手所指，其嚴乎?"子思曰："戒慎乎其所不睹，恐懼乎其所不聞。"聖賢用功，更無二法，更不分有事無事，皆吾致知求慊之地。則吾心之本體，常知常覺，常足常快，無富貴貧賤，患難得失，遠近小大，俱以一心處之。而本然之體，原自不動，是何等廣大，何等灑落。故曰"德潤身""心廣體胖"，總是一箇天理，總是一箇良知瑩徹。大抵"誠意"一章，乃聖賢大緊關頭腦。知得此頭腦，則功夫俱有着落。若徒務外近名，竊取口耳聞見之似，以誇諸人。又或知有身心之學，止摸擬想像，不肯爲實踐下手工夫，則行不著，習不察，自欺之罪，終恐不免。今我同志亦有此病否? 幸用力克去，毋令負今日之會也。

姜　寶 丹陽人，松溪公門人，進士，國子祭酒。

程松溪先生年譜 一則

正德十六年辛巳，先生二十五歲，仍肄業於五峰書院。先生以人之有小才而自負，汲汲於狥名者爲深耻，謂其常以不己若者與己比故，然若比之古之人，不知其相去當幾倍，惕然愧不暇，况敢自炫乎哉? 因書痛懲條目十款，謂之益齋砭劑，納諸袖，時出以覽自警焉。其從事舉業，時已能務真修，每如此，其條目云：余頗有志修省，昔年嘗隨處示戒，以爲提撕警覺之具，恨立志不篤，屢奮屢廢，於今碌碌，猶塗人也。竊思明道自十三四歲時，便要做聖人事業，竟成大儒。余今二十有五年矣，倍之則爲五十，由此去五十只瞬息耳，人生寧有幾時邪? 今尚未有長進，則五十年來又安知其遠過於今日邪? 又安知他日之視今日，不如今日之視往日耶? 中夜以思，惕然悚厲，一旦不祥，遂與草木同朽腐，不竟爲天地一罪人乎? 爲念及此，毛髮俱竦，展轉反側，計無所出，師友寥寂，只與心謀。因洗心滌慮，改絃易轍，爰揭日用，致力大端十條，書之袖中，出入必觀，以爲白圭之復，絃韋之佩。而又有銘之肺腑者，自今伊始，日省吾身，有則改之，無則加勉，盟諸天地，質諸神明，有一戾此願底滅亡，尚賴我天地祖宗宥其既往之愆，迪其方來之善，庶幾不終自棄於神明，無忝於聖賢，則於天地祖宗亦有光也。惟陰騭而玉成之。一曰景行。嘗謁吾鄉章楓山，見示曰："後生須立得脚根定，方好做人，賢輩正在此時立脚。"夫古之大聖大賢，吾不得而見之矣，若不可得而由之也。今之楓山何人也？而海内咸推之，可不求其所以至楓山者乎？由楓山而上之，亦豈不可至乎？須蚤夜思之念之。二曰孝悌。孝悌，人道之大本。家庭之間，不知務此，則其本失矣，何以爲人？此非一端可悉，須隨事謹思力行，他日事君事長，胥從此出。三曰謙厚。爲人須温恭謙抑，存心更欲忠厚，不得露圭角，使性氣爲暴戾，爲傲慢，爲刻薄。與人言論，尤不可以賢知先人，逞其聰明。孔子何人，尚恂恂如不能言，况下於孔子萬萬者乎！深戒深戒！四曰德器。人必有德器，然後可大受，浮躁淺露，幹得甚事？昔人稱寵辱不驚，終日無疾言遽色，之二公者，真可爲法。（言語必從容，動履必安詳。）五曰威重。孔子曰："君子不重則不威，學則不固。"爲學之道，以威重爲質，乃如此然。飛揚佻㒍，則體裁輕薄，非徒廢學，抑非享壽之器也。慎之慎之！六曰謹戲。戲言戲動，日用深戒，雖同胞至密，亦須謹飭。至於衽席之間，則當居敬持志，寡欲養心，樂而不淫，和而有節。先儒有曰："自檢束則日就規矩，纔放肆則日就曠蕩。"孟子曰："夫人必自侮，然後人侮之。"七曰納言。爲人不得多言。昔温公以鐘鼓喻人言，最可深省。夫人時而後言，猶鐘鼓叩之而後鳴也，使鐘皷不叩而自鳴，豈不大可異邪？鐘鼓無故自鳴，即爲異物，人之無故譊譊者，不將爲異人邪？可念可懼。八曰毋誑。言語不得誣誑，雖尋常閑談，亦須從實，又毋得爲駭人聞見之論。蓋將欲欺人，即先自欺其心矣。欺人之罪小，欺心之罪大。欺心乎，欺人乎？温公曰："誠自不妄語人。"不妄不誑也。九曰隱惡。終身不得談人過惡，説人是非，古人所謂聞人之失，如聞父母之名耳，可得聞，口不可得言也。當日頌斯言，非徒自修，亦可寡尤。十曰習静。

吾性本動,更人事擾擾,無時休息,若不隨處加收心定志,鞭辟近裏之功,則心與學不相入,非惟無心,得將并其舊聞而忘之矣。可懼可懼!程子教人爲學,且須静坐。予當日佩斯言。韓子曰:"人患不知其過,知而不能改,是無勇也。"司馬温公曰:"吾無大過人者,但平生所爲,未有不可對人言者耳。"趙清獻公曰:"吾晝之所爲,夜必焚香告于天,不可告者,則不敢爲也。"余於前之十事而能無愧,於後之三言,則可以建天地,質神明矣。正德辛巳仲冬十日,益齋程子焚香拜誓書於五峰書院。

(摘録)

程文德

雞鳴章講義 一則

此孟子分别善利,以决人趨向之言。所謂善者,天理之公也,無所爲而爲者也。所謂利者,人欲之私也,有所爲而爲者也。有爲而爲,雖善亦利也。孟子之意以爲,夫舜,古之大聖也,人孰不知慕也?夫蹠,古之大盗也,人孰不知鄙也?然而爲之之始,則存乎其人焉。有人於此,雞鳴而起,孳孳焉惟善是爲,是雖未即至於舜也,而亦可爲舜之徒矣。其或雞鳴而起,孳孳焉惟利是爲,是雖未遽至於蹠也,而亦可謂蹠之徒矣。何也?舜,善之極者也,爲善則與舜同事矣。蹠,利之極者也,爲利則與蹠同事矣。然則舜也,蹠也,要其終之所就,誠天淵之不侔矣,而原其始之所分,不在于利善之間乎!何也?人心一也。發於公則善,發於私則利,公私之際,毫髮之間而已矣。若水之東西異趨,而此其分也;若途之南北異適,而此其岐也。是故一念向於公耶,則隨事而順理,而所爲者皆善也。善而不已,則升舜之堂,而入舜之室,是舜而已矣。一念向于私耶,則適己以自便,而所爲者皆利也。利而不已,則升蹠之堂,而入蹠之室,是蹠而已矣。是故舜蹠之懸甚著也,夫人之所共知也;而利善之間甚微也,夫人之所易忽也。

苟慕舜而鄙蹠，夫亦謹於利善之間而已矣。是故欲究乎舜、蹠之已成，則徒勞而無益；能審於利善之方動，則一決而有餘，學者胡可以不慎哉？嗚呼！斯言也即孔子"君子喻義，小人喻利"之旨，而詳析之也。舜、蹠，君子小人之極也，爲善爲利所由喻也。善利之間，其塗轍也，原始要終，明白痛快。誦之者，宜悚然感動，惕然懲創矣。苟復迷其塗轍，倒其工夫，以流於盗蹠之歸，真所謂下愚不移也，可懼哉！可懼哉！吾嘗反覆求之，夫人亦弗思耳矣。均是人也，或爲舜焉，或爲蹠焉；均是心也，或爲善焉，或爲利焉；均是孳孳也，以爲善，則爲舜焉；以爲利，則爲蹠焉。吾奈何而不爲善以爲舜乎？吾慕舜而鄙蹠也。吾奈何孳孳以違所慕而就所鄙乎？是不亦失其本心乎？雞鳴而起，夜氣清明，可以思矣，可以思矣。成湯之昧爽丕顯，周公之夜以繼日，詩人相儆於雞鳴，昔賢聞雞而起舞，皆是意也。故曰思則得之，思則知耻，知耻則必慎其獨矣。爾多士將爲舜焉，將爲蹠焉？其思之哉！其思之哉！

程　梓 有傳

普訴詞

伏惟學者之處世也，其心迹不明於天下，亦惟返求其所以致此之由於其心，斯已矣。若憤鬱不平，孜孜求白於世，而不知所以自返者，皆内有不足，而區區求名者之所爲也。竊謂不然。天下之事，有不必辯者，有不得不辯者。夫謬存乎一事，而無傷於大體；屈存乎一身，而無關於風化，是非黑白，昭人之耳目，達人之心志，雖以一身而冒不祥之名，乃所甘心焉。故夫子不辯叔孫之毁，孟子不辯臧倉之謗，是非置之，不足辯也。亦以其不假辯，而自無不辯者耳。乃若一事之謬，至小也，而大體由此而壞；一身之屈，至微也，而風化由此而傷，黑白由此而混淆，邪正由此而顛倒，天下士民之心，由此而莫知所向往。夫如是，安得而不言？嘗讀漢史，竊嘆李杜之徒，不遇其人，以白其志,不惟身冒大謬,而天下之風化大體,竟由此而傷也。故曰:“有不得不辯者”。非爲一身也,爲天下也。

梓等以樗腐庸下之才,無古人積累之學,言不足以通君子,誠不足以格鄉人,誣起於無根,禍加於意外。一身之辱,不足惜也,而天下之大體存焉。一事之謬,不足辨也,而天下之風化係焉。是雖内省多愧,不宜冒昧以自白。而大人利見,實冀俯察乎微情。輒敢冒罪上陳,伏惟踈狂是宥。

本邑治東五十里,有桃巖石洞,切近壽山寺。宋淳熙間,紫陽朱夫子與東萊吕子,因訪龍川陳子,會友講學之地。昔賢雖往,手澤猶存。向因鄉先生石門應子追古築祠,以效景仰之志,續蒙陞任府主兩山張公、虚谷姚公,縣主覺山洪公,相與捐俸增拓,攢册勒碑,匾曰“麗澤祠”。上以崇奉先賢,下以風勵後學。蓋爲官物,公諸士民,付之後世者也。

梓不揣庸下之資,竊有向上之志。嘗與二三同人肄業於此,不徒爲科舉之習而已,亦欲日夕講切,明義利之辨,破理欲之關、心術之微。雖未能上通聖賢,而取予之介,趨向之端,自謂講之頗熟,守之頗嚴。若群居終日,胥引而陷於苟賤之域,寧死而不願有此也。日月在上,鬼神在旁,而古今聖賢之靈在天地,夫孰得而揜也?奈何世俗之人所趨既異,嫉妒遂生,風波起於平地,荆棘生於坦途。地方有胡五十八者,其爲人所不忍言也。於四月初四日,引黨來山酗酒,扯破書窻,横加侮辱。一時在山諸生,年長識事者置不與較,其有一二少年弗克退忍,輒與交抗,遂致率衆圍打,辱及冠裳。由是父兄呈縣,意圖小示懲艾,豈期反搆大禍。乘機買僱歷住義烏雪峰禪明及永康净明等寺,還族年久刁僧胡永章,鑿空駕虚,通同誣捏私創書院、逐僧佔田等詞誑告。察院批送分守道究問。梓等自顧積學未至,雖不足取信上人,亦自恃治己頗嚴,或不至干犯刑憲。遂爾相率庭參,以求白乎此心焉爾。誠不量大人長者,折獄迎片言之刃,察眉惜一分之陰。自處先覺,不逆下人之詐;視民塗炭,不停牛喘之車。於麗澤祠則擬以改創,寺田則擬以佔管,而買僱倩對之僧,則擬以打逐。切責之深而懲戒之重,徒罪不足,加之嚴刑,而殘喘之苟延者,幸也。然麗澤祠,官造也,肇於正德年間。後因府縣續成於嘉靖十年,已登黄册。今誣梓等於十五年私刱,是何捉影而不於其形耶?且作者何心,而必欲汙赭之者,又何心耶?本以崇奉先賢,反爲先賢之辱。本以風勵後學,反爲後學之災。非惟大人君子爲之長嘆,而牧豎樵夫,莫不爲之稱屈也。胡永章幼年出家壽山寺,正德七年,犯姦告遣,歷游兩縣,殘廢數寺,毁賣寺産,歸成己業。現買四十六都民田庄産,抱侄爲嗣。去壽山時已三十餘年,而誣梓等於嘉靖十五年打逐,何不經之甚耶?本寺田産,是現住僧行蔡永紹、胡福浩、應德滄等管種,又分頭典賣於鄉民,雖撮土片石,俱有主者,田隣佃户,百目共睹,夫孰得而昧之?今乃一不審究,而概坐以佔管重罪,牽青天白日之人,入昏天黑地之域,而無所容其喙,天下寧有是理哉?所可賴者,心迹在鄉邑,是非在天下,公論在後世,而平生所自勉者,不以此爲損益焉耳。

况梓等在山相與之際,雖出入聖賢之典,丁寧日用之謹,猶懼務外而不誠。清風明月之游,林泉竹樹之賞,猶懼溺情而害道。乃一旦捐廉恥而不顧,棄禮義而不修,投筆而佔耕其田,逐僧而紾奪其食,是亦不情之甚矣。每念及此,未嘗不拊心痛恨,徘徊悽愴,反求所以致此之由而不得,而恍然爲之失笑也。上之人既信之而勿疑,自知誠有不足,求白而愈晦也。然人心之靈,千古不泯。夫如是,孰爲是非,孰爲邪正,而斯世斯人,將曷所向往乎?夫以慕義之心,蒙貪利之謗,以希古之志,冒穿窬之名,草芥前程,信不足道,而市井之徒,將以藉口,風聲鼓動,善者以怠,惡者以肆,其如天下之風化大體何哉!然則汙前修之往轍,沮向往之初心。梓等之罪罰,不存乎侵佔,而存乎傷化敗俗矣!罪狀既深,惶恐無任。伏惟鑒宥微情,扶植顛沛,俾久幽冥室之人,獲復見天日。豈惟草芥蒙再造之仁,而先賢亦得以免侮慢之辱。世道幸甚！士類幸甚！

嗚呼，曾大父之爲是舉也，艱辛亦已極矣！而卒復洞天爲書院。每歲季秋，興講學之會，使吴寧、烏傷感而效之，以陶淑多士，殆所謂開來繼往，功在萬世者夫！

（曾孫引茂識）

盧可久 有傳

會中示諸友 一則

近見會中諸友，其精神意氣，多有足觀。然其間若存若亡，不能專心一意，以從事於此，固其志之不立，抑亦入門未得其方耳。入門一步工夫，最爲緊要。故知止而後能得，知適道而後可與立，可與權。當時顔子拳拳弗失，以其擇善而得一善耳。得一善，則如真味之入口，至寶之在懷，庸得而舍？諸善在吾心，或動於意氣，或蔽於見聞，必擇焉而後得其真。惻隱之心未嘗無，必見孺子而心始真；羞惡之心未常無，必臨嘑蹴而心始真；畏敬哀矜之心未嘗無，必入宗廟、適邱隴而心始真。好感於好色，而其好始真；惡感於惡臭，而其惡始真。如好好色，如惡惡臭，人孰得而間之？人孰得而阻之？見孺子而惻隱，當嘑蹴而羞惡，入宗廟、適邱隴而哀慕，人孰得而間之？人孰得而阻之？故爲善而未能專心一意，固其志弗立，抑亦未得真善，如未嘗真味，未獲至寶。雖知其爲美，影响想像，有之可也，無之可也，孰從而動其不息之機，起其進爲之念？故擇善者，入門之方，得一善則進，進而不容以自已矣。今日講明良知，此欲得真善者也。良知在人，本無不知，然亦有動於意氣，蔽於見聞，而不得其真者。故先師有云："知得良知却是誰？"亦以其似是而非，知之未至焉耳。醉人亦有知，醒後而其知自別；夢人亦有知，覺後而其知自別。動于意氣，蔽於見聞，當時亦自以爲知，及一旦覺來悟來，乃知向者之知非真知。自有其知，不待思，不待勉，無疑於心，無疑於人，無疑於天地鬼神，無疑於百世聖人，所謂心悟自得、真知真信者也，至此自然間阻不得。今日學者，但知有善，而不知有箇真善。雖曰致知，而不求其知之至，如何免得若存若亡之弊？幸今講究商量入門，端的必從兹實下工夫，辨其孰爲吾心之真知，出於心而不容自已者。孰爲影响聞見之知，似知而非真知者也。察之之精，體之之實，一旦如沙中之見金，掘井而始及泉，則向者醉夢，今得而爲真醒真覺矣。何快如之，尚奚俟人之勉之而後爲？一切外誘之私，俱不足以動之矣，故在今日最爲至切之論，在吾人最爲至要之功。故弗憚其贅，而爲諸君言之。無忽！無忽！

望洋日録 十五條

待人不真切處，便是不仁。

人不立志，如風中靡草，倒東倒西，全不成伎倆。

見君子則厭然，揜其不善而著其善，此見良心不可泯滅，便是人皆可以爲堯舜處。

切不可於非中求是，更解説得通，只是一箇欺心。

一心一意在此上做人，何患不洒脱，何患不成德。

義利之間，最宜明辨，此是學者第一步工夫。閒常無事，亦不覺得，有一事相交，便思顧己，此何心也。

當今惟有恬退，最得便宜。然聖人心存天下，苟不成些事業，又恐終成枯槁之士，無益於世。

千古道統，發到致良知，已無復有餘藴矣。千聖萬賢，發揮不出，賴此一言説破。

致良知之説，明白簡易，人姑毋以人己之嫌横馳心胸，試平心一求，當如披重雲而覩天日矣。

費辭説，必其於道未真；待商量，必其於志未篤。一言便了大義，一見便沛然爲之，此見道真立志篤者也。

内不足則畏人，反己無愧，何畏之有。

讀書期取科第，亦父兄之志。獨不實用其力，將聖賢語體之於身乎？有道之富貴，謂非父兄之所願乎？抑道德果不足以致富貴乎？

吾儕中不喜其有聰明才識，而喜其樸實向上，不喜其能感悟通曉而喜其體認尋求。

某近與人論學，只是欲省愆改過，此真實下工夫處。見得己過日密，則用工益精。

見可欲則不能無欲，聖人不見可欲，故視富貴如浮雲。

(摘録)

光餘或問 四條

或問："堯之禪舜，必先之以二女，又先之以百揆司徒，如其不可，必將已乎？"

曰："此聖人慎重之心，運用之微權也，以天下與人，必天下之人安之。然後可使之居乎其上。堯舜以前，未有以天下與人者也，以匹夫而居天子之位，雖雍雍讓德之世，亦或不能無窺伺而軒輊之者矣。此理亂之幾，聖人慎之，試以二女，試以諸職，非徒試之也。將以其位而安於其上也。親之之久，尊之之漸，後舉而加諸上位，則人忘其平日之賤矣。且又使之攝行，其爲慮亦深矣。慎重如此，即位之初，尚有桀驁不服如四凶者，非堯預爲之圖，亦天與之二十八年之久，則德澤未孚，名位未定，人情未安。以丹朱之嚚訟，濟之以共工、驩兜之徒之凶悖，則當時之天下，未必非商奄、武庚之不靖矣。"

或問："爲善作福，亦有之乎？"

曰："善即福也，明無人非，幽無鬼責，非福而何？苟因作福而爲善，則善且不誠，何福之有？"

或問："君子處世，必明是非，必嚴好惡，而人不親，則奈何？"

曰："是非不明，好惡不嚴，豈君子所以自立耶？然是非好惡之心，人皆有之，取其是而好者，而誘以爲善，舉其非而惡者，而勉以去惡，則人且樂而從，而況有不親耶？此是非之明，好惡之嚴，用以養人，非用以服人也。"

或問:“遇事而不免動心,何如?”

曰:“利害之心,根之也,不見可喜,不見可惡,不見得之在人,不見失之在我。視羊腸如坦途,臨大敵而此心亦不動矣。”

(摘録)

杜惟熙 有傳

悔言録 十條

言實,則鐵打不破;意誠,則火燒不滅。

改過遷善,只在起念。一念精强,善長悔亡。

實學在悔過,真悔見心體。譬如着敗棊,一生回百死。

古今方寸内,天地範圍中。有事還無事,如空不落空。

一息不寐,則萬古皆通;一刻少寬,則終朝欠缺。

自病還自知,自知還自了。無知無不知,無了無不了。

説心忙,何思何慮在中央;説心閒,千變萬化出其間。

見在工夫,即無窮工夫;將來事業,即此時事業。

做此工夫,還有工夫。了此工夫,無有工夫。

天曉昏,除酒醒,醉止欲根。若有毫釐在兩字,良知日漫提。

以把持爲敬,則敬非其敬;以活泛爲良知,則良非真良。

(摘録)

陳時芳 有傳

論學 一則

良知之説未明,頭緒多端,故南宋之學,大抵失之難;良知之説既行,本源易測,故近世之學,未免失之易。失之難者,不特窮搜徧物,苦于支離,而拘泥矯激之意,反爲虚明之障。失之易者,無論任情圓轉,墮於俗障,而疎略遺棄之習,終虧道體之全。非難非易之間,中道而立,能者從之。

吕一龍 有傳

寄會中 一則

人生只有此事，古今只有此道。得之則生，失之則死。《禮》曰“爲義”，而不講之以學，猶種而勿耨。然則先賢設會以培後學，其功豈淺鮮哉？滿期諸英堅鐵石志，挺剛狠骨，勉相撑持，以共綿斯道，庶不負此千載之佳會也。龍瞻教已久，忽於是月十二日有誠源老師安厝之役。謹附臆説，以求郢正。

心極在中，渾全靈空。寂然不動，感而遂通。爲萬理宰，爲萬事宗。何内何外，無始無終。

此必如夫子志學，以至從心不踰，始盡人還天矣。故先師曰：“一原中分萬化，實事中見本體。”又曰：“一極全修，密修歸極。”而要之，學總在一時，時總在一習。而時習總在不睹不聞中，戰戰兢兢，敬以完其誠而已矣。

聖有真功，賢有實地。孔曰“時習”，孟曰“集義”。

試思吾人自幼至老，有一刻離五倫乎？故習者習此，集者集此。有一刻離五事乎？故集者集此，習者亦習此。故五倫一薄，無以成身，而五事一失，亦無以敦倫。是則敦倫又從敬事始。夫敬而貌之恭，言之從，視之明，聽之聰，思之睿，則習之集之盡是矣。且敬而至恭之肅，從之乂，明之哲，聰之謀，睿之聖，則習之集之，又無盡矣。以無盡爲盡，以盡而更爲無盡。斯之謂“實地”，斯之謂“真功”。

陳其蒽 有傳

蒙訓 六條

戒慎恐懼，如人之津液，有之覺味平淡；一刻無之，則暍燥焦枯矣。

或問朱陸異同。曰：“且莫問朱陸異同，但問此心誠僞。子若辯，必爲聖人之志，身體而力行之，朱陸異同，可不辨而解。”

或疑良知未足盡事物之變。曰:“致良知,非不博學、慎思、明辨也。學問思辨,非良知不可耳。不然,舍繩墨而度長短,離規矩而揣方員,窮理格物,止益之障耳。理無窮,事無窮,工夫無窮,一致良知,無不併包貫徹。故曰一以貫之。”

或曰:“致良知,恐落虚空。”曰:“萬物皆備於我。致良知,即致萬物皆備之良知也。”

或曰:“静中觀未發氣象,須是閒時用功否?”曰:“未發氣象,即良知也。良知時時發,而時時未嘗發也。静觀謂於心體至静中觀之耳,非以無事爲静也。動亦觀,静亦觀,即顧是天之明命也。”又曰:“致良知與情識異。以良知應物,如日麗天,萬類昭彰。以情識用,如燈光熒火,所照者寡。”

或問:“志欲成天下事,而才不副,奈何?”曰:“量才而爲,竭才而止,知人善任。天下之事與天下之人成之。如此則人之有才,皆我才也。”

(摘録)

趙忠濟 有傳

講學 一則

求性命不出盡倫物。倫物懇切處,即性命透徹處;倫物恰好處,即性命精微處;倫物常盡自慊處,即性命純亦不已處。此學明,而平日浮泛之言盡滌,而反諸切實平易。當下便可着脚,從善信以及聖神,只此一條鞭做去。其理則先聖後聖所不易其心,則天地鬼神所同契,其事則愚夫愚婦所共能。以之修身,齊家,治國,平天下,俱不外此。

(摘録)

王同廱 有傳

論心學 一則

伊川先生謂儒者本天,則吾心之天耳。今世學者,不知心爲天君,其於理學,尚未知入門也。問:"何以處静?"曰:"無静。"問:"何以處動?"曰:"無動。"何以處上?曰:"恤下。"何以處下?曰:"敬上。"何以人信?曰:"自信。"何以人知?曰:"自知。"何以勝剛?曰:"柔。"何以勝强?曰:"弱。"何以進前?曰:"退後。"何以尊光?曰:"謙卑。"

(摘録)

程夔初 字嗣音,號習菴,方峰公六世孫,歲貢。

壽山改宋山説

蓋自天開地闢以來,而川之流,山之峙,與天地相終始。物之生於天地者甚繁,而其壽夭也不一。人之壽者,有彭祖;木之壽者,有大椿、松栢。鶴爲禽之壽,鹿爲獸之壽,而顔淵、王勃以夭聞。"朝菌不知晦朔,蟪蛄不知春秋",其相匹也,不亦悲乎?彭祖方自負其長年久世,曾幾何時,而祖之死於今已幾千年矣,而山川依然也。以顔淵而較之彭祖,不啻什伯;以彭祖而較之山川,又不啻億萬。壽夭難齊,數之所存,莫可如何者。而山川並稱,同爲流峙,洪水之來,時雨之作,或决乎東,入乎西,支分派異,不能無改乎其舊。由是觀之,川之與山,又不可同年而語也。嗚呼!山其獲千古而獨壽者哉!雖然,夫所貴乎山者,豈徒以其壽耶?古帝王巡狩四方,而有五岳,以爲駐蹕朝覲之所。後世亦有封禪告瑞之文。以及登臨眺望,作鎮封疆,厥惟重矣。遠近大小,不可以相蒙也,而聖人於是定之以名,而有嵩、華、恒、岱之分,而有太行、孟門之别。其他雖小邱窮谷,亦各有名而相傳,不可易者。以其生當中洲之地,經聖人之論斷,必有所據。其他處窮僻之所,寂寞之鄉,無賢人君子之遊歷,聽乎牧人樵夫所品評,鄙陋荒唐,美惡之不同者,又有幸不幸存乎其間。而要之,皆定之以人,而未嘗定之以天也。

吾鄉有山,洞壑幽深,險怪靈奇。宋時朱晦翁、吕東萊訪邑人陳龍川於此,講學多日。晦翁於絶壁中書"兜率臺"三大字,至今經千餘年，雨雪風霜，色猶鮮明。後學祀三賢於洞中，期以九月，八婺之士，拜祝講學者每以十百數，歲歲無異，其名曰壽山。

噫！夫山之名爲“壽”，亦謬矣哉！今夫事有前人所已定，後人因之，雖千百世可以爲常也。事有所宜更，前人創之，雖十易之，不爲病也。夫此山也，其名不知創於何時。或出於牧人之口，樵夫之言，無足深怪。而山巖之靈奇，前賢之遺跡，是必有芳名美號，斯足以副其實也，而浮謬如是，是豈可以百世也乎？

或曰：“古人欲其山之長存也，而因名之以壽。”余曰：“周公得禾，以名其書；漢武得鼎，以名其年；叔孫勝狄，以名其子，所以志不忘也。司馬長卿慕藺相如之爲人，更名‘相如’；元暢樓得沈休文詩八詠，更名‘八詠’。其餘英俊之士，志氣所注，奇偉卓絶，不忍汩没，以自附於古豪傑之林，欲其比名同德者，比比然矣。”

夫山之壽也，巍峩高大，不待名之而自壽也。深厚雄峭，不必名之而後壽也。非惟不必名之而壽，即有詛呪者呪之曰崩，而崖墮，而沙暴風迅雷裂而坍，洪水横衝，飄而長江大河之灘，而山固嶷然自若也。然則欲山之長存而名之，是愚也。以此爲定義，則虚也。何則？天下之山，固無不壽者也。壽，又天下所共有也。言壽而必歸於山，則壽已與衆山公之，而此山不得私。是天下共享其實，而茲獨負其名。言山而徒曰“壽”，則山已爲一“壽”蒙之，而“壽”無所分。是天下各有其名，而茲徒負其實，雖有名而無名也。

且夫物之生於天者，皆真也。起於人者，皆贅也。天下無不真之物，實是也；天下無不贅之物，名是也。天地以其真者，而與天下共其實；聖人以其贅者，而與天下分其名。名定而物乃定也。試觀兩間之物，由其實而言之，不越木、金、土、水、火也。然而喬木在山，工即度之，或爲棟而爲梁；或爲几而爲筵，以及百物器用。而其初本木也。渾金之在爐也，而工制之。别妍媸可以爲金背，平禍亂可以爲干將。以及百物器用，而其初本金也。夫自木而喬，自金而渾，自喬木渾金，而有棟梁几筵，金背干將之不同。夫既有棟梁几筵、金背干將之分矣，專一物而猶謂之木，可乎？而猶謂之金，可乎？故夫山也，天開乎子，其精明純粹者萬年；地闢乎丑，其宏深淳厚者又萬年；至於寅而後生人，其氣之空宇宙，曠歷年，無有屬者，而山獨先得之。是以其精純固久之氣，結而爲屼嵂奇偉之形，其所以"壽"者，以其前有萬年之養，而後有不朽之身也，是有壽而後有山也。夫自壽而山，自山而名，自名而有嵩、華、恒、岱，太行、孟門之不同。夫既有嵩、華、恒、岱、太行、孟門之分矣，專一山而猶謂之"壽"，可乎？夫壽，其真也，天也；名，其贅也，人也。而乃以真而爲贅，則是古聖人凡木土水火之物，而皆以五者統其繁，不必有棟梁几筵之名，而概之以木；不必有金背干將之名，而概之以金；不亦通簡便利，而近於人情，而顧務爲繁縟迂闊，紛紛然與天下明大小，別器用，辨服物采章，毋乃率斯世於紛紜，勞人而勞己也乎？而聖人必區區於此者，以爲物無定形也，而必有定名。則山無定形也，亦必有定名。顧以衆山共有之實，而爲一山獨有之名，不亦虛而無當哉！

吾因是特爲改之。劉夢得曰："山不在高，有僊則名。"嗚呼！天下奇山川，所在都有，而無賢人君子遊歷，往往湮没不彰。古來稱峴山、采石者，甯有幾乎？然而峴山以前，已有峴山；采石以前，已有采石。而叔子不來，太白未至，天下之目猶無見焉。夫斯山也，固宋三賢之所足跡也。當宋以前，山之崇高靈奇，不異乎古，雖以謝康樂、柳柳州之窮僻山川，而言論蹤跡，未有及者。自三賢過化，而後學士大夫登臨不絶，名始甲焉。是則山因宋諸君子而後顯也，乃改爲"宋山"。士大夫聞吾説者，當必慨然而許其可。則夫愚與虛之譏也，吾知免夫！

完石徐氏曰：余觀"壽山"改"宋山"之説甚辨。恒、華、衡、岱，吾不知其何自而名也。壽山，吾亦不知其何自而名也。夫既或"壽"之矣，雖從而"宋"之，亦宜。吾因恠采石之有青蓮而不改爲"李石"；峴山之有叔子而不改爲"羊山",何哉？山猶是也,"宋"之乎,猶"壽"之乎？抑亦見後之學者景企前哲,仰止高山之意。噫嘻！山之傳以宋三賢重,而"宋山"之名傳不傳,又在作是説者,能爲"宋山"重興否矣！可不念哉。

辨

淳熙四年辯 附載

按吾邑《縣志》《學志》俱載:"宋淳熙四年秋,子朱子提舉浙東常平茶鹽,舉行荒政至婺。"邇者予編斯志,得陳春洲先生遺書,有稱"八年"者,有稱"淳熙間"者。緣考朱子《年譜》及《宋史》本傳,淳熙四年,胡茂良疏薦朱子除秘書郎,辭不赴。次年,差知南康軍,其提舉浙東係八年辛丑八月。若"四年",則不得稱"提舉",此一誤也。又載:"訪吕東萊、陳龍川於永康,因會於五峰洞天。"今按時天彝先生記,只言朱晦菴訪同甫,並不牽連東萊。又詳《宋史》本傳,東萊先生卒於八年七月,而朱子除官在八月,賑荒始於十二月,故文公《年譜》云:"十二月,視事於西興。"至九年正月十一日,方按歷婺州諸邑,詳見《巡歷奏疏》。(略云:臣昨按視紹興府嵊縣、諸暨縣,已具事目奏聞。乞續於正月十一日入婺州云云。)其題吕伯恭所抹荊公目録末云;"淳熙九年壬寅正月十七日,來哭伯恭之墓。叔度出此編示予,爲書其左。"《金華縣志》亦言:"隆興元年二月,東萊先生與朱子會于臨安,踰月乃偕至婺。淳熙二年五月,東萊訪朱子於寒泉精舍。八年,朱子以提舉浙東賑荒至婺,因遊永康方巖。時東萊已卒矣。"又壬寅夏,朱子《與龍川先生書》有云:"向説方巖之下,伯恭所樂遊處,其名爲何？其地屬誰氏？幸批示。"歷覽諸説,固知朱子九年之春先遊方巖,至秋乃遊五峰,維時東萊已卒,何得云訪吕東萊、陳龍川於此地？此再誤也。故是編俱稱九年訪字下單稱龍川友人,有詰曰:"子言朱子先方巖而後五峰,亦有據乎?"予曰:"此朱子書中,向説方巖之下一問,最爲分明。”又曰:“是固然矣,但必謂‘秋間’者,恐無所據。”予曰:“予亦以時記‘朱晦菴訪同甫,欲立精舍於此。未幾,按劾唐與政事,遂中止。’參之文公《年譜》‘七月,劾知台州唐仲友不法’數語得之。仲友,與政名也,七月寧非秋乎?”又曰:“朱子行踪,予既知之。至東萊之遊歷,果係何年?”予曰:“淳熙初,講道明招山時也。時先生記班班可考。”友乃恍然曰:“詳核如此,吾乃今而知彼稱‘四年’者,誤之顯焉者也;稱‘八年’者,就除官之始而言也;稱‘淳熙間’者,未暇詳敘,渾以‘間’字括之也。他日邑乘之修,當据此以正其訛焉。乾隆辛丑九月漪園識。”

晦庵欲屋石鼓寮辯 附載

集中所録黄久菴先生《遊永康山水記》,本之家藏傳稿,其文與陳志所載相同。觀邑志所録黄記,與本稿頗有異。其大謬者,在“朱子欲屋東萊讀書處”數語。考朱子欲屋之處,原係壽山石洞。故久庵云:“石門子欲結屋爲吾黨卒業,標其洞爲‘朝陽’,即晦翁欲屋東萊讀書處也。”乃邑志删此數句,而遷“晦翁欲屋”之語於“再至石鼓寮”之下者,此蓋緣時天彝題記有“集材置田石鼓”之語而誤也。按時記所云,“集材因吕子暘置田石皷”者,言集材於壽山,而復置田於石鼓,非集材置田,合一處而言也。且“石鼓”二字,只貼置田言,非爲晦翁欲屋言也。蓋東萊當日本有置田石鼓之事,其欲屋亦未可知。故邑志山川條,又有“石鼓寮,朱晦庵遊而樂之。東萊欲屋之而未果”之語。然時記所云:“朱晦庵訪同甫,欲立精舍于此”,“此”字實指壽山,非指石皷也。修志者鹵莽讀過,以此字爲頂上“石鼓”來,反疑久菴之説爲誤,特删易而變置之。殊不思壽山爲東萊素所樂遊,已曾集材,故朱子欲屋之。若謂屋于石鼓寮,姚公所云“吕子游而樂止,朱子欲創書院而未果”者,亦指石鼓耶?洪公言“晦庵、東萊、同甫講道于兹,留題字跡儼然可見,“朱子欲屋之而未及成”云云者,亦指石鼓而言耶?謂必指石鼓言,則二記何以不係之石鼓寮,而必稱麗澤祠、桃巖麗澤精舍耶？久庵之記，最詳核明顯，與姚洪二公一轍。而邑志必背諸説而删易之，且與山川條兩歧其説，謬可知矣。邇者郡侯鄭公、董公遊五峰、方巖、靈巖時，亦皆訪及石鼓寮。而必欲一至者，職是故也。然則愚於此非好爲煩瑣也，以鉅儒芳跡，不容傳疑，故并辨之。

五峰書院志卷之七

賦

陶爽齡 號石粱，會稽人，望齡弟，舉人，東陽教諭。

五峰賦

陶子旅泊於吴甯之虚，居喧卑而氣伊壹，無所以盪耳目，開心胸。秋遊於三洞，或曰：不如永康之五峰也。於是以十一月上辛，賫輕舁軟，命侶戒行。午憇於柳塘之塢，暮休於金城之坑。三生從焉，欵乎巖扃。方其未至也，威遲郊原，迎睇游武。驚群峰之矗竪，争拔地而超舉。址無寸壤，顛靡圭土。驅弛刑而就築，起造天之崇墉。季超踰而却墮，猱飛透而無功。又似囷廩委積，下殺上豐。甑甗重絫，表悍裏容。圓與峭其異態，推大方以爲雄。乃遵微邏，側足上躋。闖雙闕之對峙，瞻靈宫之崔巍。廻環其巔，下瞰無底。如行睥睨之間，眴眩而增猥。於是相引而下，歷雞鳴，經覆釜。仙犬鴻龍於嵒阿，霜樹斕斑於磵户。童子指而告予曰：此壽巖寺之遺搆也，今化而爲詩書絃誦之所矣。就而視之，天藏罅中，虹抗巖下，依崖成垣，戴石作瓦。朝迎陽而晏清，夕挹顥而森灑。狂霖翻盆，瀧注潢瀉。衣倚蓋而不濡，身倦瞉而獨啞。驚飇扇凌，晶瑩璘皴。厲猛士而擐鎧，堆古鐵而鋟銀。解炎曦而鎗墜，蜿玉虬之卸鱗。風葉夕下，草露晨零。山鼯冥啼，候虫時鳴。諸山遞響，鎧鞳鏗訇。聲始纖而末厲，籟愈怒而彌清。相對寂嘿，燈銷茗寒。雲卧未熟，明星闌干。意領略而已夥，猶缺缺其未嗛。乃相與喟然而嘆曰：夫霞標瀑界，孫興公《台賦》之奇也。天雞海日，李青蓮《姥游》之詩也。彼方臨繪圖，而彷彿托宵夢以遐思。矧身經夫偉觀，其又容已夫偉詞。於是默識而返，抽毫賦之。

詩

葉　適 有傳

送吕子陽自永康攜所解老子訪余留未久其家報以細民艱食急歸發廪賑之

收纓古密浦，抱袂生薑門。九九書自注，邀余綴篇端。久衰余學廢，彌隱子道尊。時維冬雷數，雲雪常晝昏。火把起夜色，丁鞣明齒痕。小邦肥羚闕，鰕蛤濫充盤。椒橙失滋味，糝絜勞傾吞。詰朝報家問，翦書徵阿孫。苦陳鄉人飢，采蕨啖其根。倉封井花滿，淅米安得渾。覓翁如覓父，願假東飛翰。念之不遑處，喟焉整歸鞍。我老澹百慮，身世两莫存。欲私一壠潤，岂救大培乾。西城柳摇摇，北寺江漫漫。勿令嗟來死，以慰道路難。

黄　溍 字晉卿，義烏人，元進士，翰林學士，謚文獻。

遊五峰

立石平如削，飛雲近可梯。莫窮千古勝，但惜衆山低。靈草經年長，珍禽隔樹啼。人言舊朝士，感事有留題。

胡　翰 字仲申，號長山。金華人，許白雲門人，以賢才授衢州教授。

步黄太史五峰元韻

一峰横闞五峰連，巖屋層臺勢絶懸。日月只從空外擲，雲煙渾似洞中眠。泉飛玉屑常清暑，木落軒窻始見天。四十餘年黄太史，足音兩度走跫然。

李　暈 字宗表，號草閣。元末避兵金華，遊永康。明初被薦，官國子助教。後卜築永康魁山巖下，著有《草閣集》。

次何贊府遊壽山詩元韻

我昔手持緑玉杖，徧觀壽山寺外崒嵂之奇峰。天風吹我衣，雲氣盪我胸。峰形峙爲五，烟霞有路遥相通。横秋雙澗橋，影枕寒潭空。上有欲落不落之怪石，下有半枯半活之欹松。一峰凌紫霄，曙色何曈曨。金鷄唤醒海底日，絶頂尚有蒼凉蹤。一峰翠氤氲，恍如武陵之景迷西東。山泉春雨餘，流出桃花紅。左右一峰若覆釜，氣蒸雲霧秀所鍾。西看瀑泉吼飛雪，乃有一峰逈出倒挂虹影於晴穹。一峰後顧復何似，贔屭儼若蟠蛟龍。輸青獻翠千萬狀，並視培塿誇豪雄。香爐紫烟遠莫致，廬山漫詫金芙蓉。伊昔當年紫陽翁，二三賢俊題名同。嗟予寥落生苦晚，不得親陪杖屨遊其中。兜率臺高花雨濛，金仙趺坐青蓮宫，何當復約哦松公。靈巖石室幽絶處，笑揮白玉麈尾盡日相過從。

陸　鰲 號宏齋，婁江人，光禄寺卿。

遊壽山 有序

嘉靖丙戌九月既望，余自仙居訪石門子於芝英，遂相與游壽山。於時應伯宣、抑之、克之、詹公輔、胡仲衡咸與焉。胥論聖賢格致之學，累宿不能去。因次石門韻，以泄其思。

昔聞壽巖勝，今上壽巖臺。白日千峰合，清秋萬壑哀。冥濛觀衆妙，磊落見群才。共識無言意，非關有象來。

程　銈 字瑞卿，號十峰，永康人。松溪先生父，進士，官按察司副使。

崑山張秋官石川陸光禄宏齋來訪應夏官石門於壽山余爲東道主次韻

選勝遊桃谷，尋幽登石臺。月明山鳥静，風激萬松哀。洞古藏真侣,山靈聚上才。高蹤如不惜,乘興爲重來。

次張石川即事題句二首

洞古蒼苔滑,懸崖著此亭。緒風緣葉響,孤月向湖明。露濕歌聲細,雲深鶴嘯輕。更逢魚釣伴,攜手話平生。

清懷碧湖淺,秋風上夜臺。極目五峰合,舉杯三徑開。幽偏塵事杳,貞静道心回。況有翛翛竹,時應載酒來。

夜訪石門于壽山麗澤祠

淅淅聞山籟,遥遥起洞天。五峰誰永夜,孤鶴自長年。巖瀑飛珠雨,桃花散錦川。我來忻對榻,山外任浮烟。

程文德 有傳

送周峴峰考績東歸

君家五峰北,我住方巖東。托居既不遠,營道寧無同。洙泗一脉微,濂洛遠相通。後儒多苦心,大道自昭融。要訣惟慎獨,衆言紛蜩蜂。孝悌培其根,窮困堅其鋒。邁往無停轍,参兩收全功。人生七尺軀,難保百年終。自立不早定,倏逝良可恫。風林希高翮,幽谷多方叢。會須返故廬,侣子巖峰中。洞口坐蘿月,石上吟松風。萬態俯塵世,浮雲過太空。五峰復新祠,麗澤聚高朋。俛仰有真樂,爲謝石門公。

五峰對月

懸厓倚高閣,霽月流中霄。仰觀疑坐井,爛然天宇遥。拂石長松下,坐愛疎陰交。空中忽墮影,敗葉送驚飈。林聲遠近集,蕭蕭還策策。呼童叩山僧,沽酒慰岑寂。把酒問月明,此景那再得。起舞獨徘徊,撫劍露華濕。

留别五峰

寂寂寄山房,歲晏百感集。事業竟如何,流光任飄忽。憶我尋幽來,仲春只昨日。胡爲轉盼間,又見春陽逼。落水自蕭森,回巖空突兀。我來還我去,來去成今昔。固厚何雄蟠,覆我以廣室。瀑布從天來,珠璣滿地擲。西南有桃花,桃源迷咫尺。覆釜何時滿,我欲煮白石。雞鳴去已久,空有丹書蹟。我嘗往來之,點畫猶可即。五峰真奇異,豈徒誇崒嵂。天台與雁宕,令名遥相軋。浮生樂山水,況此慵遍歷。清風明月時,猿鳥似相識。冬窮不可留,感之徒太息。憑高對相望,無言意自適。書此别山靈,山靈應我惜。

五峰倚樓

翠碧丹楓外,飛霞自往來。飄零悲歲晚,突兀喜山開。絶頂雲松見,凌空鳥洞廻。倚樓看不足,欲上最高臺。

盧　璉 字□□,號質窩,一松先生父。

戒行 一松先生如越,受業陽明,父質窩先生賦《戒行》。

阿兒有志投明師,異時獨抱稽山歸。阿兒無志荒於嬉,眊我老眼徒依依。惟勤有功念在兹,能安汝止惟帝畿。至言堯舜人可爲,我聞有道歌緇衣。既殫我力遐爾思,不學無術真卑微,不學無術真卑微!

勉學 一松先生自越歸,質窩先生復賦《勉學》。

汝透出門去,廣遊夫子庭。風清還濯水,月朗不須燈。當取十分樂,毋容一息停。夜深休睡去,擊節唤惺惺。

周　桐 有傳

和戒行

稽山有道真至師,令郎竟往豈徒歸。志礪有立懲怠嬉,學悟本體能遵依。動息戰兢必於兹,安知定止趨邦畿。矢無隱恠或遐爲,允自披錦加絅衣。中和位育奚多思,只在慎獨盡精微,只在慎獨盡精微。

周　瑩 有傳

和戒行

小子曾就陽明師,賢郎亦坐春風歸。堂上叮嚀勿荒嬉,良知果得爲可依。朝兮夕兮念在兹,若奔大道通邦畿。性天之外奚所爲,不願膏粱文繡衣。訓語長存動悲思,慰公有子能知微,慰公有子能知微。

應　兼 有傳

和勉學

憶昔吾先子,志我在讀書。命之台越間,期以聖賢徒。日月忽云邁,依然此頭顱。追念有餘憾,先志甯終辜。盧子出先翰,捧閱成長吁。杯棬不忍隱,手澤况昭如。猗嗟吾與子,其可復躊躇。感之再三復,黽勉終先圖。

應　玠 有傳

和勉學

三復先生教,依稀見古風。精勤韓氏史,志學孔宣公。拍翅緐籠外,馳驅軌度中。異聞雖允子,昏惰亦陶鎔。

程　梓 有傳

贈周峴峰七十

知君不尚言,贈君亦何語。學術易以差,年華不吾與。願言叩宣父,曷云不踰矩。一呼衆睡醒,百年五峰主。

五峰看雪

五老春來色未濃,須臾粧點訝神功。憑欄一望堆重玉,仰首千尋失舊峰。午夜釀成光鑠鑠,寒空化出景濛濛。要知莫作奇觀看,判後乾坤象不同。

雪　霽

乾坤一夜判鴻濛,五老看來迥不同。銀樹凌霄揮白日,玉山奇疊映青空。樓端得暖春先至,谷底凝寒氣未融。須得太陽頻日照,青山依舊鬱籠葱。

武昌寄會中

三載他鄉似夢中,五峰勝會不追從。歸舟擬趂西風便,重九支撑是老翁。

壽山偶成

天開勝地萃群英,五老重興合有靈。好事讓人原不俗,不争吾道更分明。

整修書院二首

五峰命脉一絲延,誰是桃花洞裏仙。九轉大還都不解,惺惺閣上且安眠。

同術同方喜不孤,白頭渾未見真吾。人人有箇堅巢穴,一掃無塵是丈夫。

吴安國 字文仲,長洲人,進士,永康知縣。

瀑　布

桃花峰上水,萬丈灑晴空。幽壑珍珠碎,懸崖匹練同。非煙籠樹杪,疑雨濕花叢。總覺塵心洗,清音瀉晚風。

五峰書院

鑿開頑石自何年,始信人間有洞天。幽嶠杳疑三島入,危樓遥對五峰懸。薜蘿霧氣生衣上,巖穴花香拂座前。却笑烟霞早成癖,賣書應惜買山錢。

仰山子 未詳

避暑五峰

避暑得深幽,忘年遂久留。花陰窻失曙,松合徑先秋。闇谷傳人語,鳴泉洗客愁。家鄉不在此,到此可歸休。

盧可久 有傳

憑欄有感

憑欄樓上頭,忽憶稽山日。四海會雲龍,良知相講習。勤勤琢以磨,怡怡誘還掖。洞口坐春風,天泉飲瓊液。歲忽二紀餘,人遠事成隔。豈無臨安祠,天真甍翼翼。豈無五老峰,百年追麗澤。此意識者稀,微言莫能繹。猶幸此心存,冥會應可及。中夜興永思,每令忘寢食。天心不敢違,直探源頭極。

五峰言别

言赴五峰約,相看眼倍青。漸摩渾不覺,沉夢已俱醒。山雨連床話,風泉隔樹聽。行當復分袂,退勿墮冥冥。

思赴五峰會

百年聚樂歸何地,五日尋盟已有期。賢聖可爲須立本,真元不息看流澌。峰頭月白時來鶴,祠下風清一薦犧。讀罷規條更分手,勤修交砥莫教遲。

黄猷吉 山陰人,僉事。

遊五峰

方巖登罷日西舂,餘興還能踏五峰。白晝雨飛泉在壁,丹梯氷墮玉攀龍。臺空迥憶嘉熙歲,墨妙生看同甫容。我欲就中留信宿,洞門誰啟密雲封。

程正誼 有傳

五峰雪霽

山樓當午快晴暉,玉樹瓊花漸損肥。泉瀉碧空銀漢落,氷摧蒼壁曙星飛。南山日近青峰出,北壟陰凝緑樹稀。十載巖棲葵藿冷,青雲何日着金緋。

瀑　布

千尋削壁峙嵯峩,百道春流壯落波。噴薄雲中傾玉液,騰飛天上接銀河。曉風沫灑流雲濕,夜月聲驚鳴鳥過。千古鬼工粧異景,奇哉造化竟如何。

龍　湫

翠壁煙蘿古洞幽,白雲深處是龍湫。何年霹靂驚龍去,飛瀑空餘碧玉流。

覆釜峰

煉石山中欲補天,女媧覆釜幾千年。丹成曾與安期服,可惜於今藥未傳。

桃花峰

風煖桃花萬樹開,吾家應是避秦來。可憐劉阮思鄉去,竟逐紅塵不復回。

盧自明 有傳

寄五峰諸友

千聖只此心,八荒均一理。人道竟何如,惟學而已矣。大學在修身,良知真聖體。有若靈樹苗,灌溉常無已。有若奠安居,出入知攸抵。毋令駟馬馳,追逐無寧尾。毋俾八風搖,垂頭甘草靡。雖老且益壯,切磋成有斐。雖窮且益堅,陳蔡絃歌起。遠道那有終,研窮直到底。嗟哉五峰頭,倏然梁木圮。木鐸暫收聲,赤幟誰知倚。四望失憑依,扶衰强自企。高吽喚同方,鳴鼓攻凡鄙。麗澤萃朋儕,蘋藻昭禋祀。草昧踵前修,存羊聊示禮。凉秋九月中,旻天方薦祉。古洞剩春風,雲崖懸瀑水。佳景謾虚過,餘生知有幾。鳴鳥向空山,聞風應倒屣。瑞鳳共鳴陽,翱翔看萬里。

杜惟熙 有傳

會五峰回

一年兩度此山中,今日緣何嘆路窮。總爲道心難察識,須從微處覔神通。泰山絶頂天無際，滄海汪洋地不空。寄語吾儕齊進步，莫將一善便收功。

勉陳誠源

質美何愁學道難，經書原是古人傳。讀時勿踏今時弊，德業文章惟汝賢。

陳正道 有傳

五峰積雪

雪積寒光映白雲，五峰却向半天分。側看兜率輝朝旭，遥望瓊林漾夕曛。毋使凝霜增凜洌，休教披靄雜氤氲。門前豈只深三尺，處處横拖匹練紋。

程懋銓 字衡先，號梅林，方峰公元孫，庠生。

五峰即景

固峰開絶巘，築室聚同聲。瀑布隨風舞，桃花簇雨傾。薪傳封釜竈，提命聽雞鳴。王子良知學，千秋步矩程。

董　杲 號方白，石門人，舉人，永康教諭。

遊五峰

舍却方巖與畫眉，麻衣草屨踏蒼苔。此行不是看山色，爲仰斯文萬古來。

王同龐 有傳

寄同會諸友

伊人雲湧氣相求，滿目兼葭一色秋。千古文章期石室，三更風雨聚山樓。飲醇自醉非關酒，懷瑾猶貧豈足憂。煙薄儒林交道冷，盟心共勵砥中流。

赴五峰會痛程子天聲仙逝

古道相期數十年,洞中唱和韻鏗然。而今不復聞談咏,煙鎖秋林霞在天。

五峰四更四首

月影西沉洞四更,披衣起坐見靈明。長林忽報瀟瀟韻,瀑布風來作雨聲。

年年此夜此中眠,魂夢何曾離昔賢。欲覓良知自動處,秋蛩響籟是真傳。

清幽仙境歎難逢,七十仍來宿洞中。默數曩時講道侶,仔肩惟恐負前功。

洞樹雲封月落時,披衣正好細尋思。當年盧杜傳心訣,空蕩襟懷兢業持。

尚登岸 湖廣人,康熙進士,容縣主徐公同修《永康縣志》。

遊五峰

緣巖結侶衝雲中,踏徹荒荒谷口阡。盡廢樓臺留古洞,生飛霧雨迓山泉。林端楓可還添樹,屋頂石當不架椽。秀立五峰成畫裏,空堂遺主仰高賢。

徐　琮 字瑞九,號完石,康熙舉人,蕭山教諭。

咏五峰五首

五丁何代剖靈嵌,洞廠樓臺古邃嵒。俎豆詩歌留絶學,講筵鐘鼓振塵凡。千尋飛溜隨風荔,半壁流霞織石衫。坐對紛囂渾不染,一輪氷魄照芸函。(固厚)

千尺危巒俯壁林,泉從絶頂落寒潯。人由巖下穿飛練,水繞蹊中細鼓琴。日午不妨天半雨,風來頻走澗前陰。杖藜幾度雲深處,對此清虚似洗心。(瀑布)

入山便訝有奇踪，何事艤舟訪石多鍾。可是女媧留補治，却教愚父覆成峰。尋芳洞口仙人路，依翠巖前雲樹容。丹熟不須憑火力，爐烟消盡凈塵胸。（覆釜）

遥天突兀是前峰，石壁相傳絳影重。碎錦粧添巖屋色，亂紅艷襯晚山容。秦人空羡探花入，漢苑休誇挹露濃。一上講堂相晤對，春風滿座此中逢。（桃花）

火精應象位峰南，講席聲聞接麈談。似唤飛烏催遍曉，欲回夢蝶醒餘酣。淒聯夜枕堪添舞，響入晨鐘足起貪。何處關頭頻猛省，幾希莫悮是更三。（雞鳴）

王崇炳 有傳

五峰書院

真儒絶學寄名山，披拂遺風萬象間。新建祠幽寒籟寂，考亭書老古苔班。人間原有仙凡界，吾道中分夢覺關。黄菊青雲引歸路，水逢源處可無還。

乙酉春重下帷五峰精舍

寒斬花期柳未舒，疎蓬當户著霜餘。清齋凈掃人初到，叢竹蒼森我舊居。一壑盤桓難號隱，十年著述未成書。徒將歲月供高卧，抱膝深慚住草廬。

己亥九月重至五峰書院與祭先賢

石巘崯峩晝影凉，紫霞深洞著書堂。山川如故流風遠，俎豆依然舊業荒。講席虚傳齊白鹿，鄉人猶自重犧羊。一泓學脉靈湫水，重爲前賢致瓣香。

王同曾 字沂公，澹庵先生從兄弟，歲貢。

壽山道會荅王虎文步原韻

河汾家學本來同，晝水桃流會此中。乍見心花開夜月，坐沾道味冷秋風。談霏玉屑成餘韵,賦擲金聲渾化工。晤對三朝殊有得,那堪話别看丹楓。

朱　謹 號雪鴻,崑山人。

遊五峰書院三首

披襟雙洞口,策杖五峰前。天影留巖竇,松聲禁瀑泉。亂雲樵擔出,斜日客心懸。獨立空懷古,回眸一惘然。

禮樂青山在,弦歌白日長。眼前春草意,塵外早梅香。穿洞登儒域,憑樓面聖牆。詠歸循石徑,飛雨欲沾裳。

籃輿巖下去,何事首頻回?惘惘悲遲暮,行行入草萊。忽從歧路轉,别有一天開。田父休相問,桃巖看瀑來。

程開業 字敬一,號五峰,方峰公六世孫,雍正甲辰進士。由户部郎中,歷任兖沂曹,兼管黄河道,署山東布政使司事。

遊五峰書院二首

靈山奇巧似蓬壺,躡屐行來一逕紆。絶巘千尋排錦障,飛泉白道散明珠。講堂自昔傳真學,石室於今祀大儒。何日塵緣俱謝盡,好從此地結茅廬。

紫巖深洞鎖蒼烟,銷夏行遊興洒然。奇石飛來堪拜丈,靈峰琢就合居仙。幾忘境外成何世,但覺壺中别有天。勝地蓬門相咫尺,一回眺覽一留連。

應世衡 字作宜,永康人,庠生。

五峰書院志感

當年披斬幾多人,今日蒼凉荒草臻。風梟爐烟傳古意,霜清講席冷秋蘋。峰頭瀑水誰探本,洞口桃花鮮問津。先哲云亡思繼起,高山仰止百千巡。

此先師咬香先生當年目擊垣舘傾頹,講堂虚曠,志圖興復,恨不能舉行,賦此以志慨也。而逝後祠宇更新,規儀重整。先師有知,當亦含笑地下矣。

門下弟芝暉謹識。

應正禄 字遒之,號恒齋,永康人。乾隆舉人,現任麗水教諭。

五峰懷古四首

巖作圍牆石作宫,洞天原不與凡同。桃花春滿堆紅錦,瀑水源高掛白虹。閬静偏宜群壑響,清虚不受一塵蒙。當年講學人何在,却立峰前憶遯翁。

自古名山半草蕪,高賢過化遂成都。厚巖壑集東萊吕,兜率臺升徽國朱。入座談經雙鹿洞,擁比闡教一鵞湖。千年壽窟留遺蹟,結契於今想大儒。

勝朝中葉道方興,前哲流風力纘承。大擔有三忻其荷,高峰惟五羨頻登。稽山支孕壽山秀,姚水派沿麗水澄。一點靈光來繞壑,臨風屈指幾恒升。

石室年來覺已非,紅塵牢鏁白雲扉。更無砌草當窻緑,剩有巖花遍地飛。説理何人憑好鳥,傳燈若箇洩真機。徘徊不盡興衰感,滿洞清風拂袖歸。

應　梁 字克任,永康人,廩貢。

次恒齋五峰懷古韻二首

追憶當年闢草蕪,氣同萬里訪瓊都。音傳空谷來金玉,聽集虚堂辨紫朱。涣似春風消凍壑,明如皓月照晴湖。自開講席詮真學,千載靈山顯大儒。

講堂依舊嘆人非,惆悵峰前倚竹扉。精舍静聞黄鳥語,空山悄見白雲飛。聊從後裔談芳躅,還訪先賢坐石磯。俎豆不忘秋日祀,是三大擔近誰歸。

盧衍仁 字紹履,號東園,東陽人,歲貢,參閱本志。

重修書院有懷志喜二首

生平慨慕昔賢踪,麗澤真源有五峰。朱吕來遊開講席,應盧懋學啟儒宗。洞天福地長今古,绛帳春風樂景從。鄒魯薪傳吾婺盛,高山瞻仰白雲封。

書院嘉名麗澤長,八華石洞競遺芳。有人擔當道斯顯,無與振興誰克昌。繼述重新君子澤,朋簪共晉菊花觴。摳衣未遂登堂願,縹緲神飛固厚崗。

次韻盧東園重修志喜二首 附載

頻年杖策訪遺踪,咫尺名山到五峰。石篆苔痕留古蹟,遺經秘笈演儒宗。斯文未喪應長在,吾道寧非竟末從。賴有雲龕深護惜,飛泉時爲洗塵封。

名山聖澤共靈長,古構猶遺世外芳。敢冀宫牆窺美富,擬懸日月繼光昌。薪傳遞演分雙洞,菊候同忻薦一觴。漫嘆摳衣多未遂,還看千仞陟高崗。

癸卯秋東邑陳君勇九來赴五峰講會賦贈 附載

八十曾傳赴講堂(君祖誠源先生年八十,猶徒步赴五峰會。),文孫重此肅冠裳。百年雖冷談經麈,一綫猶留告朔羊。每届黄花懽握手,嘗披绛帳憶連牀。(壬寅,予赴東邑,舘於明德書院,即誠源先生講學處也。君時設帳其中。)歸途那藉霜林好,弄月吟風趣自長。

五峰書院志卷之八

永康後學程尚斐衛賢纂輯
東陽後學盧衍仁紹履參閲
同邑後學方啟賡飏言校訂

建　置

五峰建祠置産，由來已久，郡邑志備載巔末，班班可考。然祠宇楹數，山田畝數，以及崇祀儀注，一切會規，未能縷及。今特彙爲一卷，俾歲會成規有所稽考，佽助賢裔得以指名，以及會中産業如干，一切細碎，臚列詳贍，亦以杜侵漁之漸也。

祠　宇

麗澤祠

正德間，應石門先生建。太守張公鉞題此額，嗣守姚公文炤記。乾隆庚子捐修，後學程兆選記。

崇　祀

紫陽朱文公

東萊吕成公

龍川陳文毅公

配　祀

雲谿吕公

松溪程文恭公

聯

石室千餘年，博厚高明悠久；

金華三大擔，事功道德文章。(王同曾)

藉瀑布以潔明衣，齊嚴三日；

乘雞鳴而修祀事，禮重九秋。(附　載)

祝　文

嗚呼，文公集理學之正宗，成公傳中原之文獻，文毅公蘊經濟宏猷，雲谿公敦孝友實行。至於文恭公學術無忝儒臣，行誼足稱君子，是皆道紹往聖，功在斯文者也。同鄉過化，麗澤相資。宋哲明賢，後先一揆。惟兹歲會，共舉明禋。神其鑒此，佑啟後人。

五峰書院

嘉靖丙申，太守姚公命耆老吕瑗建，原名"桃巖麗澤精舍"，邑侯洪公垣記，嗣守陳公京書今額。康熙二十二年，邑侯姬公肇燕，又顔曰"闡明理學"。乾隆庚子，太平吕大宗祠修，兵部右侍郎、兩浙學政彭公元瑞又給額"麗澤如新"四字。

崇　祀

陽明王文成公

配　祀

石門應先生

方峰程先生

一松盧先生

聯

學則數言，矩矱遥承鹿洞；

心傳一脉，淵源近溯姚江。(程兆選)

學術啟良知，恍示鳶飛魚躍；

講堂開勝地，何殊鹿洞鵞湖。(附　載)

祝　文

於維夫子，姚江挺哲。瑞雲降真，聖胎凝結。道體圓明，博文約禮。明德新民，龍場見性。天泉澄心，功封新建。學謚文成，教延古麗。覃及吴寧，親炙私淑。溯源同根，兹因歲會。共舉明禋，神其鑒此。佑啟後人，石門應子。二任一考，好學躬行。方峰程子，蒙難任道。禄養清純，一松盧子。望洋日録，契妙傳薪。惟兹三哲，沐化更深。謹請配食，侍坐如生。嗚呼！洞天廟廡，師弟豆登。一堂志合，萬古脉存。

迎神歌

聖人間世，斯道大明。我陽明子，間世之英。

侑食歌

間世之英，鍾我陽明。大明斯道，良知良能。

送神歌

良知良能，夫子性德。堯舜孔孟，相傳則一。

學易齋

明季，後學周佑德先生建，其子祖承修。乾隆庚子，會下捐修。

崇　祀

北山何文定公

魯齋王文憲公

仁山金文安公

白雲許文懿公

楓山章文懿公

配　祀

東溪李先生　寶峰周先生　峴峰周先生

見山杜先生　新菴盧先生　春洲陳先生

誠源陳先生　常惺金先生　復初周先生

淵潛吕先生　蘋齋陳先生　歧寧趙先生

澹菴王先生

乾隆辛丑後配祀

十峰程先生　古麓應先生　居左程先生

五松吕先生　晉庵應先生　石崖吕先生

敘齋胡先生　肖松胡先生　東澗吕先生

潛庵陳先生

聯

觀象澤風，先聖猶虞大過；

玩圖河洛，後賢庶省微言。(程兆選)

祝　文

曰：風高百世而爲師，志合一堂而相友。惟古婺冠鄒魯之號，而醇儒衍洙泗之傳。關閩姚江，如父子孫之作述。德性問學，無宋元明之異同。爰即易齋而爲公祠，玆因歲會以申禴獻。嗚呼！酌龍湫以薦明水，淡泊不厭，先民之景況依然。望雞鳴而仰高山，佑啟無方，後人之企瞻曷極。尚饗。

以上三祠祝文歌詞撰人闕

重修入主合祭祝文

嗚呼！道隆洙泗，鄒嶧重光。綿延千載，墜緒茫茫。濂溪蹶生，關洛頡頏。孰集其成，恭維紫陽。旁搜遠紹，微言孔彰。吕公陳公，並時載揚。何王金許，婺學彌昌。良知覺世，崛起姚江。殊途一致，後先相望。嘉謨懿範，示我周行。維玆壽岳，過化之鄉。明禋奏格，異代同堂。蘋蘩敢替，楝宇浸荒。歲維庚子，節届重陽。重輝榱桷，虔薦馨香。神其佑啟，來格來嘗。

程兆選撰

給匾始末

乾隆四十五年十月十八日，永康東陽二學生員程尚履、應志楊、盧繼韶、趙煥文、盧柏、吕東明、程鳳山、王載嵋、顏蘊輝等，以恩賜匾額、振興正學事，呈提督學院彭，蒙批："五峰書院是否先賢遺跡，抑係該三姓私祠？現在曾否重修？仰該學查明詳奪。"蒙儒學正堂方□、副堂許□詳覆：

查得三十五都壽山，距縣五十里，上有五峰。宋淳熙九年，朱子提舉浙東常平茶鹽，過婺，訪吕東萊、陳龍川於永康，會此山麓。龍川請晦翁主講席，從遊者數百人。今有摩崖"兜率臺"三大字，係晦翁筆也。前明尚寶丞應典建祠，祀朱、吕及張南軒、陸象山，而以龍川配焉，曰"麗澤祠"。嘉靖間，金華府知府姚文焆爲之記，復檄縣尹洪垣建五峰書院，處來學者。嗣程文德待次祭酒，與其友周桐、應廷育會聚講學，以祠隘弗稱，且以張、陸未嘗至山，遂定祀朱、吕、陳三子，即書院爲祠以妥焉。每歲祀期，定以重九。先是，應、程、盧三姓創置會田，以資歲會，至今不廢。實係先賢遺跡，並非三姓私祠。歲久，祠宇傾頹，三姓該生，鳩工庀材，葺治鼎新。十月已蕆成事，現在油餙亦將次完竣。兹奉批查，理合據實①，備文申覆。至可否給與匾額，出自鴻裁，仰候憲臺察核，批示祇遵。蒙批准給匾，候親書發學繳。

乾隆四十六年正月，蒙親書"麗澤如新"發學。

儀注 三祠各行三獻禮，惟五峰祠歌詩三章。

（通贊）序列。主祭者就位。執事者各司其事。啟龕。請主。參神。鞠躬。拜，興（凡四）。平身。瘞毛血。降神詩。歌迎神之章（引贊）。詣盥洗所。執事者酌水進巾。詣香案前跪。上香酹酒。俯伏興拜（凡二）。平身。復位（通）。行初獻禮（引）。詣神位前跪。執事者酌酒奠祭酒（通）。分注（引）。俯伏。興。平身，復位（通）。讀祝（引）。詣讀祝位跪（通）。衆皆跪。讀祝文（讀畢）。俯伏。興。拜，興（凡二）。平身（引）。復位（通）。行亞獻禮（引）。詣神位前跪。執事者酌酒奠酒（通）。分注（引）。俯伏。興。平身。復位（通）。行終獻

① "實"，原爲"寶"，據義改。

禮(引)。詣神位前。跪。執事者酌酒奠酒(通)。分注。進饌(引)。進湯。獻飯(通)。侑食詩。歌侑食之章(歌畢)。滿注酒(引)。俯伏。興。平身。復位(通)。飲福。受胙(引)。詣飲福位。跪飲福酒。受胙。俯伏。興。拜。興(凡二)。平身。復位(通)。辭神詩。歌送神之章。鞠躬。拜,興(凡四)。焚祝。望瘞。送主。徹饌。合龕。禮畢。

會　規

一、從前歲春秋二會祭,分三日。自康熙二十年始罷春會祭,併而二。近因修造,貲倍空乏,始衆議祭,總於九月之十二日,應、程、盧三姓於先一日詣祠治事。東邑會友,亦是日至祠。餘會友於十二日午前至祠,午刻祭。首麗澤,次學易齋,次五峰祠。十三散會,俟有嬴餘,仍復照舊例。

一、祭器、祭品、餕品,務宜預備,倘有不周,責在司事。

一、邇來與祭頗濫,今議定諸賢後裔,每派以四人爲率,如有紳衿,另行散餕。

一、是會原關講學,衣冠中人,即非派下,聽其與祭。

一、入祠後,各宜禮讓相先,勿得輕言妄動,有愧儒風。

一、主祭必擇衣冠中齒德兼者承之,毋得濫舉。

一、執事必擇禮儀嫺熟者任之,毋俾失儀。

一、與祭者務宜衣冠整潔,敬謹行禮,咸昭如在之誠。

一、按舊例,十一日,諸友到會畢,列坐。請年高德卲者講明會規。十二日早膳後,各出質言,以相參證。其式正楷大書,登名于尾。凡與會者,各帶紙筆,午後互相鈔録,完時實粘壁上。十三日早膳後,老成者各拈書一章、性理一章,三日内餘功,或質疑問難,或闡發格言,俱登載於簿。

一、先儒嘗肄業五峰,生前品行文章爲人欽服,没後其子姓欲配享書院者,須遵趙岐甯先生歸主例,預通知各宅道長。備祭之外,另捐貲爲節年祭奠之費,毋得輕率自便。

乾隆四十六年辛丑九月會長公議

會　産

一、僧田伍分正，坐廿八都六保，映字一千二百廿八號，土名金雞町。

一、僧田壹畝捌分七厘，坐同映字一千二百四十二號，土名桐園。

一、僧田柒分伍厘，坐同映字一千二百四十四號，土名同。

一、僧田拍捌厘，坐同映字一千二百三十一號，土名同。（以上應門常户）

一、僧田貳畝壹分柒厘，坐二十八都六保，映字一千二百三十一號，土名桐園。

一、僧田拍七分二厘，坐同映字一千二百三十四號，土名同。

一、僧田肆分二厘，坐同映字一千二百三十二號，土名同。（以上程京常户）

一、僧田肆分三厘，坐同映字一千二百廿九號，土名馬婆塘。

一、僧田柒分伍厘，坐同映字一千二百三十五號，土名同。

一、僧田貳畝正，坐同映字一千二百五十七號，土名桐園。

一、僧田壹分二厘，坐同映字一千二百三十一號，土名同。（以上盧松常户）

一、民田叁畝八分□厘，坐廿八都一保，不字□□號，土名統塘下。百九十，計二坵，王楚生先生助。

一、民田捌分□厘，坐三十五都七保兒字□□號，土名上湖牛梔凹。四十，盧新菴先生後裔助。（以上二號畝坐程京常户）

一、民田壹畝六分六厘，坐落蒲塘下百萩，桐塘吕五松公助。

一、林坑陳節年納租銀貳錢肆分正。

一、太平吕宗常節年納租銀陸錢正。

一、獨松程寬常節年納租銀貳錢肆分正。

一、象珠王澹常節年納租銀陸錢正。

一、太平吕石崖公節年納租銀壹兩二錢五分正。(以上田俱坐其本地)

一、民地伍分柒厘,坐廿八都六保映字一千二百九十八號,土名山門頭。(盧松常户)

一、民地肆分九厘,坐同映字一千二百九十九號,土名深塘下。(應門常户)

一、民地叁分四厘,坐同映字一千三百號,土名井邊。(程京常户)

一、民山捎捌分正,坐同映字一千二百九十六號,土名新屋邊。(盧松常户)

一、民山壹畝叁分正,坐同映字一千三百壹號,土名覆釜山脚。(應門常户)

一、民塘伍分正,坐同映字一千二百三十六號,土名馬婆塘。(程京常户)

重修輸金姓氏

一、路口屋三間,書院東樓屋一間。應、程、盧三姓建。乾隆庚子,三姓重修。民國壬申,三姓重修。

一、門内樓屋一間,東陽安文陳修。

安文陳春洲、蘋齋二先生下,共捐銀叁十兩正。

西街杜見山先生下杜景化,捐銀十兩正。

官橋陳誠源先生義學,捐銀拾兩正。

巍山趙岐甯先生下學山,捐銀四兩正。(以上東陽)

林坑陳龍川先生下,捐銀肆兩正。

太平吕宗祠獨修五峰祠三間。

峴口周峴峰先生下福禄二常,捐銀拾貳兩正。

游川周復初先生下(洪季、文希、宗商),共捐銀二兩肆錢正。

湖塘吕淵潛先生下,捐銀四兩正。

象珠王澹常,捐銀陸兩正。

獨松程寬常,捐銀五兩正。
芝英應貴常,捐銀貳兩正。
儒堂盧巨常下亦悦,捐銀柒兩正。
仙盧盧新庵先生下(聰常、恭常)東成,共捐銀貳兩伍錢正。
文樓程京常,捐銀捌拾兩正。

董事姓氏

程洪圖　應文達　盧亦悦　程景理
程洪章　程廷三　吕汝鴻

民國十九年奉省令土地陳報

一田九十把,坐馬婆塘下。
一田八十把,坐同。
一田三十把,坐同。
一田六十把,坐同。
一田五十把,坐同。
一田百秧(計二坵),坐馬婆塘口。
以上俱馬婆塘注。
一田百六十把,坐新塘下。
一田九十把,坐庵前新塘下。
一田九十把,坐同。
一田百五十把,坐麻車坑口,靠方巖山脚。
一田三十把,坐同。
以上俱新塘注。
一田百九十把,坐前園家上統塘下。
一田四十把,坐上湖牛梔凹。
一地一片,坐馬婆塘下。

跋

五峰書院之有志，所以載宋元明理學之昌盛，并載先賢講學之事蹟，以留示後人也。攷清自乾隆辛丑纂修，迄今壹百五十多載矣。惜年湮代遠，經過咸同之間，粵寇騷擾殆甚。查訪原本志書，僉謂失落者頗多，而所存在者寥寥，若聽其散佚寖荒，即有志考古者不幾嘆杞、宋之無徵乎？噫！志之所係，不其重歟！矧民國紀元以前，每届歲會日期，諸會友群集，僉謂此志不重新翻印，恐年久失傳，無以保存古蹟耳，奈遲之而未得進行也。舊年乙亥九月秋，歲會又到。諸會友畢至，復僉言世局變遷，古今各異，此志之翻修，更不容緩也。茲幸從胡堰胡氏宗祠覓得《五峰書院志》原本一部，首尾完全。今年夏，某等邀仝三姓商議，倡首墊款，俾得設局雕刊，重行付梓。原原本本，悉循其舊，仍裝訂二大册，共新印八十部。庶幾史册昭垂，理學之薪傳，乃得永久勿墜矣。惟乾隆辛丑後，先儒配祀學易齋者共十座。此次重印，均已補載，藉資流傳，不至湮没，乃不負先賢之苦心耳。嗣後望各先賢賢裔，慎重志書，保守勿替，洵可爲千百年之紀念。是志也，四月翻印，五月告竣。爰不揣譾陋，因掇數言以志諸末簡焉。時民國二十五年丙子也。

後學應望梧鳳翔、程士英笑心、盧德基温恭同謹志。

（民國）永康縣鄉土志

樓古愚　編

盧敦基　校點

前　　言

民國《永康鄉土志》，抄本，上海圖書館藏。該館編《上海圖書館藏稀見方志叢刊》（國家圖書館出版社，2011 年）收入刊行。該書提要云：

（民國）永康鄉土記四卷，佚名編。民國傳抄本。一册，緑框精抄，半頁九行，行二十四字。

永康舊爲金華屬邑。本鄉土志分建置沿革、政績録、兵事録、藝文録四卷。設：疆域、山嶺、川源、鄉區、丁口、田土、賦税、人類、氏族、風俗、禮節、宗教、物産、耆舊録諸目。其中"物産"一目但志與人有利害之關聯者，餘者從略。建置沿革記事至民國間。

該志作者究係何人？《永康縣志增補》伍"人物・先儒"傳記云：

樓古愚，名選，字藻圃，號漱石，邑之舟山人……古愚生平喜究史學，明達時務，不囿舊見。窺知中外大勢，明察興革之宜，晚年曾刊"齒宿意新"印章一方，蓋取年高而思想未嘗不日新又新之意，用以自勵，故凡接近其言論丰采者，靡不翕服。光緒末造，任永康官立高等小學堂堂長，延聘優良教師，添置儀器教具；且建造大禮堂，以爲集會及教學之需。自任修身課程，言教身教，學風淳良。民國三年膺選縣議會議長，當以同舟共濟，共謀地方福利之旨,與諸議員相勖勉。故能提案切實,議論相孚,凡所決議,均稱允當。一一咨送縣府付之實施,興利除弊,造福桑梓,厥功至偉。年七十歸老於家,猶立課表以自督,勵精不懈。邑人吕戴之時任嘉湖鎮守使,作序爲其壽,曾謂清季廢科舉,興學校,各縣新舊學界紛樹門户,互相水火。獨吾邑賴其先後主持縣學、議壇,融合新舊學人感情,消除地方人士歧見,乃能未起糾紛,稱爲邑之達人。

民國六年(1917)夏曆丁巳二月十三日,古愚病逝。距生於清道光乙巳年(1845)二月十八日,享壽七十有三。著有《永康鄉土志》四卷、《漱石山房詠史截句》四卷、《愛晚香齋詩文存》、及《蔗境溯録》等稿件藏於家。(俞克孝撰)①

志中"山嶺"一目,与明清縣志一樣收列境内山脈,而偏偏記録了以前均未列入的冠嶺,且推薦云"可爲講學之地",顯露了作者的愛鄉情結。

該志作於何時,無確切證據可以坐實,但可斷言作於 1939 年前。蓋 1939 年 7 月 1 日,劃東陽、永康、天台、縉雲各一部分,成磐安縣。② 永康馬鬃嶺,本與仙居接壤,分縣後入磐安境。該志仍將馬鬃嶺、靈山等地列入,可見其寫作年代之下限當在磐安縣成立前。而作者此時已逝,故寫志日期自更早。

晚清民國時期,各地鄉土志編纂尤盛,《永康鄉土記》亦是當時潮流之産物。此志條目設置,也跟其他鄉土志類似,並非獨創。但其中一些爲以前官修方志忽略的内容,頗有歷史價值。以下略説明之。

卷一中建置沿革、疆域、山嶺、川源、鄉區、丁口、田土、賦税等,基本按舊志輯成。但"人類"目下,記孝義鄉四十七都八保,多仙居喬寓之民,易致生事;城内有徽、閩、紹三幫商人及會館;美國傳教士來縣

① 永康縣志增補編纂委員會:《永康縣志增補》,1983 年版,第 38 頁。

② 永康縣志增補編纂委員會:《永康縣志增補》,1983 年版,第 7 頁。

城傳教購地造屋且葬於此,皆舊志從未涉及。“氏族”目下,敘述本縣各大姓之源流,梗概粗舉。“風俗”一目,舊縣志中,唯萬曆應廷育志有過較詳論述,後續各志基本延續其文。而本志的記載則更接近當時的實際情形:如言永康有好訟之民,但僅是極少數而已,多數仍是守己畏法之人,“對長官如神明,見隸役則膽慴,往往有至老而不識訟庭在何許者居其多數”。此情形在筆者少年猶如其然。“禮節”所記内容也彌足珍貴,包括了冠禮、婚禮、喪禮、祭禮、雜禮及節日風俗。“宗教”所述内容,今人看來頗覺陌生,但也是當時實情。“物産”類,則不如舊縣志全面記録,而是記録“與人有利害之關者”,尤其注重經濟作物和礦業。“製造”題下,全是平民經濟活動如醃火腿、放白蠟、制棕、紡織等等,極有意味。

卷二政績録,記載自梁至清的縣級行政長官的突出事蹟。耆舊録,則記録永康籍的先賢。其篇幅比起歷代縣志均有較大縮減。

卷三兵事録,記録晚清的當地兵備狀況,並輯録元至清永康之兵事,最後記録之事爲太平天國時期。

卷四爲藝文録,收詩、文。文僅寥寥幾篇,且皆非紀事文。詩中有些篇目與鄉土關係較切者,如從未被縣志收録的程正誼《方岩賽神歌》。還有一些外地名人詠永康事的詩作,如彭玉麟、俞樾詠吴絳雪的,也收進了。

總的説來,該志多記録與百姓日常生活密切相關的事蹟,較爲簡明扼要。較之官方編纂的方志,有相當獨特之價值。

閲讀該志,明顯覺得作者不同於傳統鄉儒,較能接受新思想和新生事物,看問題也更爲通達。驗之作者傳記,果然。

該志由本人標點整理。

盧敦基

2022年3月10日

永康鄉土志卷之一

建置沿革

永康舊爲金華屬邑，在禹貢揚州之域。春秋戰國時爲越地。吴赤烏間分烏傷之上浦鄉置永康縣，隸會稽郡。寶鼎初，分會稽之西部置東陽郡，縣屬焉。至蕭梁，升縣爲縉州，領東陽郡。陳永定初，即郡置縉州，縣仍舊名。隋又改置婺州，縣仍屬焉。唐武德中，即縣置麗州，旋廢，縣仍屬婺州金華郡。天授中，析縣之西境置武義縣。萬歲登封元年，又析縣東南置縉雲縣。五代吴越屬武勝軍節度使。趙宋屬婺州保寧軍，隸浙東路。明洪武初，改婺州，爲寧越府，後仍改爲金華府，縣屬焉，隸浙江布政司。清因之。民國廢府，以縣隸省。

疆　域

永康縣境東、西廣二百六十五里，南、北袤一百里。東與仙居接壤，馬鬃嶺下連坑是其交界處。東南接縉雲，庄基、洪茂嶺、護臘橋、永祥、馬嶺皆與交聯。西南以武義爲鄰，桐琴、趙村、楊公橋、董村諸處與爲唇齒。北界東陽、義烏，五斗山、四路口、長塢坑、楓坑嶺、祉嶺皆其接壤。清康熙中，知縣沈藻奉憲會勘，立石爲界於其間，共十有三處云。

山　嶺

永康環縣皆山，而以三峰山爲縣治之祖山。三峰鼎列，絶異諸山。左爲挂紙嶺，右爲杳嶺，路通義烏。與杳嶺相連接者，有白窖峰，圓峰高聳，挺特研麗，堪輿家謂之貴人峰，係縣龍祖山。又南行二十里，名横山，爲縣治少祖。再南行十里，縣治在焉。東拍一支爲黄青、朱明二山，中間有諸姓宅墓數十處。西拍一支爲西横山，邑之先賢名墓皆鍾靈於此焉。

松石山，居横山之東北隅，延真觀在焉。有石著地拔起，大合抱，高六七尺，鱗皴如松。相傳唐建中間，仙人馬自然至觀，指庭前松曰："此松已三千年，當化石。"已而大風雷，震松作數段，皆成石。以此爲震之餘云。

西石山，一名霞裹山。皆積所成，逶迤東抱，南傅於華溪，爲縣治右衛之第一關。人以其巖石崚嶒，與水相激，又名水攻山。其上有故鄉祠，祀梁何炯、唐周某、王某三令尹，俗呼三長官祠。其南麓，王麓泉書院在焉。今俱圮。

白雲山，邑南方之望山也。員峰聳拔，上際雲表，正當縣治與學宫之前，端峙若賓，俗呼爲狀元峰。每朝有雲氣升騰其巔，則是日必注雨。人嘗候之，以爲雨徵。

大厨山，距縣二十五里。山高聳而方，形如立厨，故名。山之東爲岡谷嶺，其地亦寬平可居。正統間，括寇嘯聚，里人多砦此以避。谷口爲寓賢韓退齋循仁故居。

歷山，距縣二十五里。高二百丈，周四十里。其上員峰屹立，狀如覆釜，名神龜拜鼎。山頂有潭，廣三畝許，深可二丈餘，俗名龍王塘。山半下有巖，生成石池三，其水澄澈，亢旱不涸，俗名三浙江。歲旱，鄉人於此迎龍禱雨，多驗。上又有舜田、舜井、舜祠諸名目，則因《書》舜耕於歷山之文而傅會之也。舜所耕歷山，在今山西省蒲州。

冠巖，在縣南二十五里。高數十丈。山皆烏石，結成方體如獅形。北嚮横列兩洞，穹窿庨豁，深闊各十數丈，中設神像，爲武平鄉主。兩洞前各建廻廊十數間，極幽静，可爲講學之地。上洞神座後深可容百餘人,冬暖夏涼。中多蝙蝠,大者其翼如扇。

絶塵山,俗呼東溪山,距縣三十五里。高五百丈,周十里。四面皆峭壁,拔地而起,石峰叢列如插戟,祇有南、北二徑可通出入。南從黄坑,仰穿巖石,徑甚逼仄,俯瞷皆懸,莫測於其盡處。壘石爲門,曰南門。北由紀家原縈紆曲折以達於頂,各有生成巖石如門,曰北門。倚此置守,直有一夫當關萬夫莫開之險固。入其中,周圍如城郭。有田六十畝,地倍之。又有塘可漑,井可汲。每有寇警,鄉人多登此以避焉。咸、同之間,髮逆縱掠年餘,無山不到,惟此山與方巖得保無恙。舊有寺曰崇福,今廢。惟居民三五家安耕鑿焉。

石室山,高二百丈。與絶塵山相附近。四面皆石壁聳起。緣巖而上,有石洞,中通若夏屋,可容數百人。居中有石柱,又有一巨石,其形如竈,傍有石井,水甚清洌,以之烹茶,味極甘美,隨人多寡,汲飲無餘欠。其傍近又有巖,曰西巖。飛瀑瀉出石壁間,當雨後水盛時噴薄如轟雷。

靈巖,距縣四十里。高二百丈。皆峭壁,拔地而起,紫色斑錯,枯木蒼藤倒挂,若畫屏然。緣巖架石爲梁,曲折而升,有石洞,南北相通,軒廠如廣厦,廣五丈,深二十丈。其尤奇者,洞上下及左右壁皆砥平無窊突,有若神工斲削而成,所以謂靈也。

方山,東方之望,距縣六十里。高千餘丈。西望縉雲、武義,東望東陽、義烏諸縣之境,山如縈蛇,川如曳線,瞭然在眼。俯視附近諸名山若方巖、壽山、石翁、石姥以及橙尖、華釜之屬,纍纍然出於履舄之下,猶禾囷鹽囤也。山頂有寺,曰真寂,路峻而遥,遊人罕有至者。

方巖,距縣四十五里。高二百丈,周六里。巖皆平地拔起,四面如削,惟南通一道,至山腰而絶。壘石爲磴而升,曰百步峻。磴上沿巖架爲棧道,曰飛橋。將至頂,有兩石對峙其上,屋之曰峰門。入關,地更平曠,約數百畝。中有池,可畝餘。臨池有廟,曰赫靈,祀宋侍郎胡公則。公少讀書於此,後人思公德,因其地立廟祀焉。其後著靈異，宣和中，敕封佑順侯。紹興中，加廟額曰赫靈。後累加嘉應福澤靈顯。淳祐間，進封爲公，更號顯應，尋加聖惠。寶祐初，再加忠佑。詳見於黄溍所撰《胡侍郎廟碑陰記》，而人多未之考，故但仍其舊號而稱之也。竝廟有寺，曰廣慈。久之，廟圮，侯像遷寺中，位於大雄寶殿之前，寺僧因攝廟祝以資衣食焉。寺後有洞，深二丈許。即洞爲樓，曰屏風閣。東偏有坑，深入如井，曰千人坑。相傳昔鄉人避寇巖上，寇至，援藤而升，頓見赤蛇，以刀揮之，藤斷寇墜，死者若干人。此坑所由名也。由坑上西行百許步，又有石谷泉、小石洞、石鼓寮諸名勝。

壽山，在方巖北三里。有五峰，皆石壁，平地拔起，周圍如城郭，曰固厚，曰瀑布，曰桃花，曰覆釜，曰雞鳴。固厚之下有大石洞，高廠軒豁，可容千人其中。爲佛刹，曰壽山寺。前爲重樓，樓上有平臺，周以欄楯，皆即洞支木爲之，不施椽瓦，而雨雪霜露自然莫及，最爲一方登覽之勝。巖上有朱書"兜率臺"三大字，相傳爲朱晦庵筆。寺今廢，臺亦圮。瀑布峰有石洞，舊爲羅漢堂。應石門典周觀壁題，有陳龍川書志東萊、晦菴行跡，謂先賢過化之地，宜有表章，乃即堂東偏建祠，以祀朱、吕二儒，而以龍川配焉，曰麗澤祠。又撤去羅漢像，建五峰書院於洞之中，以處來學。瀑布之上有龍湫，水四時不竭，直下數十丈如懸練。及霽久水涸，飄風颺之，濺灑四出濛霧然，可望而不可即，亦奇觀也。

石翁山，在壽山北，亦五峰相連中一峰。有石柱，高出平巖，若人戴紗幞狀，山之得名以此。近西一峰如螺髻，相傳爲石翁婦，俗呼爲公婆巖。石翁而西爲虎跳關，爲大小鷹嘴，爲老鼠梯，峭立如壁，僅通樵徑，其頂更寬平，可容數千居。正統括寇之警，里人多因此立砦焉。

峴峰，衆山排列，其峰峭拔，亦一方偉觀。其陽有將軍巖，兩巖夾道離立，若人捍門。倘海寇由台而來，此亦扼險之一隘也。

銅山，距縣五十五里。山故産銅。宋元祐中置場錢王、窠心二坑，課銅一十二萬八千觔。後因課不及額，廢。紹興中復置，課銅二千三百五十五觔。又以苗脈微渺,採亦無獲,廢。

八盤嶺,距縣九十里。孝義鄉主黄七公廟在焉。左邊爲觀音閣,住持者施茶湯燈火。其嶺紆廻曲折,故名。

靈山,距縣百里。其山特起似龍。山頂舊有胡公廟,今廢。其山相近,西出爲翠峰寺,南界故孝義巡檢司廢址。又迢遞而東,爲柘嶺,下有金仙寺。

白瀛山,距縣百二十里。其高不知凡幾。山頂平坦,廣數畝,可耕種。有廟,亦祀黄七公。山腰有人家,云是葛洪後裔。山周圍三十里許,多種藥材,其芍藥最有名,故俗又呼爲白銀山。

盤山,距縣一百七十里,在四十七都。高不知幾千丈,爲金、處、温、台諸縣發脈之地。遊人至此,雖夏亦寒。陟頂而望四面,數百里之高山盡如撲地。有洞,曰仙人洞。有泉,曰石水壺。有巖,曰八仙巖。又山腰平處有一潭,廣不過畝,深不滿尺,其水雖大旱不乾,迎龍禱雨,極有應驗,此潭之以淺而靈者。又山脚有潭,兩旁巖如峭壁,高可數丈,水出其中,衝激成潭,相傳深可懸絲一觔,故名觔絲潭,此潭之以深而靈者。

峰門嶺,距縣二百十里。又有馬鬃嶺,距縣二百四十里。均在四十七都。蓋縣之極東也,與仙居交界。明嘉靖時,倭寇犯台州,縣人於二嶺之上築砦屯兵以備焉。逋寇軼境,鄉人陳百二率衆迎戰於破岡嶺,挫其前鋒。寇遂走東陽,而縣境賴以無擾。既而寇走紹興,典史吴成器以奇兵扼於柯橋而殲之,無一脱者,實由先鋒先挫於此也。咸、同間,髮寇之擾,亦以其民善守不敢入其境。盖自馬鬃嶺至縣,其所經由,皆崇岡峻嶺、深坑累塹,其居民好勇尚義。外寇之來,但合孝義一鄉三都强壯之力,足以禦之誠有餘矣。然山藪藏疾,而群不逞之徒,又往往據此爲緑林。明萬曆時,則有佛娘、佛爺之餘孽,嘯聚其中。清光緒初,悍賊蔣元第、趙冬狗亦以此中爲巢穴。捍外寇易,靖内匪難,守土者不可不知。

五指山,爲縣東北之望山。遠望五峰插天,若人探手探雲者然。山半巖石,赤白班布,狀類桃花,故亦呼桃巖。有洞,可容數百人,宋儒吕雲溪皓晚年還自荆南,隱居於此。諸有名之山相附近者,有鬭牛山,山背有兩石相觸,狀如鬭牛,又其勢上闔下開如橋,俗呼爲仙人橋,其下有趙侯祠,詳載於《後漢書》。又南五里,爲石倉巖。緣巖而上,石室玲瓏,澄真寺在焉。巖頂有小石穴如倉。相傳日出米以餉衆僧,隨多寡,無餘欠。後有貪僧造大之,米遂不出。其説雖謊,然存之亦足省貪也。

龍窟山,距縣五十里。陳龍川未第時,初進《中興》五篇,又上恢復五書,皆不報。退而結廬,藏修其中,與學者講論皇帝王霸之畧,棲遲凡十餘年。其陽有小崆峒,亦其游息所嘗及也。

川　源

華溪,源出縣東北境之密浦山,東流至太平鎮,合壽溪,亦謂之雙溪。又東流,逕鳳凰山,出馬石峽,轉而南,合樂塢口溪。又南流,過古陳橋,至龍明山,合烏江溪。又南,過仙遊橋,西合球溪,東合武陵源溪。又南,至杜山前,曰鶴鳴溪。又西南,至金山前,別而爲二:一過羅樹橋下,過下江橋,復合爲一。又西,至塔海,合酥溪。又西,至縣城之東北隅,合北溪,匯於桃花洞,西行闤闠之中,兩岸飛甍鱗次相對,方春花柳繽紛,景象妍麗,故曰華溪。又西,過仁政橋,歷縣治儒學前,與南溪會,水始勝舟。又西,至水攻山,合西門溪,滙爲三長官潭、鳳凰潭,而西至雙錦,合仙溪,由是迤逦西流,合三板橋、五錦橋、烈橋溪水,至桐琴,以合大桐溪。又西,至護國寺,入武義縣界。又西,至焦巖,入金華縣界,謂之永康港。下流至金華城西南隅,會義烏港,爲雙溪。

南溪,源出縉雲土母山,上接麗水蜂窩嶺之水。東流,歷貴溪、黄龍、石馬,至黄碧,入於縣境。循山而南,抵館頭嶺,轉而東,又轉而北，至前倉花園山之麓，水石相激，滙爲仙延潭。又東北，至水峥巖，合裡溪，屈曲行石間，逆而西流，滙爲石龜潭，其涯有宋林樞密别墅故址。轉而東北，有天井潭、石鼈潭。又西，至於儒學前，與溪合。

酥溪，縣東八里。源出峽源坑。西流，會後渠坑水，爲三渡溪，歷象珠，至清渭，合何溪，逕故净明寺之前，水出兩山間，滙爲龍山潭。南至下陽，合朱明溪。又南，至童墩，合西溪。至長田、曹園、下溪、紫柏，至下桐山，爲酥溪。過橋至塔海，合於華溪。

李溪，縣南二十里。源出四十四都峽上，南流至碧湍，合下東溪，轉而北，逕古竹橋，至可投。轉而西，至當渡。又西，至石室山，周其麓。又西，抵宫山，轉而北，曰李溪。又北，至水峥弄峽，入於南溪。

烏江溪，源出三十五都銅坑。西流，合獨松溪。又西北，流逕畫眉巖，歷胡庫，至故明梵寺之下，合方巖溪。又西北，經龍明山，入於華溪。

北溪，亦名桃溪。源出石佛山。瀠廻出坑，逕穿童宅，南流轉石牛山下，東流過水碓頭。又南，行天宫寺側，逕俞家橋，至松石山前，過東橋上封寺前，再過梁風橋，入於華溪。

西門溪，源出石和尚頭下盧柴坑。其山有石和尚，故名。南流逕賢良胡長孺墓址，又南流過胡禄橋，穿横山峽，逕流過沈家橋，轉而南。又東過西門橋，繞水攻山，入於南溪。

大銅川溪、小銅川溪，縣西北十七里，八都。小銅川入大銅川，合流，西南入武義界。

仙溪，縣西七里。發源於縉雲馬嶺之北谷，會於華溪之下流。

櫸溪，縣東百六十里，四十七都。其源出大嶺頭。自西而北，曰烏里坑。自西而南，曰横坑。入南，曰干染坑。四條水流，至櫸溪合而爲一。自櫸溪順流而東，直抵仙居界。

鄉　區

縣分十鄉。鄉轄四十七都。定爲一百十七里。每里各爲一圖。

限其地則曰里,按其籍則曰圖。圖之數如其里之數。以其徵税之數分之,則爲區。又復參錯分隸定爲十區。附:郭而南爲義豐鄉,轄一、二、三、四、五,共五都。正西曰長安鄉,轄六、七、八、九,共四都。西北曰承訓鄉,轄十、十一、十二,共三都。正北曰昇平鄉,轄十三、十四、十五、十六,共四都。東北曰太平鄉,轄十七、十八、十九、二十、二十半,共四都半。又東北曰義和,轄廿一、廿二、廿三、廿四、廿五、廿六、廿七,共七都。正東曰遊仙鄉,轄廿八、廿九、三十半、三十一、三十二、三十三半、三十四、三十五,共六都半。東南曰合德鄉,轄三十半、三十六半、三十七、三十八,共二都又二半都。又東南曰武平鄉,轄三十六半、三十九、四十、四十一、四十二、四十三、四十四,共六都半。又極東曰孝義鄉,轄四十五、四十六、四十七,共三都。

丁　口

清初原額户口人丁共二萬五千四百六十八。内分四種:

市民　五百二十口。每口

鄉民　一萬六千另八十六口。

市鄉成丁民　四千三百八十一口。

食鹽鈔丁民　四千四百八十一口。

内經乾隆、嘉慶二次豁免陞墾,寔存市民伍百零六口八分一厘六毫六絲五微四塵。

寔存鄉民一萬五千六百七十八口一分二厘二毫七絲九忽。

寔存成丁民四千二百六十九口九分一厘六毫六絲七忽。

寔存鹽鈔丁四千三百六十七口三分八厘六毫五絲九忽。

田　土

明自洪武至隆慶黄册,官民田土共六千八百餘頃。萬曆以後無考。

清初原額田四千三百七十一頃五十畝四分六厘一毫七絲四忽。内分八則，有官職田、歸附田、義莊田、學院田、新没田、廢寺田、僧道田、民田之别。

清初原額地六百三十頃三十五畝三分七厘五毫，内分七則，有秋地、新地、學地、沙地、寺地、民地之别。

清初原額山一千四百零五頃十六畝四分一厘七毫，内分三則，有新山、秋山、民山之别。

清初原額塘四百五十三頃十四畝九分四厘五毫八絲，内分四則，有新塘、學塘、秋塘、民塘之别。

查經嘉慶五年題淮水冲豁免併嘉慶九年陞墾外，寔存官田三十五頃十四畝六分三厘零五絲八忽，每畝徵銀二錢四分另七毫。

寔存附田二十四頃三十畝五分二厘七毫二絲五忽一微，每畝徵銀一錢四分一厘九毫。

寔存義田七十八頃九十四畝一分四厘七毫五絲，每畝徵銀一錢另六厘四毫。

寔存學田九頃八十二畝一分二厘三毫六絲四忽。

寔存新田三十五頃七十一畝二分八厘一毫二絲一忽，每畝徵銀八分七厘一毫。

寔存寺田一頃六十一畝三分三厘，每畝徵銀五分六厘八毫。

寔存僧田五十六頃五十七畝四分五厘二毫九絲，每畝徵銀一錢三分四厘五毫。

寔存民田四千另十七頃四十五畝二分七厘一毫五絲七忽六微，每畝徵銀七分另六毫。

寔存白地一畝五分五厘，每畝徵銀一錢八分二厘二毫。

寔存秋地八頃八十六畝五分四厘另二絲九忽三微，每畝徵銀二分一厘九毫。

寔存新地六頃九十八畝五分四厘八毫，每畝徵銀一分六厘三毫。

寔存學地三頃六畝三分四厘五毫，每畝徵銀一分三厘七毫。

寔存沙地二頃二十二畝九分七厘四毫，每畝徵銀一分一厘一毫。

寔存寺地七十七畝二分，每畝徵銀一分四厘八毫。

寔存民地五百九十二頃二十一畝九分八厘三毫三絲九忽，每畝徵銀二分另九毫。

寔存新山十六頃七十五畝二分三厘三毫，每畝徵銀一分一厘四毫。

寔存秋山十三頃八十三畝七分八厘七毫，每畝徵銀八厘。

寔存民山一千三百七十四頃五十七畝三分九厘七毫，每畝徵銀五厘七毫。

寔存新塘五頃九十六畝八分，每畝徵銀九厘九毫。

寔存學塘六頃三十三畝六分一厘五毫，每畝徵銀八厘五毫。

寔存秋塘五頃四十四畝另五厘五毫，每畝徵銀六厘六毫。

寔存民塘四百三十五頃四十畝六分七厘五毛八絲，每畝徵銀四厘二毫。

賦　税

明制：凡府、州、縣、都、里，十年一造賦役黄册。盖賦者出於田畝，任土之貢也；役者出於丁口，力役之征也。更用條鞭之法，合地丁而科算，總額謂之條銀，俾民輸納到官，官則按法分派。較諸唐之租庸調，宋之兩税、雇役等法，尤爲便民。清朝因之。康熙五十二年，奉上諭，嗣後各省遇編審之期，察出增益人丁，止將實數另造清册奏聞，其徵收錢粮，但據康熙五十年丁册，定爲常額。續生之丁，永不加賦。然自是以後，雖届編審之期，不復調查户口矣，且併以丁錢攤諸地畝，照田、地、山、塘科徵銀數起丁。每銀六十六兩七錢九分二厘，派市民一口，徵銀二分二厘六毫。每銀二兩一錢五分九厘，派鄉民一口，徵銀四分九厘一毫。每銀七兩九錢二分八厘，派市鄉成丁民一口，徵銀二錢六分三厘。每銀七兩七錢五分一厘,派食鹽鈔丁一口,徵銀一錢三分一厘。諸色銀皆徵諸地,不復徵諸丁,其實是蠲丁銀加地銀,俾我四萬萬人民永不任絲毫之負担,在民丁爲曠典,在糧户爲溢徵,可見立法之難也。

人　類

本境民多土著,各鄉村聚族而居,類皆傳衍已二三十世,惟孝義鄉四十七都之八保,多山少田,茅屋零星,不成村落,以其地近仙居,中多仙居喬寓之民,蠻梗難馴,易致生事。邑城内商業中有徽、閩、紹三幫商人,各造有會館,從無旗人與異國别種人雜居者。自海禁大開,傳教載入約章,吾永始有耶穌堂,美國教士雷德購地造屋於叢桂坊之左近,携妻若子而居之。雷德死於衢州,返葬於永,其墓在黄塘莊之村邊。繼雷德而來者,爲盖思明,皆美人也。

氏　族

傳言魯有殷氏六族,衛有殷民七族,晉有懷姓九宗。世家大姓,於國有密切之關係焉。邑亦如之。吾永占籍者八十餘姓,類皆數百年舊族。然其受氏之由與遷永之始,在各族子孫固能數典無忘也。兹則畧舉數家,以記其緣始。恨限於聞見,不能多識也。

一、徐氏。爲義豐之著姓,其遷永自宋侍郎徐澤,至元代澤孫通再遷在城,故在城之徐則以通爲始祖。其後裔若明之徐文通、徐可期、徐學顔,皆其傑出者也。查徐姓族繁,散居十鄉者,則又有徐無黨、徐無欲兩裔,比在城之徐爲更古云。

一、應姓。爲游仙望族,分爲二大派:芝英之應,由仙居遷永,至明始盛,有應雲、應杰、應典、應廷毓;可投之應,則有應孟明、應純之、應雄飛,皆宋時人物。此可見二族居永之後先也。又有應子和父文臣,隨宋高宗南渡,占籍永康,朱晦菴有題應文臣卜居詩,是又於二族中别成一族也。

一、胡姓。亦邑中一鉅族,處游、義二鄉者居多。胡公則,爲宋代婺州甲榜先聲。所稱龍山派,則以胡邦直爲始祖。永邑之胡,大都龍山派。而古山山栖一族,一則祖廉,一則祖泳,是又别於龍山派者也。

一、程姓。由徽遷永,以元進士楷爲始祖,家方巖下,其環居三十五都者,皆同族人也。明中葉,程堅、程銈、程文德、程正誼,皆以科甲成顯宦。

一、吕姓。以玖爲上祖,始居太平,後子姓繁衍,析居青山、河東、雅吕、派川,稱爲吕氏五宗。宋時有吕皓、吕殊、以學行見。明初有文燧、元明,以武功顯,皆叔侄也。

一、施姓。其發祥始自唐先。明正統間有施孟達者,富甲於鄉,尚義樂施,嘗作九橋、十寺,子孫繁盛。至今太平一鄉,以施、吕二姓爲鉅族焉。

一、盧姓。有名琰者,本汴人,仕五代周,封越國公。陳橋之變,義不臣宋,抱世宗幼子,竄居永康,遂爲邑人。後衍爲上盧、中盧、下盧,稱爲盧氏三宅云。

一、樓姓。舊稱爲永康四大姓之一,始祖永貞,唐時由義烏遷永,至宋,祖孫兄弟相繼登進士者四人:樓閱、樓定國、樓觀、樓炤。炤謚襄靖。邑之樓分三派,皆宋太師定國後也。

一、陳姓。邑中最稱繁庶,居遍十鄉,計三十餘處之多。然稱潁川者,則祖陳寔;稱輿平者,則祖陳瑗。其源各自有别也。

一、六李三周,皆武平之盛族。而厚仁之李,申亭之周,則非其苗裔。

一、黄姓。道堂宗祠下,則祖文簡。開一公祠下,則祖勝派别。而源亦不同也。

一、王姓。通邑約有十餘族之多,有太原、瑯琊、北海、東海、高平、天水諸郡,即在城之王店、王家,其居永之始,亦後先懸絶,大約氏同而裔則異也。

一、孔姓。源分聖裔，有端友、端躬者，由宋南渡兄弟偕來。端友，宋封衍聖公，居衢州。端躬，仕宋爲大理評事，居永康櫸溪。諸孔實爲孔氏南宋之苗裔。至於顔、曾、季三氏，其爲三賢後裔與否，則不敢附會焉。

一、方姓，概稱柱國。章姓，悉號全城。是又於河南、河間之外而冠以特別之稱也。

一、翁姓。宋時有翁應龍者，尚理宗景陽公主；翁應麒者，尚永嘉郡主。又邵姓，有邵賜者，亦宋駙馬。想二氏得聯姻帝室，必當時之高門也。

一、金。爲長安之著姓，其族頗繁，而以桐琴爲最盛。若朱、葉二氏，亦各衍爲六七宅，皆出有聞人，門第可相頡頏。

一、潘、倪、夏、姚、張。近代則文人特出。趙、童、俞、吴、范，昔時則科第亦多。

一、若林姓、何姓、顔姓、劉姓、馬姓、蔣姓、梅姓、曹姓、孫姓、厲姓、丁姓、鄭姓、錢姓、高姓、郎姓、楊姓、任姓，以上十數族，皆以一姓而衍居二三宅者也。若舒、傅、田、汪、裘、柳、成、項、湯、褚、蔡、杜、賈、謝、支、華、馮、駱、魯、董、池、詹、淩、牟、潛、桑、嚴、萬、薛、甘、戚、柴、洪、鮑、季、葛，以上二十餘皆以一姓單居一宅者也。要之支派雖多寡不同，而門祚皆高華可貴，非但林氏以正惠顯、何氏以文直彰，他如厲汝進、劉大辨、劉鼎、洪毅、萬世顯、謝忱諸人，則聲蜚甲榜；杜友、牟倫、田洞、馬亨、項義、顔濰、曹豫、曹贇、汪吉、薛堅、孫明、林徽徽、曾鋭翀、鮑佑銓、董長庚諸人，則著名乙科；若夫厲庾、葛昌時、丁茂實、甘霖、戚崇仁、薛居仁、池裀、楊德仁、柴義方、董景祐、傅彦威、任景輝，則又以薦舉而得仕途者，亦不乏人也。從可知顯揚世澤，光大門閭，不關乎氏族之盛衰，全賴乎有賢智者出而振起之耳。

風　俗

永康全境居民合十七萬餘人,大要儉嗇尚實,勤於本務,故邑中士、工、商雖各執一業,而未有不兼農務者。計以士名者,秖得百分之二三。以工名者,秖得百分之八九。以商名者,祗得百分之六七。餘則皆農也。其俗尚男重廉耻,女重名節。見有蕩檢踰閑者,咸共排屏之。男人衣多布素,而女人亦鮮華飾,然近來亦漸趨於時樣矣。社會上,多守己畏法,不輕與人涉訟,對官長如神明,見隸役則膽懾,往往有至老而不識訟庭在何許者居其多數。然一般刁詐之徒,輒用告官以脅懾愚柔,而好訟之名,遂成永康之特色。其實圖告不圖審,十事九虚,不過借官廳以爲哄嚇耳。抑詐扶良,是所望於司法治者。永俗多迷信之事,如風水一説,雖賢智不免。富貴之家尤重之。至於點琉璃、懺蘭盤、唸佛建醮,以爲最大功德,下社會中雖慳吝之輩,亦屢屢爲之不厭。然其所最傷風敗俗者,則莫如九樓。

禮　節

永民勞動家禮節簡古,然其一種肫摯真切之誠,有士夫所不能及者。至世家士族,凡遇大事,悉循文公《家禮》而行。舊時所通尚之節,約有數端,可得而志焉:

一、冠禮　其廢而不行已久,惟吾永民間子弟,以年届十六爲成丁,得入祠助祭。入祠助祭,此時整肅衣帽始與成人之列,猶有冠禮之遺意。

一、婚禮　大約六禮略備,惟缺親迎一節。迎娶時奢儉不等,而赤輿紅燈,在所必用,即因陋就簡,省而又省,轎前雙燈必不可少。新婦入門,先行交拜禮。過二日,筵几於庭,祀先畢,乃謁見翁姑竝親屬戚姻,咸相禮接。女在母家起嫁之前一日亦如之,但禮同而意異:一曰拜謝,明將遠行也;一曰拜見,明始相見也。女家送妝奩,謂之發嫁資。男家致答敬，謂之回程。雖豐約不必從同，而往來亦求相稱。此其大較也。

一、喪禮　有亡不同，習尚又異，一邑之中，亦各行其是而已。至殯斂之厚薄、時日之遲速，每因天時人事爲轉移，尤無待言者。若乃扶柩出葬，奉主入祠，概用同日。當夜即召巫，除靈焚孝球，名爲減設。近城諸區，大約相同。惟東南一區則不然，例如卒後三數日即出殯者，無論貧富必返，設位於家，朝暮奠哭，上食如生時。召糊匠，於桌上用紙竹料飾成屋宇樓閣，形高四尺許，層層結構，極其玲瓏精緻。内陳設器用，無不備具，謂之供靈。至三七，或滿七，仍集親朋，將靈座送至墳前焚化，謂之送靈。然後奉主入祠。此時賓朋送者皆吉服，即主人亦練冠藍衣，取孝服不祠之義。

一、祭禮　永俗：祀先之勤，統貧富賢愚而一致。凡遇曾、祖、父三代之生忌與四時佳節，無不市酒肉迎神於家以祀之。而尤重者，清明之掃墓、春秋分與冬至之祠祭。上墓之禮，少長咸集，自遠祖以至近親，必周必遍。祠祭之禮，牲牢備具，自一獻以至三獻，必敬必誠。觀禮於世家盛族，真足令人欽羡莫已者。然自變革以後，衣冠禮樂，亦微殺矣！

一、雜禮　每歲除先數日，母家必備飴糖餅餌或角黍等物，致諸婿家，謂之送年夜。貧富皆然，特豐約不同耳。除夕過年，是日預市牲醴，遍祀百神、享祖先，謂之謝年。迨夜半，家中諸務具處理妥當，料與人無復干涉，乃用物醴炮燭，再祀神，謂送剩年。踰一時許，又用炮燭開户。蓋古人所謂“今年今歲今夜盡，明年明月明日來”也。一村中竟夜炮竹隆隆不絶於耳，亦太平韻事也。

元旦賀歲，晨起，長幼咸衣冠盛服，用香燭先敬天地祖先竝各神廟。禮畢，長幼乃以次賀歲。族中人亦各往來相禮接，先親後疏必遍。若親戚交好處，另日乃行禮。雖近煩，大有康樂和親之景象。近二三年來，已廢去大半，再過數年當無復有知之者，特紀之以待留心風化者覽觀焉。端陽亦一大節。家家必飲雄黄菖蒲酒,食蒜,用硃砂書一白字倒貼之,謂可辟蚊。用雄黄酒噴地,謂可辟毒蟲。插艾蒿、菖蒲於門以辟邪。廟祝道士延門送畫符,以希酬答。小兒多繫五色縷、佩香囊。

宗　教

吾永絶少寺觀,故僧徒道流亦寥寥無多。尊孔之外,無所謂宗教。自海禁大開,於是始有西教。光緒初年,美國教士雷德挾妻子來永,購地造教堂於城西叢桂坊左近,講演福音。邑中男女相從入教者約數十人。又復於唐先世彰等處造有分堂。闔邑有教士三四人,教民百許人。

又舊習,有一種細民持齋唸經者,俗名食素人。不拘男女,十百成群。入其教者曰歸依。其同教中人,有出己資延請徒侶開堂唸經者,謂之開經。開經一次,其人則比徒侶升高一級。故有前輩及引進之尊稱。其所崇奉,無甚神牌佛像,案上惟供“天地君親師”五字,字以金描之,所唸多《心經》、《高王經》,且誦歷來先食素者之姓名,如僧徒之宣佛號。永俗此類,到處皆有。然頗自安分,各守本業,尚少作奸犯科之事,故人不盡非之。

更有一種,號稱剥圓素,亦曰摸緣素。剥圓者,以若輩同坐唸經,而時剥圓眼肉而嚦之,故謂之剥圓。若輩以雜方男女得同坐同處,一無厭忌,爲登天堂。於是乎遂有摸緣之誚。然爲此者,實市井刁滑,藉以聯結惡少,姦拐誆騙,無惡不爲,與前種食素人之行爲大相殊異。前清同治初年,孝義鄉有齋匪陳守本者,家富而性險詐,以剥圓素名目引誘匪徒及無知子女,被其姦污留作姬妾者多至五六人,罪惡狼藉,控訴連疊。縣官調兵嚴拏,久乃被獲,監禁犴獄者數年,其黨徒亦不敢復聚。此雖不足以言教,然亦邪教之一端,故附識之。

物　産

但志與人有利害之關者，餘則從畧。

動物類

家畜　牛以供耕，狗以守夜，貓以捕鼠，猪與羊以供祭祀賓客。然本境猪多羊少，凡用羊，大約買自鄰邑者居多。亦有畜驢以供磨者，而馬則民家鮮畜之。雞無家不畜，鵝與鴨之多者，則另有養户。

山獸　野猪、山狗二物，大有害於作稼。毛狸似貓，毛狐似狗，黄鼠狼似松鼠而黄，以上三物多好捕人家雞鴨而食之。豹海狗、狗屠、豺狗亦能害家畜。

野禽　雉、鳩、雀，俱有害於動作物之生植。鷹、喜鵲、蛇鵲，俱喜攫人家之雞鴨兒而食之。鸕鷀則養以捕魚。若畫眉、黄頭、百鴒，則養之以爲玩物而已。

植物類

竹　三都永祥諸村多竹，其出數亦以竹爲大宗。考竹之生植，比各樹本捷速，且隨地可栽種。諸鄉若能講求栽植之法而仿行之，亦興利之一端也。

冬青　即女貞。俗名白蠟樹。鍾山後左近多種此樹，爲放蠟之用，而各處無有效之者。

棕櫚　葉如車輪，萃於樹梢，其下有皮重疊裹之。皮有經毛，錯綜如織。每皮一匝爲一節，歲一剥，每株可得棕皮十數片。棕櫚不擇地而生，低濕隙地均可植。

木棉　田與地皆可種。前清同治初，種者較盛。近來穀價湧貴，田中種木棉不如種稻之力省而利厚，因是罕有以田種木棉者。此本棉漸少之原因，非盡關於收成之歉薄也。

麻　永地所植之麻有二種：一，枲麻，即牡麻；一，青麻，即辣麻。枲麻宜於分植，掘宿根之有芽者移栽之，一二年後，根漸佈密，麻漸茂盛。一歲三熟，每熟秖須去草澆肥一次，用力簡而得利頻，雖磡科巖雜中皆能生植，真良種也。青麻種須用子，其生長度最速，三月末種，六月底即成熟可拔。然非土肥水旺之地，則所收必劣薄。

藍草　俗名靛青。種時用宿根之有芽者而分植之，謂之靛種。其藏靛種之法，必擇朝南之山磡，鑿穴而中空之，移靛種而置於內，外仍將穴門以泥塗之，毋令透風觸寒氣，待種時出而用之。亦有刈藍後留宿根於畦内，壅以泥草，種麥於其旁。來春芽發，可省再植之煩。盖兩麥俱含有燐質，大能闢寒。宿根在畦能耐霜雪而生氣常含者，實此之故。

羅桐　皮有絲縷，重疊如羅，故名羅桐。最易生長。春間截桐根之嫩枝插之，無不活者。且插於田岸與地塔沿之岩縫中，尤易發達，年餘即中用。民間剥其皮爲耕田軛索最良。其葉，夏間鮮肉店取爲裹肉之用。

柏樹　隨處皆有，而以武平之南半鄉爲最多。白可澆燭，仁可磘油。白以内，仁以外之黑殼用以生火，無烟而耐久，暖勝於煤。樹之大者，一年可得柏子三四十斤。但柏樹之旁，作稼之繁植必遜，是不可不知。

白朮、芍藥　種宜山地，必三四年一取其根製成藥材。此二物孝義鄉人種者最多，該鄉指爲大宗之出産，白瀛山所植之芍藥特良且多，故人呼爲白銀山。

延胡、荆芥　種宜田中。荆芥一歲可二種，下子月餘即長大結慧可收矣。春種爲春芥，秋種爲秋芥。而春芥穗多香足，勝於秋芥。延胡冬種，來年四月收，其田與荆芥田俱不防種稻。荆芥小坦人多種之，但每田一畆，須燒泥灰百餘堆，缺柴草之地未易辦此。至延胡無處不可種，唯泥土鬆細，則收子較易。種時下子後，用牛欄草糞盖好，更無須耘耡澆灌之勞，而獲利甚厚。

鑛物類

銅鑛　銅山舊出銅，距縣五十五里。宋元祐中置場於錢王、窠心二坑，課一十二萬八千斤。以課不及額，廢。紹興中復置，又以脈苗微渺，廢。

銀鑛　八保山舊出銀。明萬曆間置場開採，後廢。此處銀苗甚旺，曾有擬買山集股開礦者。

石青　俗名山墨。黄青、朱明二山多有之。俗惑於風水之説，立碑示禁開掘，故地利至今仍祕云。

製　造

製牛皮　本境人能製生牛皮成熟牛皮，且以皮上剮下之脂膜血液煎熬成膠，爲黄明膠，其用甚廣。業此者稱爲開皮坊。近來皮坊一業漸形發達，若能講求新法，製成紅皮，以投時尚，尤易獲利。

醃猪骹　冬月宰猪，取後兩骹，修成竹葉狀，以鹽醃之，謂之火骹。大約正冬醃者爲上，早冬、春貨次之。金華八邑人皆善此業，因此地之豬俱五穀豢養，故肉味特勝。金骹之名，良非虚冒。

造方紙　永祥坑多植竹，每歲筍出成竹，於未開梢時，斫下截成短段，以石灰醃之。俟瘠舂成竹粉，謂之紙料。製成方紙出售。其製造處謂之紙槽，出數頗大。該地造紙諸家若能改良，仿用新法，製成精細潔白之紙札，其獲利尤當什百於前。

放白蠟　用白蠟虫子縛置冬青樹上，虫出如蟻虱。芒種後，虫延緣樹枝食汁吐涎，粘滿嫩莖，化爲白脂，狀如凝霜，其蠟乃成。處暑後即當剥取。若過白露，粘住枝上，難刮矣。刮下者，謂之蠟渣。如煎黄蠟法，或用疏布與棕片包裹之，置沸湯中令化，再傾入冷水盤内，則結成净蠟，凍浮水面，取起揉爲餅，以待售，銷路甚廣。現惟鍾山後一帶有種之者。各村若效其法,於田塍剩地之間多植冬青,樹高尋丈,即可放蠟,亦開利源之一法。

製棕　剥下之棕毛,用以絞繩極鞋,製成雨具,謂之簑衣,爲農人所必要。官塘下人多業此以販賣者。然到人家修造簑衣之工,往往多温州人。然則此項工藝,若均永人自爲之,亦多營業之一種。

紡織　土人紡紗,爲婦女手工。織布則男女均爲之。男用撞機,女用平機。平機能成斗紋、斜紋、水波紋各花紋。撞機若將青白紗互换交接,可成八卦紋,不能更作别様花紋。邑中人習織業者約有十餘處,織機并千有餘張。若能改良,講求新式,其進步發達,尤爲易易,不數年必隱成一不待集股之織布公司。特未聞有聯合斯意而倡行之者。

製靛　霜降前,刈藍草,築塘浸之。俟藍葉皆爛,撩去渣梗,用礦灰製成,謂之水靛。其手法全在於用灰,有輕灰、重灰之别。

製糖。各鄉人多種青蔗,絞汁製糖,出貨頗旺。然所製成之糖,色味皆大遜於台糖,秖能銷售於近地,不能達遠。若能訪求台製之法而改良之,當必有進。

永康鄉土志卷之二

政績録

三長官　永康建縣，始自吴赤烏中。歷年久遠，官於斯土能以政績著者，代有其人，而邑志所載政績傳則以三長官爲首。三長官者，一爲何公烱，梁時縣令。臨民寬厚，處事有條，當時以和理稱。民不能忘，立祠於霞裡山以祀之，曰故鄉祠。一爲周公，一爲王公，舊皆逸其名。唐時爲令於斯土，惠澤及人。鄉民懷之，附祀於故鄉祠，呼爲三長官祠，謂併烱爲三也。祠前有潭，又呼爲三長官潭云。

宋四縣令　强、林、陳、孫，皆宋時縣令。强名友諒，紹興間知縣事。承兵燹後，建縣治，修學宫，葺庫廪，新館舍，工役竝作，而民不知勞。甫及期年，庭無留訟，獄無繫囚，邑人宜之。林名秀穎，淳熙間知縣事。强敏有幹略，邑人咸以爲三十年所未有。陳名昌年，嘉泰元年來知縣事。政績無考。然縣自孫吴後，歷晋及宋，中更八朝，其間因革興廢，皆無徵焉。公始創爲邑志，令後之人班班可考，則公之有造於永者多矣。孫名伯虎，乾道間爲縣尉。臨機明敏，涖政公方，化頑猾而有條，處煩劇而不亂。民有訟者皆請於州，願決諸尉。及攝邑篆，民相戒曰："毋以曲事至公庭。"陳亮嘗薦之於參政周葵焉。

元縣尹徐德廉　德廉，安善人。同伯顔渡江，授永康縣尹。縉雲賊章炎、洪平一等搆本邑賊黄隆一等據靈山之八盤嶺，聲勢相援。德廉募壯士，會招討李從善夾攻，擒平一等於龟溪。尋會攻方巖，乘勝追兵青山，夜破靈山營寨，獲渠魁陳巽四等，本邑肅清。時縣治新創，黎民無幾,乃招撫千百餘户,處以室廬,且興學校以養賢才,教樹育以裕民生,建橋梁以通往來,修驛遞以舍賓旅。凡有關治理者,井然畢舉。已而章炎遺黨與處寇結砦李溪山,德廉起兵,至牛筋嶺,奮力擊破之。勅知婺州路事,未之任,賊合餘燼侵伐縣治。德廉以兵躡之,追至李溪寨下,被執,死之,浹旬面如生。朝命招討使李從善親往祭奠,即葬邑之大菴山,立祠上封寺。

明縣令魏處直　處直,益都人。洪武十年來知縣事。廉以處己,勤以莅事,且善剖決,奸欺莫能蔽。民歌之曰:“父母何在在我庭,華溪之水如公清。下民不欺無隱情,我公摘伏如神明。”又歌曰:“我邑大夫賢且仁,惠養生息熙如春。魯恭卓茂炳青史,誰謂昭代無其人。”

明黄、金兩丞尉　黄紹欽,吴川人。洪武中由明經授縣丞。愷悌寬厚,愛民如子。民有賦役於官而所輸不足,輒代以己俸,勿責其償。事苟可利民,必委曲處之。至法令輕重,銖兩不少假借。義烏朱廉稱其惠而有古循吏風。金叔夜,休寧人。永樂間,由人材辟授主簿。廉潔無私。洎自奉布衣疏食,其門有如水之稱。民咸敬重之。

明縣令劉、王、張三進士　劉柯,安福人。成化間進士,來知縣事,廉介無私,勤恤民隱,加意學校,時課諸生而振作之,理煩治劇,綽有餘裕,徵賦不加鞭扑。嘗建仁政橋,工鉅費煩,而民不知勞。後以風憲徵。王秩,崑山人。弘治間進士,來知縣事。抑强扶弱,作興士類,選民間俊秀子弟以教育之。覈田土,清賦税,歲祲多方賑濟,士民懷之。張鳴鳳,上海人。弘治十年進士,來知縣事。廉以律己,勤以莅政。士民懷之。尋以治最,陞監察御史。後崇祀名宦祠。

明知縣毛衢　毛衢,嘉靖五年來任邑事。廉公有威,抑豪右,懲市猾,剔蠹弊。值歲旱,不待陳告,預使檢達被災分數申報奏豁。其催科,視民力之贏縮,爲追征之次第,不假鞭朴而事自集。接士大夫,恭而有禮,然不爲苟徇。或懷請託進者,接其德容,竟不敢發一言而退。朱同知女寡居,强宗擁兵奪之,格殺三人,其人來陳詞。衢覽已笑曰："此附罪人拒捕律，格殺勿論。聚衆有明例，不汝貸也。"竟坐其人編置焉。其英斷如此。

明知縣史朝富　朝富，晉江人。嘉靖進士。來宰是邑，守正不阿，有材幹膽識，以安民爲事。時倭寇逼近縣邑，力率民兵以禦之。倭知有備，遂取道東陽而去。又有狼兵數千過縣境，悍甚，露刃索餉。從容慰諭，民得不擾。

明陳知縣交　陳交由舉人來任知縣。縣舊稱舞智難治。交一以誠待之，不事鈎距，士民相孚不忍欺。俗産女，多溺不舉，嚴爲之禁。湯民範聚黨爲亂，交挺身往諭，卒散其黨。疑獄淹久，悉爲剖決，多所平反。有干請者，絶不阿徇。去官之日，行李蕭然，惟圖書數卷而已。

明知縣張淳　張淳，桐城人。隆慶年間由進士來任邑事。淳初至，訟者數千人，剖決如流，吏民大駭服，訟浸減。凡赴控者，即示審期。兩造如期至，片晷分析無留滯。鄉民裹飯一包，即可畢訟，因呼"張一包"。巨盗盧十八剽庫金，十餘年不獲，淳以計擒之。民有睚眦嫌，輒以人命訟，淳驗無實，即坐之。邑人貧，生女多不舉，淳勸誡備至，分俸量給，全活無數。久之，以治行第一赴召。去甫就車，顧其下曰："某盗已來，去此數里，可爲我縛來。"如言跡之，盗正濯足於河，械至服辜。人駭其事，淳曰："此盗，捕之急即遁。今聞吾去，乃歸耳。以理卜之，何神之有！"擢禮部主事。歷遷陝西布政司。爲置田立祠於縣而三里亭以祀之。今祠圮，議復造。

明知縣吴安國　安國，長洲人。萬曆時由進士來任邑事。約己任施，修縣志，繕學宫，丈量清畝，立社學以育人材，建社倉以備荒歉，治行最著。歷陞温處道。又萬曆間，知縣曾應泰亦能清查田畝，以溢額補攤，民甚賴之。

明知縣谷中秀　中秀，北平人。天啟間以貢士來任邑事。率一子、一女、一僕至，清操如水，政簡訟稀。徵粮八限，便云足解，餘止不徵，民卒全納。

清知縣劉嘉貞　嘉貞，山東安定人。順治丙戌以隨征來任知縣。時郡城未順，百姓奔竄山谷。公疾驅涖事，極意撫循，藹若慈母，一時疑畏之民似不知有革命者。操守廉介，罷諸陋規。及去官之日，行李蕭然。至嚴陵，已無資斧，從戚友假貸而歸。

清知縣吴元襄　元襄，休寧人。順治十三年由貢生來任邑事。時海氛未靖，兵馬繹騷，荒亂頻仍，逋賦稠叠。元襄征調有方，民以不困。東陽、義烏山賊屢寇境内，元襄殫力守禦。事平之日，區處脅從，多所全活。先是里總爲奸，包藏飛灑，元襄悉爲釐剔。又盡革會計陋規。至若修文廟，賑飢民，善政不一。去之日，士民童叟送者載道。

清知縣謝雲從　黄陂人。康熙十七年來任邑事。雅志愛民，尤加意學校，嘗建來學書院以處城鄉子弟，聘邑中名宿爲師，又爲之置田，歲取租息，貯作修儀，俾百年如一日焉。後以治最，陞户部主事。

清知縣沈藻　沈藻，華亭人。以進士來任邑事。治民以寬，修預備倉以贍荒政，重修縣志叙各前令官績，嘗言“小民一時之利害，官吏得操其生殺；官吏千載之是非，小民得擅其褒譏。”其畏清議而克慎厥職可知。時學使者張希良稱其“蒲鞭爲治，民懷其德，有長者風”云。

清知縣姬肇燕　肇燕，康熙間來任縣事。爲政惠而無私，清而不刻，不立異，不干譽，不市恩，有隱入於人心而不覺者。在任十年，政修人和。將解組歸，攀轅者日千百計，不得行。勉留四年。去之日，士民載酒賦詩遮道泣下者數千人，而公亦惓惓不能捨如慈母之眷赤子云。

清知縣楊瑛、王乃昀　楊瑛，昆明人。乾隆時知縣。勤於吏職，事皆殫心。辛未大旱，民飢，捐廉倡賑。明年大熟，公以水旱無備，建設社倉，剴切勸諭，得穀數千石，以備荒歉。民甚德之。王乃昀，金壇人。乾隆知縣。廉公有威，奸宄斂跡，而軫恤民瘼，籌運有方。歲己卯，以城中社穀，每當歉歲，東、南、北三鄉去城較遠，轉輸爲難，乃於三鄉各建社倉一所，竭力勸輸，得穀或千餘石、或數百石，以備旱潦。

鄉人便之。

清知縣邢澍　邢澍，階州人。乾隆癸丑進士，來知邑事。博學工詩，尤勤於課士。有就正者，雖案牘紛綸，必先評文藝，所賞識多成名士。爲政尚嚴肅，遇盗賊必寘重典，鼠竊屏跡，幾於道不拾遺，市井無賴具有名籍，有犯必痛懲之不少貸。承累任闒冗後此肅清，風氣爲之一變。

清知縣游朝佐　朝佐，樂安人。嘉慶間來任邑事。勤敏廉幹，每聽訟，是非曲直，務得其情。未及一年，案無留牘，至今輿人誦之，曰"慈惠張，忠孝游"，蓋與張公吉安同爲賢令尹云。

清知縣張吉安　吉安，吴縣人。嘉慶間來任邑令。視民如子。甫二月，四境蛟水驟發，漂没禾稼田廬。公惻然，不憚險阻，沿莊履勘被災分數，見不能舉火者，分俸與之，温語撫循如家人，婦子百姓歡呼若不知有災者。隨請賑卹，即張應賑户口銀米數目揭諸通衢，俾胥役無侵欺，民賴以全活。

清知縣陳富遠　富遠，建昌人。同治二年，由軍功來署縣事。時永以粤逆蹂躪年餘，孑遺之民，莫保餘生。公以五月至，即分己俸以相給，所頒憲米，躬自監放。縣糧價故高，公爲每兩減一百，以蘇民困云。

耆舊録

胡公則　少倜儻，負氣格。五代吴越以戈鋋立國，公獨奮志劬學，讀書於方巖蘭若。登端拱己丑進士，宋婺州登進士者，自公始。初爲許田尉，以幹辦聞。後歷官至兵部侍郎致仕。公嘗爲屯田員外郎，提舉江南路銀銅場鑄錢監。得吏所匿銅數萬斤。咸懼死。公曰："吾豈重貨而輕殺人哉！"籍爲羨餘，不罪。其爲廣西轉運使，時有番舶遭風不能去，且告食乏，公命瓊州出公帑錢百萬貸之。吏曰："夷人無信，恐相負。"公曰："遠人之來，不恤其窮，豈天朝意耶?"已而竟償錢如期，視所貸且三倍，朝廷覽奏嘉焉。

陳同甫亮　公生而目光有芒，才氣超邁，善談兵，議論風生，下筆千言立就。年十九，考古人用兵之迹，著《酌古論》。郡守周葵奇之，禮爲上客。婺州方以解頭薦，因上《中興五論》。不報，退修於家，學者多歸之。隱居著書十年。公嘗環視錢塘，歎曰："城可灌也。"盖以下於西湖云。淳熙五年，更名同，詣闕上書數千言，勸帝移都建康，漸圖恢復。孝宗赫然震動，欲榜朝堂，以勵群臣，召令上殿，將擢之官。左右無知者，惟曾覿知之，特來謁公。公耻之，踰垣而逃。覿不悦，大臣惡其直言無諱，交沮之，遂有都堂審察之命。宰相臨以上旨，問所欲言，落落不少貶。待命十餘日，再詣闕上書，言尤剴切。上欲官公，公笑曰："吾欲爲社稷開數百年之基，寧博一官乎？"渡江歸。益砥勵讀書，究心皇帝王霸之畧，嘗與朱熹辨論三代漢唐之際，數往返而不屈，熹雖不以爲然，至於"心無常泯、法無常廢"之語，雖熹亦心服其不可易也。嘗言"研究義理之精微，辨析古今之同異，原心於秒忽，較禮於分寸，則於諸儒誠有媿焉。至於堂堂之陣、正正之旗，風雨雲雷交發而並至，龍蛇虎豹變易而出没，推倒一世之智勇，開拓萬古之心胸，自謂差有一日之長。"光宗策進士，公對稱旨，擢爲第一，授簽書建康軍判官廳公事。未到任，卒。謚文毅。

胡汲仲長孺　長孺，胡居仁子也。性聰敏，九經百家，靡不貫通。仕元，爲寧海主簿。善摘奸伏，人稱神明。縣有岩，惡少狙伺其間，出鈔道，爲過客患。長孺僞衣商賈服，令商負貨以從，戒騶卒數人躡其後。長孺至，岩中人突出邀之，長孺方遜辭謝，騶卒俄集，悉擒伏法。永嘉民有弟質珠步摇於兄者，兄妻愛之，紿以亡於盗，屢訟不獲，往告長孺。長孺曰："爾非吾民也。"斥去之。未幾，治盗，潛令盗誣其兄受步摇爲贜。逮問不伏。長孺曰："汝家實有，是何謂誣耶？"兄倉皇曰："有固有之，乃弟所質者。"趣持至，驗之，呼其弟，弟曰："是矣。"遂歸焉。其他類此者甚多。

呂雲君一龍　一龍少有志於正學，模楷先民，言動不苟。嘗語人曰："真心實地，刻苦工夫。此爲學第一義也。"學者咸宗之。一龍止一子，其弟多男，比析業，計口均分。見《明史·錢德洪傳》。

應遒之正禄　正禄性純懿，厚重簡默。七歲從讀《小學》，即書"做人定當如是"於其上，終日端坐，手不釋卷。年十六，即有志於聖賢，謂人不可虛生，宜自立以期不朽。因作日記，以自課其學，以朱子爲宗。東陽盧衍仁以爲是擔金華大擔者。

潘雲留國詔　國詔，嘉慶辛酉拔貢，任交河知縣。縣連畿輔，大官往來如織，供億輿馬，雖王公大人，皆循典例，不肯略致阿媚。家丁或挾以苛索，便以假冒杖之。即署中門子胥役有犯贜者，雖錐末，亦責革不貸。凡檢驗及出勘夫馬，計里皆自給。入廠即諭紳耆，言此輩有擾一茶一水者，可禀白，當必治之。是以所至肅然，無敢干法紀者。官直隸卅餘年，丕著清聲，皆以潘青天目之。後陞滄州知州。告養歸，囊槖蕭然，惟書硯壓裝而已。家居無僕婢，惟一子、一孫隨，侍客令供奔走。與客終日危坐談論，惟經史理蕴，無一言浪及居官事。或問以宦績，曰："在官求免過不得，不至作惡，幸矣！尚何績之有！"

程世剛堅　堅慷慨好施，嘗於雪中以囊貯粟户給之。母吴氏病篤，醫禱罔效，乃割股作糜以進。堅行十二，中年無子，母吴感而祝曰："十二官如許純孝，願天賜賢子十二，亦如十二官之孝。"後果生子十二人。第八子銈，登進士。孫文德，榜眼及第，累官吏部侍郎。

胡□□希洪　洪幼知大義，年二十，父母病疫，諸醫罔效，晝夜哀籲，刲左右股和藥以進。二人立愈。府縣具詳，表其門。

陳□□季卿　季卿年少，家貧母歿，鬻身以葬及身。以父老，贖身以養，歸，父病痺，飲食步履必需人。季卿朝夕奉侍，歷數載不少懈。同時董明御傭工養父。父歿，無以爲殮，亦質身富家，得值以葬。又有李雲魁，年十三喪父，哭泣如成人。家貧，傭工養母。母卒，廬於墓次，朝夕上食如生時，如是三年。嘗有慈烏巢其廬，每遇哭奠，哀鳴不已,若助之哀者。

陳□□時瑞　時瑞年少家貧,父母繼逝,哀動比鄰。聞風木聲,輒增悲痛,憮然曰:"丁蘭非人子乎?"遂採木刻雙親像,事之如生,髮尺許不薙。有詰之者,亦不言,惟流涕而已。知縣顔其閭曰"敦倫勵俗"。

吕孝子振周　振周,湘潭丞師歧子也。隨父之任,父以秩滿,挈眷歸。舟次江渚,猝遇盜挾白刃入。父母驚避,倉皇失水。振周奮身而下,負父登舟。隨又求母,負之以出。比挾母登舟,而周力乏,遂爲急湍漂没。時盜已驚散。父母急募人鈎求之,不能得。事聞,旌其閭曰"孝並曹娥"。顧娥捐軀,其父已死,而振周殞命,其親獲全,則其孝尤烈矣!

周□□雲鸞　雲鸞年十一喪父,晝夜泣不絶聲。家酷貧,嘗採薪養母。母患病經年,自念無力可療,乃詣鄉里自鬻。鄉人憐其志,各分所有濟之。及母卒,被髮徒跣,廬於墓次,日一食者三年。

陳孝子朝登　朝登天性純篤,自幼以孝聞。年未冠,先失怙。時群季六人俱幼,家計窘困,因釋儒業力田,以供子職,色養無虧。同胞婚嫁,一以身任,不貽母慮。而晨昏侍奉尤謹。母歿,廬墓三年,未嘗現齒。服除後,二十年不薙髮。大憲詳請徵表,咸豐辛亥奏旨建坊。

應經畧純之　純之,應孟明之子。宋嘉泰三年進士。剛毅自任,簡易廉明。歷陞兵部侍郎,經畧廣東。金人大舉入寇,兵少援絶,守臣望風奔遁。純之歎曰:"吾不能剸賊,何面目見天下!"率所部力戰死之。事聞,朝廷嘉其忠,遣使祭葬,求其首不得,爲鑄金以葬焉。

李指揮任　任,洪武中襲父爵,爲燕右衛指揮,陞遼東都司,從征交趾,與顧福等守昌江城。叛賊黎利掘地洞欲潛入城,任開横溝,用石擊之,入者輒死。城中士卒,初有二千餘人,前後三十戰,死亡過半。賊益兵攻圍日急,相拒凡九月,人力疲困,芻粮匱乏。賊以雲梯登城,奪其門。任復率死士三戰三敗之。後賊擁兵入,任與福不能支,乃自刎死。

樓主事澤　澤,正統進士,刑部主事。扈從北征。師潰於土木,澤曰:“主辱臣死,可遂遁丐餘喘乎!”力戰,罵賊死。

黄經歷一鶚　一鶚以明經歷仕山東都察院經歷。崇禎十五年,流賊圍省城。鶚分守擊賊,城陷被執,罵賊而死。闔門三十餘口皆遇害。

徐烈愍學顔　學顔三中副榜。性至孝。父世芳,官西城正兵馬,以直忤權貴下詔獄。學顔伏闕鳴寃,屢爲納言所阻,乃謁司寇,咬臂深入,出血濺其庭。司寇心動,上報,甦其獄。此是含痛不噉牛羊豕肉終其身。後拜楚府長史。崇禎癸未五月,獻賊圍武昌,城陷,學顔與賊格鬬。賊斷學顔左臂,右手尚持刀不仆,罵賊益厲。賊支解之。闔室殉難者三十人。

周參政鳳岐　萬曆進士,題陞澧州左參政。崇禎癸未,獻賊攻澧州,參議陳璸全軍覆没。鳳岐望闕拜曰:“臣力竭矣! 惟死以報天恩。”城陷被執,罵不絶口。賊怒,剖腹斷臂,慘不忍言。

徐□□佐　佐,西城迎恩坊人。好獨行其是,而不合於時。家中人言語行事稍不如志,便怒色厲聲,無可阻遏。客座傾談,戚友會合,亦往往多作此狀。咸豐戊午四月,粤寇逼城。城中驚懼,挈妻携子,奔避僻遠山村。時佐家禀請出走,終不允諾。既而急甚,固以請。佐蹙然曰:“去,去,我不隨汝曹走俗狀。”輒自返身閉門而坐。賊簇擁於庭,而佐坐自若。賊問何等人。佐曰:“我清朝貢生徐某是也。奚問爲?”賊知其爲讀書老儒,敬禮之,而進以食。麾去之,而時操土音作憤疾語。越日,賊來招致之,遂裂眦大罵。賊怒,剁其一耳以脅之。佐即走,且言曰:“士可殺不可辱。”遂赴水投池中死。

樓志鋭岑　岑,歲貢生。咸豐八年,賊陷永康。居人皆竄逸,岑坐室中。賊至,罵曰:“我室豈汝巢耶!”持刀赴之。賊奪刀。連被數刃,傷幾死。時有鄰人被虜者,夜竊負之出。經宿始蘇。十一年,又告警。岑族人有居深山者,知岑必不出,託故迎之。一日,賊過山中,猝與遇,復大罵格鬭,遂遇害。

朱雲泉仲智　仲智,明洪武中以人材舉,授江西吉安知府。政績載在《明史》。寬厚廉潔,剗革吏弊,禮賢愛民,人甚戴之。吉安人思慕不已。後藺芳繼之,其善政大類仲智。今吉安人稱賢守必曰朱、藺。《明捷録》稱郡守循良,亦曰朱、藺。大學士楊士奇像讚,以仲智在金華爲衣冠文獻,在廬陵爲文章太守云。

徐郅治隆　隆以國學起家,署篆七邑,所至有聲。以事忤要津,乃借邊境需人,改廣西永康以阻之。隆欣然就道。至則植田疇,教子弟,而化行。薦陞左州刺史。永康人詣當道留之,不得,勒石頌德,且立祀以報焉。隆曰:"知止不殆,詎必盡宰天下邑乎!"遂歸,環堵蕭然。卒年九十六。

胡□□叔玉　明正統中以掾進,授四川中江縣典史。平易近民。其地僻陋,教以耕桑之法,修築陂塘,以備旱潦。在任九年,後陞本縣知縣,勤事不懈,時葺學宫,以作士類。又九年致仕,民懷其德,家肖像祀之。林下十載,年八十餘,忽一日沐浴更衣,坐中堂命子孫羅拜其下,曰:"吾祖還中江矣!"無疾而逝。

潘司訓國徵　國徵,嘉慶舉人,任嘉興秀水訓導。有賀之者曰:"秀水,浙中教官美缺也。俗云秀水銀,今得銀矣!"徵蹙頞言曰:"岳武穆云:文官不愛錢。官豈爲錢耶?"及到署,前任孫未撤席,坐與語。有門下餞孫者衣冠華麗,遂起立回身,背向不與接。既去,孫曰:"此門生,宜禮之。"問何好? 曰:"此生家裕,光學必豐。"曰:"錢耶,吾家多有之。吾所謂好,在能讀耳。"故凡來者,華士則却弗見,寒士則亟見之,且禮以飯。自是士皆守樸素,執詩文爲贄者接踵。後陞嘉興教諭。有門下富者,因事移學。徵忽曰:"讀書讀得一衿,不知多少辛苦,乃遽褫之耶?"或私之曰:"縣官以老師清苦,故爲籌資耳。"徵曰:"是更可笑。我斷不詳,任若爲之。"士民聞之,皆以其能恢士氣云。

徐□□無黨　無黨從盧陵歐陽修學古文辭，嘗稱其文曰：進如水湧，如山出，其馳騁之際，非常人筆力可到。注《五代史》，妙得良史筆意。宋皇祐癸巳，省試第一，成進士，官政和殿大學士，御賜像贊有曰："其貌也固，其性也聰。才兼文武，學究鴻濛。事親合孝，事君合忠。生今之世，藴古之風。"

應□□文臣　官右文殿修撰。隨高宗南渡，占籍永康，遂爲永康人。朱晦菴有題應文臣卜居詩云："買宅曾聞先買鄰，異鄉得見故鄉人。山中僅有烟霞趣，豈待桃源好避秦。"文臣子子和，淳熙乙未進士，長於詩，有"蠟炬短燒紅"、"風過落花紅"、"兩岸夕陽紅"之句，時號爲"三紅秀才"。

樓右驂惟駟　惟駟博學能文章。康熙己酉拔貢。游太學，所見愈廣，爲文愈奇，光怪萬狀，盡發於褚墨間，才名籍甚。大司成徐立齋甚器重之。

王天球同雝　同雝，歲貢生。幼讀《小學》，凡一言一行，皆劄記之以自考。深恨少喪親，不能盡禮，補服三年。後受學於東陽陳其葱，讀書五峰者十年，盖姚江而後得其氣象者。生平著述凡二十種，皆切己之學，爲鶴潭王崇丙所稱賞云。

徐瑞九琮　琮母，黄一鵾姪女，博學能詩文，號繡佛菴老人。琮幼承母訓，爲文思如湧泉。康熙戊午舉人，授蕭山教諭。品行文章，皆堪師表，爲毛西河所稱許。

元李□□叔安　大德中，遭時大歉，發粟萬斛，煮粥賑飢。鄰邑扶杖襁負就食者以數計，多賴以全。有司表其所居曰"由義"。

應仕廉曇　曇性孝友，親歿，殯葬盡禮。或間其兄曰："是非若利。他日費不足，將罄若産矣。"兄以語曇。曇泣不應。既襄事，遂火其籍。既而兄與析産，悉以沃産讓兄，而自取其瘠者。

徐伯珍寶　寶好周給，里有家貧親老與喪不能舉、壯不能婚者，多被其惠。正統間，括寇掠境，居民逃竄。於時縣官有折鹽糧銀數千兩付寶解銷,未交官而寇至。寶藏諸井中。後寇退,官議重徵諸民,寶槖其銀以獻曰:“銀故在,勿徵也。”議乃寢。鄉人咸德寶。每歲首三夕,設香燈祝之,遂相沿成俗云。

施□□茂盛　茂盛敦行好施。正統間,出粟賑荒,璽書褒美。子孟達等創造九橋、十寺,仁政橋其一也。生十子百孫,以成望族。人以爲種德之報云。

張□□宗禧　娶厲氏,有淑德。生三子。厲早卒,宗禧感其賢,誓不再娶。家故裕。賙貧起仆,爲人舉喪葬婚嫁,嘗捐資募傭築下黄官堰,溉田萬餘畝。

應□□崇正　崇正因正德間嘉、湖歲凶,駕賦於金、衢、嚴三郡,後遂派爲常額,民不堪命。崇正揮其家資,偕弟廷彰,挺身上控。賦賴以均,民賴以息。方伯姚公有贊語云:“十載不思家,可愧守錢之子;一心惟尚義,益彰崇正之名。”義烏知縣胡檟作序述其事以贈之。

倪□□宗岳　宗岳幼貧苦,稍長,肩販錙積成家業饒裕,自省嗇以濟困乏。康熙丙午,出粟賑飢。嘗見西津水漲,渡者多險,遂議架石橋,捐建三垛爲倡。橋成,捨田二十畝,以歲所入爲異日修橋之需。其好義如此。

胡雅堂仁楷　仁楷家本中資,且食指繁。仁楷畧不爲意,而以培植士林、振興文教爲己事。道光間,捐一百數十畝,爲闔邑童生歲科試卷資。又助義塾一區,曰培文書院,並捐資以充修脯。其後人又遵遺命,添助田數十畝,以備荒歉及鄉會試士子卷費。今停科舉,立學校,其節年所收租息,仍撥充教育之用云。

永康鄉土志卷之三

兵事録

營汛官弁　舊制：本邑兵備千總一員，駐在城。協防外委一員，駐四十六都櫸溪庄。清雍正八年，總制李衛以永康與處之縉雲、台之仙居接壤，地當衝要，距郡百數十里，而駐防兩營並列郡城，聲援較遠，議以右營都司移駐永康，就行察院故址建造都司署。此永康駐札都司之始也。至同治十年缺裁，添設裡溪汛千總一缺，軍制因之一變。光緒八年，八保盜起。知府陳文騄建議以金協中軍都司移駐孝義鄉爲巡防都司。督撫入奏，報可，遂建署於櫸川庄。前清永康駐防營汛官弁，則有一都司、二千總、一外委云。

營兵　永康原額兵一百十五名。於道光廿三年裁添定海兵十五名，留額兵一百名。至粵亂後，於同治八年，由減兵增餉案内減留馬戰守兵六十名。復於同治十一年由裁官併汛案内奉裁都司一員、馬戰兵二十名，添設裡溪汛千總一員。所留戰兵四十名，内分裏溪汛兵十六名、四十六都汛兵四名、留在城汛兵二十名。於光緒八年改金協中軍都司爲巡防都司，駐劄桂川莊，添設桂川防兵四十名。光緒十四年後減去裏溪汛兵四名。統共戰兵守兵七十六名。此前清之實在兵額也。

胡嘉祐義兵　元至正間，縉雲簕溪賊杜仲光率黨剽掠。邑人胡嘉祐散家財，集丁壯，立保伍，起義兵以拒賊。賊畏之，不敢越裏溪而西。時太平吕光明軍屯方岩，致書嘉祐求援。祐曰：“吾衆以義合，將以排難鄉里耳。委之而去,詎吾志耶!”益勵衆固守。里民受圍者輒出兵援之。歲丁酉,賊寇武平、合德。嘉祐與戰,破之,逐北數十里,戰於前倉,又破之。

吕文燧戰功　元至正十五年,括寇吴英七等聚衆爲亂。十二月,賊陷縣治,分其衆四出焚掠。吕文燧使弟元明、季文率五百人迎敵於尖山下,累戰皆捷,遂復縣治。十七年,賊復驅煽飢民爲亂,其勢益張。文燧奉帥府命討賊,邑大族朱世遠、俞榮卿、董仁恕、孫伯純等,皆以兵來會。文燧命元明出方岩,季文出東窖,而自屯青山口,累與賊戰於縉雲之卓庫、雙牌、胡陳,皆捷,斬獲甚衆。會義士胡元祚敗死占田,賊乘勝復陷縣治,執達魯花赤野速達。而文燧兄弟合兵擊走之,乘勝追至上黄橋。賊大奔潰,山路深險,追兵前後不相及,有賊突出叢薄間,季文被創,死。弟國明代領其衆,與元明會兵方岩。賊乘其到,掩至松明橋,以逆官軍。國明麾諸將直衝其陣,而自率精鋭,横出其前,元明繼之。諸軍四面夾擊,合戰移時,適邁里古思大軍至,賊遂大潰。追至胡堰,枕尸三十餘里,死亡畧盡。諸將分道窮追,地方悉平。

趙崇訓殲盗　崇禎十六年冬,東陽寇亂,連陷東、義、浦三邑。初至永康十三都,民拒之。後從東路入邑城。署知縣事教官趙崇訓誘而殲焉。其大隊敗於金華,悉伏誅。

長生教煽亂　崇禎十七年,長生教煽亂。知縣單世德捕殺之。次年,方兵肆掠金華,將入永康。知縣朱名世築城芟道以禦之。又次年,田兵過永,城中男婦悉走,兵屯城中一日,掠捲財帛而去。是年夏旱,斗米千錢。

殲除鄰寇　清順治三年六月,王師下金華。初選知縣劉嘉禎老成愷悌,民賴以安。五年,土寇亂,城中作木栅固守。五月,寇入仁政橋。協鎮陳武力戰敗走。離城十里外,悉寇蟠踞,凡六閲月。後上司檄官兵、督保甲,挨次廓清,投誠者隨給免死牌,然後東、義、永數萬之寇，一朝解散，其渠魁皆伏誅焉。十一年八月，東、義寇從八仙坑入境，火民居殆盡。寇至長恬，城中恇駭。知縣吴元襄嚴設木柵，静以鎮之。十八年，東、義寇又從八仙坑入境，東北民居，悉遭焚劫。後府中調兵至，寇皆伏誅。

保甲逐盜　康熙四年，諸暨劇盜嘯聚十二都柘坑，聯都四十里内保甲共起逐之。衆駐十三都，知縣李灝給牛酒勞焉。

耿藩兵變　康熙甲寅，三藩糾亂，耿精忠僞總兵徐尚潮陷温、處，進據金華之積道山。道出永康，兵數萬突至。都人倉猝趨避山谷。次年，賊破，知縣徐同倫單騎由縣招集殘黎，迎請王師，恢復安堵如故。

戊午匪擾　咸豐戊午四月初二日，粤匪僞職顯天燕某由普城陷處州，連寇永康。至六月初八始遁。賊據縣城凡三閲月，揭僞示以招安，罕出擄掠，故鄉間尚不盡被揉躪。然各村庄無賴子借禦寇爲名，各結成黨會，名曰百子會。諸村效尤幾徧，全邑蟻聚蜂屯，爲暴鄉里，甚於髮賊，而皆奉匪目胡發譎爲主。發譎者，昇平鄉之黄溪灘人也。曾習拳棒，爲教師，所交結多無賴之悍民。至是匪黨益熾，聯結仙居、縉雲匪黨數千人，約日起事，且隱受城中髮賊之腰牌號衣，以張聲勢，屯聚粮草，治兵械，肆行劫掠，先抄鄰居大園童，惡燄愈熾。有廩生吕周祥者，恐其蠶食徧及也，密與太平、吕南宅等處謀勦除，爲先發制人之計，起民團，乘其不備，晨往攻之，圍其宅而爇焉，執發譎而戮之，斬其尸爲數段，黠匪多死，餘黨奔散。此咸豐戊午五月間事也。而城中僞天燕旋亦退遁，境内仍獲大安。

辛壬兵事　咸豐辛酉四月，粤匪僞侍王李自賢據金華，分股陷處州。五月十八日，别股賊遂自縉雲犯永康，四出擄掠，閲數日遽退。至八月，僞帥蕭大富領賊數萬，來踞縣城，亦假招安之名，於各鄉要地多置賊卡，號召鄉官，設立門牌，詐取財物。而他賊之往來經吾邑者，仍四散分掠，無處不到。武平地當台、處孔道，蹂躪尤甚，焚燒殺戮，慘莫名言。計邑中惟孝義一鄉,地險人和,賊不敢到。其外則方巖、絶塵山,賊亦不能上。

義民殲賊　十鄉雖有民團,苦於賊衆我寡,蟻聚蜂屯,勢難措手。越次年,同治改元之四月初旬,武平鄉道坦團民厲大謀、厲大化、厲大□、厲其生、樓大銀、曹炎丰、曹大□,憤不能忍,邀集勇敢士二十餘人,乘夜至石柱賊卡,掩其不備,突入其卡,斆殺净盡,無一得脱者。次日,城中賊疑官兵近,盡撤各鄉賊卡入城。十二日,僞帥富天安蕭大富親率悍賊數百出城,望南來偵軍兵消息。不圖是日四鄉民團已至,多伏於留金嶺山曲,伺賊過嶺,横截奮擊。時各賊酋在馬上,出懷中洋銀,望空抛墜,各自圖脱。而蕭酋已爲團衆所圍,被刺落馬,斫首破腹。群賊飛奔回城,閉門死守。是役也,殲殺渠魁蕭大富,傳首四鄉,賊被梟者百餘人,團民失曹尚春一人,斷賊馬四匹,人心大快,民團氣奮,約日攻城中賊巢。自十四至十七,環攻已三晝夜。方將聚而殲旃,無何忽傳有援賊數萬,從桐琴渡殺來。是時恐腹背受敵,方議抽兵要擊,余中怯者已望風驚潰,勢莫能遏,賊乃出城追擊,各路民勇被傷無算。嗣後賊連日四出,大肆焚掠,仇殺無已。踰月,賊復出,示招安,僞曰安民,而害虐如故。兼以李侍逆又調悍賊數萬,屯劄武平之舟山及縉雲之盧塘等處,以防台、處之民兵,見屋即燒,見人即殺,於是縣東南一帶,人民四散奔避,不復能安耕作者幾及一年。

仙居吴琮義勇逐賊　自吾鄉民團攻城後,台州諸縣民勇已群起殺賊,蒼嶺以内無復賊踪。李侍逆慮仙居義勇之或出而剿殺也,遣僞天將李某屯劄武平之舟山。甫及數日,而仙居義士副貢吴琮果率民勇萬餘出蒼嶺,直搗舟山之賊巢,爇村頭民居以懼賊,賊始四散驚潰,殺賊數百人。李侍逆旋又遣一大股賊僞天將林某屯縉雲之盧塘、净岳、東方等處,衆約數萬,大肆燒殺。賊以五月十三到盧塘,一面即出舟山,燒燬民房殆盡,烟焰三晝夜不熄,村民避匿山谷者,非被殺即被擄,幾靡孑遺。八月,仙居民兵復出攻賊,三路進兵,道出蒼嶺者,由舟山進攻上衢嶺。時賊已先踞嶺，民兵失利，爲賊所截，鏖戰不已，積尸徧山野，民兵戰死者共百數十人。見孫琴西《仙居義民記》。九月初，林某率賊由縉雲出永康，屯芝英約二十餘日。仙居民兵復出逐賊，攻芝英。賊遯走，由四路口入東陽。於是鄉間無賊壘，村民亦稍稍還集，惟縣中賊至同治癸亥正月十三始自逸去。蓋此時左文襄、蔣果敏大軍已克衢之龍游暨金華、蘭溪等處。賊聞官軍將至，望風先遁，亦天威也。計寇之擾永，纔二載耳，而闔邑之衆男女已損十之七，不死於賊，則死於飢，不死於飢，則死於疫。至同治甲子，而始得蘇息焉。

永康縣鄉土志卷之四

藝文録

五古詩

夜坐聞竹聲示姪　　宋胡　則

室明窗有燈，夜闇天無月。趺坐依蒲團，竹聲助清絶。初疑小雨至，蕭蕭俄復歇。忽然變軒昂，風湍散巖穴。聽從耳根静，萬慮皆瑩徹。塵几不待掃，境妙心自潔。奇哉不二門，欲倩維摩説。

懷嵩樓晚飲示徐無黨無欲　　歐陽修

滁山不通車，滁水不載舟。舟車路所窮，嗟誰肯來遊。念非吾在此，二子來何求？不見忽三年，見之忘百憂。問其别後學，初若繭緒抽。縱横漸組織，文章爛然浮。引伸無窮極，卒斂以軻丘。少進日如此，老退誠可羞。敝邑亦何有？青山繞城樓。泠泠谷中泉，吐溜彼山幽。石醜駭溪怪，天奇瞰龍湫。子初如可樂，久乃歎以愀。云此譬圖畫，暫看已宜收。荒涼草樹間，暮館南城陬。破屋仰見星，窗風冷如鎪。歸心中夜起，輾轉卧不周。我爲辦酒肴，羅列蛤與蛑。酒酣微探之，仰笑不頷頭。曰予非此儂，又不負譴尤。自非世不容，安事此爲囚。幸以主人故，崎嶇幾摧輈。一來勤已多，而況欲久留。我語頓遭屈，顔慚汗交流。川塗冰已壯，霰雪行將稠。羡子兄弟秀，雙鴻翔高秋。噰噰飛且鳴，歲暮憶南州。飲子今日歡，重我明日愁。來貺辱已厚，贈言媿非酬。

陳同甫抱膝齋 二首録一首　　葉　適

昔人但抱膝，將軍擁和鑾。徒知許國易，未信藏身難。功雖愆歲晚，譽已塞世間。今人但抱膝，流俗忌長歎。儒書所不傳，群士欲焚删。譏訶致囚箠，一飯不得安。珠玉無先容，松柏有後艱。内窺深深息，仰視冥冥翰。勿憂兩髀消，且令四體胖。徘徊重徘徊，夜雪埋前山。

秋夜讀書自勉　　陳　璪

微雨滌秋暑，灝氣清室廬。志士切自喜，夜可讀我書。凉風自西起，日月易居諸。不及此時學，歲晏空長吁。

郡齋詠懷　　姚汝循

巴江清且駛，曰有東歸舟。凛凛歲復暮，而我何淹留？才不瘳民瘼，位固忝邦侯。負擔過所任，跼蹐增煩憂。南山有薄田，猶堪具膳羞。棄捐久不理，稂莠將盈疇。至道貴兼濟，豈固爲身謀！十羊方九牧，雅志悵悠悠。安能逐時態，坐取素餐尤。

題湯雨生將軍金陵殉難即呈湯果卿明府　清張化英

將軍儒雅流，掛冠同隱豹。壯歲感馳驅，垂老尚圖報。人謂將軍忠，我謂將軍孝。授命殫綏成，衹是佩庭教。絶筆示兒孫，性命非輕棄。骨肉何忍離，丹心惟取義。人謂將軍愚，我謂將軍智。所欲甚於生，全歸完天地。雙思池水清，一去到蓬瀛。且抱遺編殉，上界質詩盟。人謂將軍死，我謂將軍生。從來抱義者，至今名莫争。成人亦何奇，所奇在立志。慷慨矢居恒，未免噤臨事。人謂將軍難，我謂將軍易。視死本如歸，見危豈有二。臣子何所慕，所慕在君父。君望能致身，父欲光門户。人爲將軍悲，我爲將軍舞。忠孝今兩全，名教垂千古。

俗吏吟　　胡揩中

士俗不可醫,吏俗亦可嗤。行人試静聽,聽歌俗吏詞。俗吏溺於酒,麯生不離口。郫筒若下春,能教不脛走。不解文字飲,惟知醉紅友。俗吏溺於花,碧玉招香車。豔姬踏筵舞,摻手弄琵琶。不識周郎顧,節拍按紅牙。貪戀米囊膏,睡鄉唤不起。客至玉山頹,筋骨多懈弛。談笑忽風生,博趣卧遊裹。黄紬蒙合歡,日高聞放衙。忙來理計帳,刻剥到魚蝦。取之盡脂膏,用之如泥沙。會斂仗牙胥,盗鈴不掩耳。魁柄人持之,好官自爲爾。騶從何翩翩,寃民銜没齒。夤緣奉上司,饋金問誰知。悖入復悖出,循環理亦宜。一朝覆公餗,何以爲孫兒。

解　蟻　　姚躔奎

秋日雨初晴,滛滛走蟲豸。博雅爲蚼蟓,莊子名螻蟻。渉少行不疾,牽率上筵几。引入盤盂中,當先往染指。俄焉紛紛來,聚衆若遷徙。厥性最饕餮,舍此遽及彼。虎欲兼狼吞,一飽不復止。主人適陳饋,陡然投箸起。此乃先生饌,胡敢分甘旨。屬饜雖無多,鼠竊得毋耻。蟻聞而褎如,意若曰否否。蚯蚓曾稱廉,虚生亦可鄙。鳴條但飲露,牢騷果何以。我食不爲泰,古聖重蟻子。爾徒飽終日,空負雕蟲技。今但分一臠,嘵嘵何聒耳。蟻説良足思,莫空負寸晷。

七古詩

贈永康周嘉成　　樂清王十朋

樂清之東,地名左原,中有古井,深數丈。時冬旱水枯,井僅盈掬。有女子數人提罌而汲,綆絶罌墮。俄有男子鋭然爲解衣入井取之。既而石陷,聲震山谷。井深石重,咸謂壓者必虀粉矣。越三日,事聞於邑,尉周以職事來,環井而視,惻然嗟悼,命役夫具畚鍤,扶石取骸,將以葬焉。自旦逮午,猶未及尸。俄而,役者驚相告曰:“井底有聲,其鬼物乎?”周曰:“此陷者不死,須吾以生。”於是捐資募出之。衆力争奮。頭顱稍露,而語可辨矣,土石撼動,勢將復壓,救者驚潰。周乃整衣焚香,叩井而拜,命工植板以捍危石,益以緡錢啗役夫,俾蹈死以救。時尚未飯,吏以進,卻之曰:“必活人而後食。”日没井昏,繼之以燭,用長綆繫衾挽而出。觀者數百人歡呼震動。梅溪目擊其事,作詩一篇以紀。周名邵,字嘉成,婺州永康人。

樂清有地名左原,地幽井古知幾年。一朝陷溺誰氏子?萬石壓腦沉黄泉。路隔幽冥生望絶,三宿沉魂豈能活。鬼神莫救功莫施,天遣仁人爲之出。彩旆來臨驅五丁,抉石求尸俄有聲。頭顱半露語未辨,人疑鬼物相視驚。拯溺辛勤功未果,土圮石欹紛欲墮。争言陷者不復生,救者徒遭頹壓禍。梅仙惻然臨井旁,焚香再拜祈彼蒼。散金募衆蹈死救,手植板幹加隄防。土石相銜危不倒,虀粉餘生僅能保。須臾奪命鬼窟中,萬口歡呼喜填道。翕然輿論咸奇公,異事行將達帝聰。感物誠居耿恭上,活人手與温公同。况公才學俱超絶,吏隱那能久淹屈。使君前日飛鶚章,涖事詳明己廉潔。鯫生桑梓居此間,具書目見非妄傳。太史採詩倘見取,願付銀管書青編。

憶梅　　陳璪

覓句狂遊五千里,辜負歲寒三友志。江南十月號小春,不知梅花已開未。驛使不傳消息來,迤北天寒夜無寐。忽然有夢入江南,夢與梅花叙情意。巡簷索笑如尋常,不知身世居何地。醒來仍復在他鄉,憶著梅花心欲碎。

踏車行　　李曄

南岸北岸聲咿啞,東鄰西鄰踏水車。車輪風生雷轉軸,平地雪寒生浪花。借問老農何太苦,低頭欲語還咨嗟。前月有雨田未耘,非其種者紛如麻。縣吏促人應差役,令嚴豈得營私家。况當今日滴雨無,陂塘之水争諠譁。雖如抱甕沃焦釜,蹄涔豈足供泥沙。語罷踏車車轉急,田水何如汗流溼。老妻貸穀猶未歸,力疾無奈吞聲泣。

喜雨行　　前　人

五日不雨中禾焦,十日不雨晚禾死。農夫田父心煩勞,桔槔搰搰徒爲爾。俄焉雲起從西北,一片飛來頭上黑。六丁雷斧開天關,不盡天瓢瀉天澤。沛如萬頃之銀潢,疾如江漢流湯湯,怒如乖龍騰變化,颯如白帝行秋光。在坑滿坑谷滿谷,此雨何如雨珠玉。甌窶汙邪無復分,但見芃芃稻花熟。東家老翁賒酒勸,西家小女典釵釧。青黄未接渾未憂,屈指豐年眼中見。我歌不獨如元豐,我歌直與康衢同。此身願作飯牛翁,耕田鑿井堯無功。嗚呼,耕田鑿井堯無功!

題胡元鼎白雲樓 胡名鈞,永康人,官袁州教授。　　劉　基

少年辭親往京國,蓬根一斷無消息。有時長望白雲飛,江海茫茫淚沾臆。歸來拜母悲且喜,悔作他鄉遠遊子。更起高樓對白雲,綵服翩翩足甘旨。昔日望雲煎百慮,今日看雲美無度。卻憶天涯望雲日,平生心事從此畢。

賦戒行子　　盧　連

子可九,有志理學,師事姚江王陽明先生,作詩以戒之。

阿兒有志投明師,異時獨抱稽山歸。阿兒無志荒於嬉,眊我老眼徒依依。惟勤有功念在兹,能安汝止惟帝畿。至言堯舜人可爲,我聞有道歌緇衣。既殫我力遐爾思,不學無術真卑微,不學無術真卑微!

明日歌　　應　耀

今日復明日,明日何其多。事事待明日,萬事成蹉跎。世人苦被

明日累,明日無窮老將至。朝昏滚滚水東流,今古悠悠日西墜。百年歲月能幾何,請君聽我明日歌。

方巖賽神歌　　程正誼

白露玄蟬應秋律,天高氣爽涼風拂。千家勝會擁雲來,五龍山下歡娱集。胡公七寶飾行臺,流蘇熒煌金殿開。鳳笙龍管列歌吹,玉勒金鞍導騎來。金鑪麟口檀烟裊,翠葆紅纓珠頂小。鱗光射日雙龍飛,萬歲金牌開八道。車馬轔轔無數多,虎豹犀象青駱駝。叠鼓鳴鉦翻婺水,長旗高旆拂星河。百里啣枚諳兵律,萬夫超距揮金戈。會龍橋上風門近,南北路途到此盡。家家賈勇争先登,年年復讐接兵刃。一聲吼喊山谷應,萬砲齊鳴地軸震。雖是鄉汨兒戲風,勇過邊城龍虎陣。原來此事爲神香,今日翻成厮殺場。角力争雄成陋俗,喧囂鼓舞動遐方。東甌南括空閭里,八婺三衢棄耕市。縫衣緝履裹粻糧,齋心滌慮賫金貲。呼風唤雨十方人,走馬鳴鞘萬家子。觀客坐擁太行山,行人傾瀉黄河水。紛紛擾擾紅塵昏,行到飛橋相躪死。風光爛熳人荒唐,酒肆延袤千里長。吹彈歌舞喧晝夜,一國之中皆若狂。觀風使者當釐革,况復年來多殺傷。自古宜民有張弛,八蜡之祀由先王。移風易俗須久道,化成不在速更張。褒崇典禮中多悖,胡公之靈應不昧。宋室臣子我明同,謬悠何忍尊稱帝。重檐複道殿庭開,巍峩南擁君王位。公非釋子併道流,《春秋》之法其何謂。冉求不救旅泰山,仲尼彈指空長歎。胡公吾黨高明士,那得不如林放賢。

五　律

送顧少府之永康詩　　唐馬　戴

婺女星邊去,春生即有花。寒關雲復雪,古渡草連沙。宿次吴江晚,行侵日徼斜。官傳梅福政,地故赤松家。燒起明山翠,潮廻動海霞。清高宜閲此,莫歎近天涯。

方　巖　　　　沈　藻

絶壁無他徑,懸崖只一開。昔賢從此入,今日未曾還。道在非仙佛,神存亦孔顔。愚民知報祭,信極反成頑。

竹月明初地,松雲覆古祠。竝無開士法,今有寓公詩。高步神明接,清吟草木知。塵緣猶未洗,來日願追隨。

壽山石洞

策馬古樵路,清幽别一天。巉巖藏虎豹,深谷走雲烟。野菊疎籬放,孤松峭壁懸。登臨企風烈,仰止景前賢。

不覺登臺晚,啣山落日斜。野烟迷遠岫,村霧接平沙。度嶺歸雲疾,争林倦鳥譁。蒼茫深樹裏,何處是人家。

次王魯齋先生大安失道原韵　　　　王元埈

明明成大道,何事多分歧。争奈心神亂,茫然行險巇。迷途幸未遠,轉念休游移。倘又憚更改,前行儘可疑。

七　律

二遺詩　　　　陸龜蒙

二遺詩者何?石枕材、琴薦也。石者,松之所化也。永康之地多名山,中饒古松,往往化而爲石。盤根大柯,文理具析,好事者攻而置於人間,以爲耳目之異。太山羊振文得枕材,趙郡李中秀得琴薦,皆玆石也,咸遺予。以二遺之奇,聊賦詩以謝。

誰從毫末見參天,又到蒼蒼化石年。萬古清風吹作籟,一條寒溜滌成川。閒追金帶徒勞恨,静格朱絲更可憐。幸與野人俱散誕,不煩良匠更雕鐫。

春　日　　　　胡之純

春風蒲柳曲江頭,恨與春波不盡流。鶯换新聲啼緑樹,燕尋舊壘認朱樓。百年驕豢吴兒脆，一味清談晉士休。千古興亡惟有淚，漫山化雨杜鵑愁。

壽　山　　　　　　黄　滑

鑿開混沌是何年，一石垂空一髮懸。飛瀑化爲天下雨，老僧常伴白雲眠。舊遊不改桃源路，化境能同杞國天。同視人間成壞相，無端劫海正茫然。

和前韻　　　　　　胡　翰

一峰横闢五峰連，巖屋層臺勢絶懸。日月只從空外擲，雲烟渾似洞中眠。泉飛玉雪常清暑，木落軒窗始見天。四十餘年黄太史，足音兩度走跫然。

梅　花　　　　　　吕　浦

歲晚天寒日易曛，竹籬茅舍自相親。槎牙老樹一痕月，摘索疎花數點春。山澗水明冰骨格，江隄雪隱玉精神。逋仙去後知音少，强倩微吟爲寫真。

五老峰　　　　　　吕　浦

桃巖水落桃花洞，散入江湖無盡頭。明月不隨流水去，白雲長伴故山幽。龍歸雨送千峰暝，虎嘯風生萬壑秋。六老堂空山寂寂，雙泉飛處使人愁。

贈許存禮　　　　　　吕文熒

空山雨雪正愁余，乘興相過慰索居。百代文章心事苦，十年戎馬鬢毛疎。遼東避地還成邑，稷下遭時各著書。何日雙泉重把盞，蒼茫分手意躊躇。

遊青山詩　　李　曄

行人遠問青山口,主者頻迎緑水頭。遮午樹陰纔入路,滿身雲氣忽登樓。桃源雞犬隨親到,盤谷詩書不外求。景物蒼茫題未盡,杖藜他日重來遊。

和李草閣遊青山原韵　　方孝孺

先翁延士能青眼,草閣尋盟已白頭。雲外桂叢招隱地,窗前山色賦詩樓。當年道義非深契,經世文章豈易求。繼述有人遺翰在,珍藏千古仰交遊。

讀沈休文泛永康江詩因賦　　黄一鶚

八詠曾傳沈隱侯,誰知乘興此拏舟。題詩人去風流在,鼓枻聲遲岸影留。水鳥拂波追錦纜,機舂盡日搗寒洲。長干髣髴聞桑語,欲挽飛湍扺上遊。

破屋漏花香　　樓惟駟

馥郁疑從天際頒,無須杜厦始歡顔。香生淡酒塵俱滌,譜入殘琴韻不慳。賦景閉窗遊趣逸,尋芳坐榻客心閒。柴扉掩翠教春住,且任東風自往還。

登絶塵山　　俞有斐

絶巘岧嶤萬仞間,森森古本映霞關。捫蘿徑險疑無徑,到壑山深復有山。數畝白雲呼鹿起,一池青靄釣魚還。相逢野老渾閒事,茅屋清風好駐顔。

文丞相祠　　應正禄

拚將碧血扶臣極,誰願黄冠返故鄉。正氣不隨燕市散,貞心還向海波揚。干戈已往成陳迹，俎豆於今有耿光。猶憶留題雙廟句，姦諛無許過門牆。

之任永康諸生俱以詩文相質喜而有作　　張吉安

風俗相親氣誼敦，城居寥落即山邨。愛看裹飯朝盈市，忍令催租夜打門。安得官貧胥吏餓，最憐縣古士人尊。吾今未脱酸寒氣，公暇詩文細與論。

謁陳文毅公祠

手集龍川恨未平，今來祠下謁先生。目空諸子談王霸，胸有千秋富甲兵。奇禍屢遭騰物議，巍科至竟重公名。錢江短盡英雄氣，淚灑西風建業城。

五言絶句

待　客

一陣松花雨，半窗蓮葉風。老龍將雨去，人卧月明中。

漁　艇

小艇不盈丈，滿載風月輕。一蓑秋浦夜，横笛二三聲。

春江曲　　程尚濂

莫汲春江水，江中雙鯉魚。魚鱗三十六，恐有故人書。

愛日歌　　周新擴

今日非昨日，明日非今日。日去不復回，人生無多日。
昨日待今日，今日待明日。自來玩日人，誤了無窮日。
前莫計去日，後莫計來日。曷云日日新，一日新一日。

七言絶句

探　梅　　　　應　煒

不是山限定水限,知從何處覓春回。一枝折得花如雪,消受寒香漠漠來。

料峭東風軃笠斜,衝寒十里爲梅花。無端引我清閒興,夢入孤山處士家。

望焦關　　　　樓惟駟

欲過將行步不成,望關顫胆數惶驚。低徊無限撚鬚意,一陣濤聲白一莖。

題　畫　　　　程兆選

平岡迤邐赴亭皋,幾樹寒松半折腰。落日西風原上路,滿襟秋思入霜濤。

夢中題山水卷　　　　程兆選

無多落葉三丫路,何處叢蟬百叠峰。卷裹霜稜渾起粟,那教人世不秋風。

孤　山　　　　金　銈

臨安富貴百千家,臺閣丘墟日已斜。争得孤山今夜月,依稀雪裏照梅花。

咏百可園　　　　王　崇

百可園中結小堂,秋風吹水蓼花香。道人若解真滋味,月滿寒潭夜未央。

石翁山龍潭　　胡天民

噴珠日夜不曾休，潭有老龍清欲秋。天識我翁能豢養，長教夫婦坐峰頭。

徐烈婦吴絳雪詩集題詞八首　　彭玉麐

一雙佳偶荷天成，女貌郎才遂此生。著有《緑華》詩稿在，春花秋月最怡情。

生就容華畫不如，鶼鶼比翼最憐徐。我家藏有梅花在，押角圖章愛讀書。

仙郎赴召杏花枯，血淚頻教染繡襦。鼙鼓攖城軍事急，退兵無策倩羅敷。

從容慷慨保全城，一女能當十萬兵。卅里坑前看撒手，是何清潔與英明。

鏡箔廻文詩繡來，鮑家小妹最憐才。祗今烟雨江南夢，杜宇聲聲喚不回。

絶代才華正妙年，好從錦瑟數芳絃。傷心玉碎珠沉處，夜夜山頭泣杜鵑。

斷線風箏語可哀，堅操節烈赴泉臺。徐郎塚似韓憑塚，應有鴛鴦入夢來。

天遣龍眠老叟來，六宜樓稿未湮埋。許多緑慘紅愁句，寫出班香宋豔才。

前　題　　俞　樾

曾向秦臺泣鳳凰，紅顔碧葬更淒凉。春風寫入黄荃筆，卅里坑邊土尚香。

綺年才調女相如，翰墨留題徧國初。一擲危崖千古事，眉樓羞殺老尚書。

説　銘

學日説　　王世鉄

晋平公謂師曠曰:“吾年七十,而猶好學,何如?”曠曰:“臣聞:少而好學,如日出之陽;壯而好學,如日中之光;老而好學,如秉燭之明。”秉燭者賢於暗行矣!柳齋子曰:此瞽師之失辭也。學與年增,明因學進。故少之所蒙,或老而開焉;壯之所滯,或老而化焉。愈學愈鼓舞,愈老俞精神,其樂不可量矣!因爲三言以正之曰:少而好學,如日初出,昧爽恍惚;壯而好學,如日始升,融朗徐增;老而學好,如日中天,光滿大千。故夫子不知老之將至,而又欲假我數年。

陳同甫厲齋銘　　吕祖謙

參政周公名陳亮同甫之室曰“中”。陳子事斯語而知其難,更榜之以“厲”。厲也者,所以用力而擇乎中。其友吕祖謙爲之銘。

泝流之舟,挽之爲難。下坂之車,柅之猶馳。木火金水,燥溼不齊。有習有積,有居有移。亦能用力,期適厥宜。凡此數者,盖陰成之。潛有所贅,默有所虧。是過不及,察之甚微。凛乎其嚴,岌乎其危。匪曰設戒,理則如斯。不將不迎,不留不處。敬而無失,大中之矩。

恕齋銘　　前　人

實理難精,實德難居。實責難副,實病難除。實知其難,於人則寬。惟實惟寬,惟恕之端。天地變化,草木蕃蕪。賾厥實然,可求其故。陳子作齋,有坐有勒。匪尚其通,亦尚其塞。

存心銘　　樓　炤

穹然者天,高而明也。隤然者地,博而厚也。人與相參,曰惟心也。有心不存,天地閒也。涵養乎静,全其理也。省察乎動,防其欲也。厥要維何，主乎敬也。終始惟一，心即存也。厥心既存，天地似也。推而施之，四海平也。擴而充之，萬物育也。克聖克賢，人無愧也。

菊軒銘　　宋　濂

金華韓先生進之，以耆年碩德爲州里後進所矜式。文章問學，既不獲用於世，乃寄情於鞠華。東籬之下環植之，亡慮數十本。盖鞠有正色，與先生所稟正性相符。故當風露高潔之時，獨致其妍，而非凡花豔卉之可同也。濂，四十餘年之老友也，雖不能文，爲著《鞠軒銘》一首，先生當與我删之。銘曰：

鞠有正色，具中之德。君子法之，以無頗與僻。鞠有落英，斯鞠其馨。君子餐之，期不爽厥真。菊兮君子兮，合爲一兮。終無忒兮，永爲民則兮！